長清的西南角

萧军书

张华松
史瑞玲
王绪和 著

齊魯書社

图书在版编目（CIP）数据

长清的西南角 / 张华松，史瑞玲，王绪和著. -- 济南 : 齐鲁书社，2020.10
ISBN 978-7-5333-4389-7

Ⅰ. ①长… Ⅱ. ①张… ②史… ③王… Ⅲ. ①长清区—地方史—研究 Ⅳ. ①K295.24

中国版本图书馆CIP数据核字(2020)第193771号

责任编辑：史全超　李　珂
装帧设计：王其宝　亓旭欣

长清的西南角
CHANGQING DE XINANJIAO
张华松 史瑞玲 王绪和 著

主管单位　山东出版传媒股份有限公司
出版发行　齊魯書社
社　　址　济南市英雄山路189号
邮　　编　250002
网　　址　www.qlss.com.cn
电子邮箱　qilupress@126.com
营销中心　（0531）82098521　82098519　82098517
印　　刷　山东临沂新华印刷物流集团有限责任公司
规　　格　16开（170mm×240mm）
印　　张　18.5
插　　页　3
字　　数　253千
版　　次　2020年10月第1版
印　　次　2020年10月第1次印刷
印　　数　1—1000
标准书号　ISBN 978-7-5333-4389-7
定　　价　60.00元

《长清的西南角》编委会

前　言

30 多年前，从书店买了一本新华出版社出版的范长江先生撰于 20 世纪 30 年代中期的《中国的西北角》，自那时起，只要去大西北出差或旅行，我往往带上这本在我看来是常读常新的新闻通讯集。因为太喜欢的缘故，现在奉献给读者的这本小册子，书名便仿效《中国的西北角》，而谓之《长清的西南角》了。

所谓“长清的西南角”，是指以大峰山为中心，以马山、黄河为东西二至，北面涵盖归德南部，南面包括陶山北麓的这片区域，今天长清孝里、双泉两乡镇都在其范围之内。

长清西南角的大小山体都属于东岳泰山的余脉。

大峰山，风光如画，古迹众多，它不仅是全真道教的名山，更是大峰山抗日根据地的中心，为抗日战争和解放战争的胜利作出了重要贡献，被誉为“泰西的延安”。

大峰山东北毗邻黄崖山，黄崖山上有规模庞大的石砌山寨。这里是“中国最后一个儒学流派”——太谷学派的北宗祖庭，是寨主张积中改良社会的“乌托邦”试验场，是清代“黄崖惨案”的发生地，也是刘鹗《老残游记》故事的重要背景地。

黄崖山的东面为石小子山、牛头山，再往东，隔河（南大沙河）相望，是壁立千仞的马山，《左传》齐人夙沙卫杀马隘道于山下，所以此山本名格马山，讹作隔马山，省称马山。唐代甚至更早的时候，马山的“隔马神君”崇祀就已盛行。近古以降，马山又成为全真道教的名山。

孝里镇驻地所在的孝堂山，本名巫山，《左传》齐灵公“登巫山以望晋师”，即此。据古今学者的考证，“巫山”一名的缘起，当与古老的齐地“巫儿”习俗信仰有关，并认定这里就是“巫山女神”的故乡。孝堂山上有大型汉墓，墓前石砌的享堂唤作孝子堂，故而巫山又名孝堂山。孝堂山汉墓的主人，既非孝子郭巨，也非郭巨之母，而应该是东汉前期济北国的某个国王或者某个贵族地主。孝堂山享堂是目前所见我国最古老的地面房屋建筑，堂内画像石刻则是我国汉画像石刻艺术的珍品。

陶山以及陶山东侧的牛山，是济南市长清区与泰安市肥城市的界山。《国语》记述齐桓公即位之初的齐国疆域四至，有“南至陶阴”的文字。陶阴，陶山之阴。中国长城鼻祖的齐长城就位于陶山之阴。陶山之阳，春秋战国之际大谋略家、大商人范蠡的坟墓在焉。

流经长清西南角的主要河流，今为黄河，古为济水。与早已湮没的济水故道相比，这一段的黄河河道大约向西摆动了 10 里之远。上古之时，河、济、江、淮并称“四渎”，都是华夏中国伟大的河流，都是中华民族的“母亲河”。“四渎”之中，河、济关系最是密切，乃至纠缠不清，不过在水色上却是“泾渭分明”的，所以早在战国时代就有“济清河浊”一说。济水正因为以清湛著称于世，所以中古以后，又名清水、清河。隋朝始置长清县，所谓“长清”，正是寄予了人们的一种美好愿望——黄河安澜、清河长清。

长清西南角的河流在古代为济水支流，在今天都属于黄河的支流。比较大的河流有清水沟和南大沙河。

清水沟主流发源于陶山北麓孝里镇房头村的圣井泉、汇宝泉、响泉，向北流至凤凰庄，与东来的黄崖河水（源头在南黄崖村北首的仙人井）汇合，然后折向西北，经孝堂山北麓，流至孝里村。孝里村以下原本没有河道，汛期河水满溢成灾。1961 年开挖孝里至老王坡的排水沟，清水沟水得以顺利注入黄河。

南大沙河，古称宾谷水，主流发源于长清双泉南境的小泰山。小泰山主峰玉皇顶与九顶莲柱山构成一道峻峭的长岭，南大沙河就发源于这道长岭东西两侧的山峪，岭西的黄鹂泉、岭北的五眼井和岭东的龙湾，都是重要的泉源。东西山峪的山水在尹庄汇合之后，向东北流至段家店，与来自牛山北麓书堂峪的柳行河汇合。南大沙河又北，经崮头水库，北至漩庄南，与来自马山谷地的河流相会，然后折向西北，谷地逐渐开阔。南大沙河流到归德镇苾村南，又有来自五峰山区的一条支流汇入，然后向西流入小屯水库。由此往西就进入了平衍的山前冲积平原，最后在董庄附近流入黄河。

古代的济水，东通渤海，西接黄河，是沟通山东半岛与中原内陆的黄金水道。济水与泰山西北山地之间的条带状的冲洪积平原，则是山东半岛沟通中原的陆路大动脉，周代的周道、秦代的驰道以及后世的驿道，皆经此而过。这条大通道的确太重要了，30 多年前我以山东半岛和济南为本位，称之为“济左走廊”，后来发现习惯上命名与河流有关的地名，一般以河流的上流为本位，所以近年来我在写作时，就将这条通道改称“济右走廊”了。

文献记载和考古发掘资料都表明，在长清境内的济右走廊上有两个古文化的中心。一个在归德境内，一个在孝里境内。

归德月庄后李文化遗址出土资料表明，早在 8000 多年前，就有先民在此生产生活，创造出发达的新石器文化。月庄遗址采集的浮选土样品中，不仅发现了黍和粟等植物遗存，在第 124 号灰坑中还发现了 26 粒炭化稻，其中 8 粒完整。这是目前所见我国北方最早的稻米遗存之一。曾有西方学者“通过对中国北方诸遗址的观察，从社会组织结构的角度出发，提出山东西部可能为中国北方农业产生的核心区域的设想”①。月庄遗址无疑为这

① 李昱龙：《西亚农业起源研究成果对中国农业起源研究的启示——欧弗·巴尔－优素福教授讲座实录》，《中国文物报》2015 年 8 月 14 日第 6 版。

一假说提供了重要佐证。月庄遗址以东的前平村和小屯村一带，是殷商时期异族（或释作举族）的重要聚居地，也有可能是异国的定都之地，商末商王帝乙（或为帝辛，即商纣王）顺济水漂流而下远征夷方（东夷），归途曾驻足于此。这里曾出土有大宗的晚商高规格青铜器，其中许多青铜器还带有异族的族徽。到了商周之际，卢人从阳谷一带迁居济水东岸，建立卢城，卢城故址在今归德卢城洼。春秋时期，卢为齐国公室亲贵高氏的封邑。秦朝置卢县，汉代卢县或为济北国的国都，或为济北郡的郡治。西汉的时候，曾一度撤销济北郡的建置，卢县归属于泰山郡，然而主管泰山郡治安的都尉仍然常驻卢县，可见卢城在交通和军事上地位之重要。卢城故址，至今仍有遗迹可供凭吊。

孝里境内的古文化中心在孝里东张。从考古文化遗存来看，四千多年前的龙山时代，东张所在的清水沟两岸就有人类定居生活。商代，有一支郑（奠）人（殷商宗室支族）被分封于此，建立城邑，因此，郑（奠）为东张可考的最早地名。根据殷墟十年征夷方卜辞，商王东征，归途中在郑（奠）住了一天两夜，其间，他还顺便去附近一个叫作“师东”的地方田猎，猎获了六只鹿，还有另外十只动物。春秋时期，齐国在东张建置平阴邑，作为齐国西陲的交通要塞和军事重镇。公元前 555 年齐晋防门之战，齐灵公坐镇平阴邑，“堑防门，而守之广里”，防门左右原本用于御水的水利工程的堤防，一跃变成军事防御工程的巨防长城。中国长城鼻祖的齐长城肇建于长清西南角，波澜壮阔的长城文化发端于长清西南角。孟姜女哭崩长城传说为中国长城文化的重要组成部分，根据唐玄宗开元八年（720）《优婆夷阿刘造石浮图铭》，这个凄美的传说最初也诞生在东张一带。

平阴邑襟山带水，控扼水陆两条交通大动脉，又是巨防长城的起点，战略地位异常重要，为此，齐国国君往往派遣亲贵坐镇于此。如齐庄公时（前 553 年至前 548 年在位），镇守平阴的就是庄公的外戚鬷蔑。得益于水陆交通之便，平阴邑也是一座繁荣的工商城市，战国之时，卢人扁鹊（秦越人）曾长期居此悬壶济世。由于当时民间仍然沿用郑（鄚）的旧名，所以在《史记》中扁鹊自报家门说："扁鹊者，勃海郡郑人也，姓秦氏，名越人。"所谓"勃海郡郑人"，就是居家于平阴邑。"勃海"也可写作"亳海"，亳海是商族人用自己的别号"亳"来命名的一片水域，这片水域在中古时叫作"湄湖"，它"东西三十里，南北二十五里"，今天的长清孝里、归德两镇濒河之平原洼地，以及黄河以西的东阿县牛角店镇和齐河县马集镇、赵官镇、胡官屯镇，都在上古亳海、中古湄湖的范围之内。

迨及汉代，今孝里和东张一带地属泰山郡肥城县（治所在今平阴县东）。隋文帝开皇十四年（594），在今平阴县治西北二十八里设立榆山县。隋炀帝大业二年（606），榆山县移治于今平阴县城所在地，因境内有古平阴城，遂改榆山县为平阴县。平阴县隶属于济州。唐宪宗元和六年（811）七月，废平阴县，县地一分为二，分别划入东阿县、卢县。唐文宗开成二年（837）七月，朝廷以原平阴县"境内阔远，东西一百二十里，南北近二百里，无县邑以理居人，制御寇盗"为由，又恢复了平阴县。从此，到元世祖至元年间（1264—1294），东张一带一直隶属于平阴县。

元世祖至元十年（1273）重置肥城县，十三年（1276）割平阴县的石横、栾湾、孝里、衡鱼四乡给肥城县。明清两代，今长清孝里镇的大部分村庄仍然隶属于肥城县。据光绪《肥城县志》卷一《方域》，当时肥城全县四乡三十三社，其中，"孝德乡"之东张社（又名孝山社）辖七村：孝里铺、姚家河门、太和庄、许家道口、王家坡、安家道口、新立安澜村；感化社辖十一村：东张庄、李家庄、张家庄、五眼井、房头庄、马岭庄、方峪庄、岚峪庄、凤凰庄、河西方家园、堤西雷屯；北流社辖九村：龙泉庄、贵平庄、中黄崖、南黄崖、太平庄、米洼庄、洼里庄、堤西周家庄、河西范家营；广里社辖十二村：广里庄、广里店、潘庄、车家营、西张营、东王店、西王店、谷家庄、王家营、三皇殿、柳河圈、兴隆镇。这些村庄绝大多数都在今孝里镇境内，被称作"山北"或"后山"。双泉南境的书堂峪当时也属于肥城，康熙年间（1662—1722）肥城诗人栾絛就曾隐读于此，他的书斋就叫作“后山书院”。

1941 年，抗日民主政府以黄河为界，将长清县一分为二，河西为长清县，河东为峰山县。峰山县成立后，由肥城县划出 32 个村庄给峰山县，它们是：孝里铺，老王坡，太平庄，燕庄，袁道口，北姚河门，石岗，安澜，庞道口，傅庄，宋庄，米庄，刘营，洼里，东障（即东张，包括大街、三义、张街、四街、金村、楚庄），南凤凰，北凤凰，潘庄，广里，广里店，龙泉官庄，岚峪，马岭，房头，张庄，李庄，黄立泉，方峪，五眼井，中黄崖，南黄崖，许道口。今天孝里镇的绝大部分村庄以及双泉镇西南山峪中的大小山村，都是在此时划归峰山县的。抗战胜利后，1946 年改峰山县为长清县，改长清县为河西县。

由上所述，我们看历史上的长清西南角，其地缘政治是比较特殊的，就以孝里镇辖域来说，商代为郑（奠）邑，春秋战国为齐国西南边陲重镇的平阴邑，秦汉以来先后隶属于肥城、平阴、峰山、长清。从更大些的视野来看，长清西南角又恰好处在上古齐国与鲁国的分界线上，中古时期齐州与济州的分野上，或齐州与郓州的分野上，近古以来则属于济南府与兖州府的交境。总之，长清西南角在历史的大部分时间里都处在政区的交合地带。这一点十分重要，再加上前面提到的山水平原兼备的自然环境和水陆辐辏的交通优势，这一切共同决定了弹丸之地的长清西南角，历史上堪称区域文化碰撞、交流、融合、创新的高地，文化积淀之深厚、内容之繁富、品位之高端，且不说在济南地区，即便在全国也都占有重要的一席之地。

有鉴于此，我们编纂这本小册子，比较全面深入地发掘、梳理和展现长清西南角源远流长、博大精深的历史文化，以期对长清地方经济社会之发展、文化软实力和知名度之提升能有所裨益。限于水平，可能存在不少疏漏和谬误，企望读者不吝赐教。

目 次

一、防门战役与巨防长城

齐长城是中国长城的鼻祖，它的出现并非一蹴而就，而是在春秋后期姜齐灵公至战国中期田齐宣王的长达数百年的时间里，分期逐段完成的。齐长城是齐国特殊地缘政治的产物，是齐国对外军事斗争的产物，更是广义齐文化的产物。

（一）战前形势与齐鲁争邿

齐国背依大海，面向中原，它沟通中原诸国的最重要水上通道是济水，而济水与泰山山地之间狭长的平原则是齐国沟通中原诸国的最重要的陆上交通线，我们称之曰“济右走廊”。齐以工商立国，“通商工之业，便鱼盐之利”，发展外向型经济，以及西进中原，争霸天下，都要取道济水或济右走廊来实现。为此，历代齐国君主都十分重视济水和济右走廊交通线的管控和经营，齐桓公把四位重臣——管仲、鲍叔牙、高傒、宁戚分别封于谷（今济南平阴县东阿镇）、鲍（今济南历城区鲍山下）、卢（今济南长清区归德卢城洼）、宁（今济南章丘区刁镇王官村南），在济右走廊上一线排开，就是明显的例证。

齐桓公去世，齐国霸业衰落，在此背景下的济水和济右走廊也就成为中原列强进犯齐国的坦途。齐顷公十年（前589）四月二十九日，齐、卫两军在新筑（卫国地名）交战，卫军战败。晋国应邀出兵，驰援卫国，并尾随齐军抵达莘地（莘在今山东莘县东北，有莘道）。六月十六日，晋军进抵靡笄（今济南槐荫区峨嵋山），次日与齐国在鞌地（今济南西北郊北马鞍山下）决战，齐军大败。晋军这次军事行动，从莘一路尾追至靡笄，势必要横渡济水，渡口大约就在今平阴与东阿之间。过了济水就进入了济右走廊，然后长驱直入齐国腹地西翼的今济南地区。

鞌之战，齐国惨败。这是齐立国以来发生的最严重的军事危机，痛定思痛，齐人对于济右走廊的战略意义想必会有充分的认识。

此后三十年，齐国作为以晋国为首的诸侯联盟中的一员，一直委曲求全，轻易不敢挑战晋国的霸主地位。直到齐灵公二十二年（前560），情况才开始发生变化。本年，《春秋》记载："夏，取邿。"《左传》记载："夏，邿乱，分为三。师救邿，遂取之。凡书取，言易也。"也就是说，在这一年的夏天，邿国发生内乱，一分为三，鲁国打着"救邿"的幌子，竟将邿国吞并了。

邿国，妫姓。[①] 其都城应该在今长清五峰或张夏，国土大致包括今五峰、张夏、万德、马山、崮山等乡镇。从地缘上讲，邿国界乎齐、鲁之间，但是从长清五峰山仙人台邿国墓群出土资料来看，至迟从春秋前期开始，邿国同齐国的关系远比其同鲁国的关系密切。比如，仙人台邿国5号墓出土邿公典盘上有"寺子姜首及寺，公典为其盥盘"的铭文[②]，证明邿国为寻求保护，曾以通婚的形式结好于齐国；再如，邿墓殉葬品器物的组合特点（如不见以铜鬲随葬等），与齐国基本相同，足见邿国是深受齐文化影响的。因此我们推想春秋之时的邿国大概已被纳入了齐国势力范围，现在

① 传统以为邿为妊姓或姬姓，然而根据长清区万德镇出土西周晚期邿国铜簠"邿中媵孟妫宝簠"铭文（参见昌芳《山东长清石都庄出土周代铜器》，《文物》2003年第4期），邿应是妫姓，为有虞氏古国之一。

② 方辉：《邿公典盘铭考释》，《文物》1998年第9期。

鲁国强行吞灭邿国，齐国当然不会袖手旁观。再者，邿虽为弹丸小国，其于齐国却具有重要的战略价值，表现在一方面邿是齐国西境的屏藩，尤其是济右走廊的屏藩，另一方面邿又是齐国南下争夺汶上平原的跳板和基地。所以鲁国吞并邿国，是齐国无论如何都不能答应的。

图 1－1　仙人台遗址出土邿国青铜器铭文

于是齐国反击，同鲁国展开了争夺邿国故地的激烈角逐。其间过程史阙有间，但是可以肯定最晚在齐灵公二十七年（前 555）以前，齐国就从鲁国手中夺得了这片土地。为什么这样说呢？因为在齐灵公二十七年平阴防门之战中，晋国等诸侯联军进入平阴城之后，又兵分数路进攻齐国在平阴以北以东的几个重镇，其中就有邿。可见，邿国旧地此时已被纳入了齐国版图。

图1－2　仙人台周代郜国墓出土铜鼎、铜簠

郜国故地的易手，是在齐灵公二十二年（前560）到二十七年（前555）的五年间完成的，当时齐国与鲁国及鲁国后台的晋国之间的关系已经闹得十分紧张，乃至彻底破裂。

齐灵公二十三年（前559），“范宣子假羽毛于齐而弗归，齐人始贰”。按照《左传·襄公十四年》的这条记载，仿佛齐国疏远晋国，只是因为晋国大夫范宣子不肯归还齐国的羽毛和牦牛尾巴。然而如此解释未免把问题过于简单化了。事实上，齐灵公早就有与晋国一决雌雄的想法，如今鞌之战已经过去了整整三十年，齐国的国力业已恢复，无需再忍气吞声了，无需再唯晋之马首是瞻了；另外，鲁国倚仗有晋国为奥援而一举吞灭郜国，更使齐灵公坚定了同晋国一争高下的决心。所以羽毛和牦牛尾巴之事不过是齐国疏离晋国的口实。因此，接下去又发生了：

齐灵公二十四年（前558）《传》：“夏，齐侯围成，贰于晋故也。”成，或写作郕，地在今宁阳、肥城之间，为鲁国北鄙重镇。灵公围攻郕邑，显然是一种试探性的挑衅行动，因此当鲁襄公率兵赴救，齐军就撤了回去。

齐灵公二十五年（前557）《经》《传》：春，晋平公在溴梁（今河南济源西）会盟诸侯，齐国大夫高厚在宴会上态度不逊，晋国执政大夫荀偃怒曰：“诸侯有异志矣。”“有异志”的诸侯当然是指齐国了。荀偃率领各国大夫准备与高厚举行盟誓，才知道高厚不辞而别，早已开溜回国了。于是，荀偃大怒，与各国大夫盟誓“同讨不庭”。晋国再次讨伐齐国，已是箭在弦上。

齐灵公二十五年（前557）《经》：春，“齐侯伐我北鄙”。“秋，齐侯伐我北鄙，围成。”《传》：冬，鲁国穆叔求救于晋，称：“以齐人之朝夕释憾于敝邑之地，是以大请。敝邑之急，朝不及夕。”意思是说：由于齐国人总是在鲁国的土地上发泄愤恨，故而鲁国才郑重地向晋国求救。鲁国的危急，简直到了朝不保夕的地步。

齐灵公二十六年（前556）《经》：“秋，齐侯伐我北鄙，围桃。高厚帅师伐我北鄙，围防。”此役，齐国兵分两路伐鲁，最终皆无功而返。桃，地在今汶上县北而稍东约三十五里。防，在今费县东北四十余里。

综上所述，齐灵公二十三年（前559），齐晋关系开始恶化。齐灵公二十四年（前558）至二十六年（前556）的短短三年间，齐国五次出兵鲁国，而且每次灵公都御驾亲征。可以推知齐国夺占郝国故地，也必在此三年之间，而尤以齐灵公二十五年（前557）春可能性最大，因为其他四次兵锋所向，《经》《传》皆有明确所指，唯独于二十五年春的军事行动，不仅没有记明具体地点，而且有《经》无《传》。郝地之易手，很有可能就在此次战役，可惜《经》言不详，而《传》又漏记罢了。

（二）平阴邑、防门战役与巨防缘起

平阴邑，故址在今长清区孝里镇东张（或写作东障）村西部。[1] 平阴

---

① 嘉庆《平阴县志》卷二：“古平阴城，故老相传，谓今东长村也即其地，遗迹犹存。”王守学《东障考古》（文载张华松主编《济南文化论丛》第四辑）：“现在的古平阴城遗址在东障村西部，济平干渠从遗址偏西穿过。位于济平干渠以西的老城墙遗址于20世纪90年代搞‘引黄入济工程’时被推平。”老城墙，当地人唤作“城壕顶”。

邑南面十里的陶山，在春秋前期曾是齐、鲁两国的界山。《国语·齐语》记齐桓公时齐国疆域之四至，云“南至陶阴”。陶阴即陶山之阴。自古相传，陶山还是春秋末年政治家、军事家和大商人范蠡的隐居地，至今尚有范蠡庙、范蠡墓以及西施墓。平阴城的东面有数座石山环峙，西面有“四渎之一”的济水，那时济水河道较今日黄河河道偏东将近十里，今南北一字排开的广里洼、东张洼、孝里洼，当地人叫作“积水洼”，其实应该写作“济水洼”。这几个水洼就在济水故道上，而平阴邑坐落在济水东岸。平阴邑的北侧有一道低矮丘陵横亘东西，济水北流受阻，潴为湖泊，这便是中古时期著名的湄湖。

北魏郦道元《水经注·济水》：“济水右迤，遏为湄湖，方四十余里。”按唐宋时湄湖又称湄沟泊，唐《元和郡县图志》卷十“齐州·长清县”讹作“湞沟泊”，称湞沟泊在当时长清县城（即今长清归德）西南五里，“东西三十里，南北二十五里，水族生焉，数州取给”。北宋《太平寰宇记》也有同样的记载。从地理形势上来看，现今长清孝里、归德两镇濒河的平原洼地，以及黄河以西的东阿县牛角店、大李两乡镇和齐河县的马集、赵官、胡官屯等乡镇，古时都在湄湖范围内。

图1－3　长城岭上俯瞰东张

平阴襟山带水，形势险要，向来是齐国西南边陲上扼守济右走廊和济水交通线的军事重镇。在这里，有齐国政府专设的武库，可以自行铸造戈、剑兵器，传世的平阴戈就出自这里。

平阴邑境内多山丘，西部是湖沼等沮洳之地，原本是不宜耕稼的。《管子·轻重丁》："阴雍之地……非谷之所生。""阴雍"之"阴"，马非百考证认为就在古平阴一带。[①] 也就是说，若论发展农业，平阴邑的条件并不很好。然而平阴邑地近中原，地处水陆交通干道之上，具有发展商业的优越条件。早在殷商时期，商族的近支郑人就聚居于此，而商族以及郑人都擅长商业，是人所共知的。进入春秋以后，平阴邑商业繁荣，也是有文献和考古资料为证的。《晏子春秋·杂下》载："景公禄晏子以平阴与槀邑反市者十一社，晏子辞。"社是齐国的基层社会组织单位，25 家为 1 社，11 社就是 275 家。齐景公要赏赐晏子的这 275 家，都属于"反市者"，也就是贩买贩卖的商人。平阴与槀邑两地的"反市者"共 275 家，以一半计算，平阴一地的"反市者"就多达 130 余家，平阴邑商业之盛况，于此可见一斑。考古调查发现，平阴故址南侧分布着春秋晚期至西汉时期的大型手工作坊遗址，仅暴露的面积就有 10 万多平方米，可见平阴的确是一座繁荣的工商业城市。

《管子·度地》："五害之属，水最为大。"齐国境内多河流，尤其西部地区带济负漯，地势低洼，水患频仍。《轻重丁》所谓的"齐西水潦而民饥"，正是对这种现象的反映。齐人故此一向重视防洪，重视水患治理，在濒水之地修筑水利工程的"防"。

《尔雅·释丘》："坟，大防。"郝一行注："谓堤。"《说文》："防，堤也。"段玉裁注："《周礼·稻人》：'以防止水。'注云：'偃潴者，畜（蓄）流水之陂也。防者，潴旁堤也。'引申为凡备御之称。""防"字的正训是积水一旁的堤堰。平阴邑地势低洼，侧临济水和湄湖，汛期水涨，平阴邑和济右走廊交通线就有可能受到水患威胁，所以齐人在平阴邑南侧筑有拦水

---

① 马非百：《管子轻重篇新诠》，中华书局 1979 年版，第 676 ~ 677 页。

的堤防，这道堤防西抵济水东岸，并且还有可能沿着济水东岸向下游延伸一段距离，以便将整个城邑保护起来。[①] 平阴邑正南的堤防辟有供车马行人出入往来的门阙，便是“防门”，公元前555年防门之战即发生于此。

公元前555年，为鲁襄公十八年，齐灵公二十七年。本年，《春秋》记载：

> 秋，齐师伐我北鄙。
>
> 冬十月，公会晋侯、宋公、卫侯、郑伯、曹伯、莒子、邾子、滕子、薛伯、杞伯、小邾子同围齐。

《左传》记载：

> 秋，齐侯伐我北鄙。中行献子将伐齐。
>
> 晋侯伐齐，将济河。献子以朱丝系玉二珏，而祷曰：“齐环怙恃其险，负其众庶，弃好背盟，陵虐神主。曾臣彪将率诸侯以讨焉，其官臣偃实先后之。苟捷有功，无作神羞，官臣偃无敢复济。唯尔有神裁之！”沉玉而济。
>
> 冬十月，会于鲁济，寻溴梁之言，同伐齐。齐侯御诸平阴，堑防门，而守之广里。夙沙卫曰：“不能战，莫如守险。”弗听。诸侯之士门焉，齐人多死。范宣子告析文子曰：“吾知子，敢匿情乎？鲁人、莒人皆请以车千乘自其乡（向）入，既许之矣。若入，君必失国。子盍图之?”

---

① 《太平寰宇记》卷十三《平阴县》引《泰山记》：“太山西北有长城，缘河经太山千余里，至琅邪台入海。往往有壁门邸阁，四五处犹在。”按“缘河”之“河”，显然是指清河，即济水。缘河，大概是指古平阴长城（巨防）缘济水东岸、平阴城西筑有一段，如此才能保证整个平阴城免遭水患的威胁。

子家以告公，公恐。晏婴闻之曰："君固无勇，而又闻是，弗能久矣。"

齐侯登巫山以望晋师。晋人使司马斥山泽之险，虽所不至，必旆而疏陈（阵）之。使乘车者左实右伪，以旆先，舆曳柴而从之。齐侯见之，畏其众也，乃脱归。丙寅晦，齐师夜遁。师旷告晋侯曰："乌乌之声乐，齐师其遁。"邢伯告中行伯曰："有班马之声，齐师其遁。"叔向告晋侯曰："城上有乌，齐师其遁。"

十一月丁卯朔，入平阴，遂从齐师。

此次军事行动，诸侯联军由晋、鲁、宋、卫、郑、曹、莒、邾、滕、薛、杞、小邾十二国组成，晋平公（名彪）作为诸侯盟主率领荀偃（中行献子）等晋国大夫亲自出征齐国，理由是齐灵公（名环）"怙恃其险，负其众庶，弃好背盟，陵虐神主"。

十月，晋军在"鲁济"渡济。济水以谷城（今济南平阴县东阿镇）为界，谷城以下的济水为齐、卫分界，称"齐济"；谷城以上的济水为鲁、曹分界，称"鲁济"。晋军渡济之地，大约在巨野泽北的清口（今山东东平县西北）。晋军与诸侯军在鲁济会合集结，然后取道济右走廊北上，兵锋直指齐国的平阴邑。

由于晋国与诸侯盟誓"同讨不庭"，决定共同对齐国用兵，发生在两年前的溴梁会盟，所以对于强敌来犯，齐灵公想必早有准备，严密设防平阴邑，以求御敌于国门之外。也就是说，"齐侯御诸平阴，堑防门，而守之广里"的御敌策略和战备工作，应该始于防门之战前的一两年，而不是大兵压境之际的仓促之举。

齐灵公"堑防门"，是指在防门外侧挖掘堑壕，引济水以为汤池。时过千年之后，防门堑壕依然历历可见，郦道元《水经注·济水》引京相璠语："其水引济，故渎尚存。"从堑壕中挖出的泥土当然要加筑在堑壕内侧的堤防上，使堤防更宽更高更坚固，于是平阴邑南面的这道水利工程的堤防一跃变成军事防御工程的巨防，也就是夯土长城。

这是齐长城的缘起，也是中国长城的缘起。正因为齐长城缘起于水利工程的防，所以它本来的名字就叫“巨防”。战国时代，“长城”一名叫响之后，“巨防”依然是齐长城的别称，我们看那时人们谈到齐国的国防屏障，总是长城巨防连提并举。如《战国策·秦策一》载张仪语：“昔者齐……济清河浊足以为限，长城巨防足以为塞。”《燕策一》载燕王语：“吾闻齐有清济浊河，可以为固；有长城巨防，足以为塞。诚有之乎？”

所谓“守之广里”，晋代人杜预注说，平阴“城南有防，防有门，于门外作堑，横行广一里”。近人杨伯峻亦持此说，云：“广里，杜注以为所挖壕沟，其宽一里。”① 如果将“广里”解释为堑壕“横行广一里”，也就是长一里，那么上引《左传》的这段文字就应当句读为：“齐侯御诸平阴，堑防门而守之，广里。”然而《水经注·济水》引京相璠的话说：“平阴城南有长城，东至海，西至济，河道所由，名防门，去平阴三里，齐侯堑防门即此也。……今防门北有光里，齐人言广，音与广同。”所谓“河道所由，名防门”，是说傍济水而行的道路要经过防门。防门北去平阴城三里，其间有聚落曰“光里”，京相璠认为“光里”就是《左传》的“广里”。京相璠曾实地踏勘防门故址，他将广里释作地名，应该说是完全正确的。

广里是个聚落名，这是可以肯定的，可是我们还应该知道，广里村的位置，古今有很大变动，它原来在防门巨防的北面，后来迁到了巨防以南的山麓高敞之地，也就是今址。变动的具体时间尚不能确定，变动的大背景一定与水患有关。历史上的长清西南角滨水之地，“庄村迭被水患，迁徙无常”②，广里村址发生变动，实在是很正常的现象。

有了以上的交代，我们再来看齐灵公，他是以平阴为大本营，以广里

---

① 杨伯峻：《春秋左传注》，中华书局1981年版，第1037页。

② 光绪《肥城县乡土志》卷六载安青黎《光绪十年新立安兰村碑记》。

为防御主阵地，以防门为前哨，进行梯次防御。这就是他的御敌策略。

对于这一御敌策略，齐灵公手下的随军宦官夙沙卫甚不以为然。夙沙卫说：“不能战，莫如守险。”他所说的“险”，究竟是指什么？答案就在上引《左传》的文字中：“齐侯登巫山以望晋师。晋人使司马斥山泽之险，虽所不至，必旆而疏陈（阵）之……齐侯见之，畏其众也，乃脱归。”巫山就是今日的孝堂山，位于古平阴邑北侧。“山泽之险”，当然是在巨防以外，山险如陶山、牛山等山丘，水险不仅指济水，也指湄湖。夙沙卫是要齐灵公依托巨防以南的山险、水险阻击敌军，但他的这一建议并没有被采纳。

诸侯联军踏上济右走廊，一路上如入无人之境，现在却被巨防挡住了去路，于是他们只能集中兵力，强行攻击巨防上唯一的进出口——防门。齐国将士顽强抵抗，死伤惨重，诸侯联军行动受挫，不得越雷池一步。

战事处于胶着状态，在此背景下，晋国大夫范宣子以老朋友的身份对齐国大夫析文子（子家）说：鲁国和莒国各自要派遣一千辆兵车，从鲁、莒两国所在的方向去偷袭你们齐国，晋国已经答应了他们的请求。鲁人和莒人一旦行动，齐国腹背受敌，结果肯定是要亡国的。范宣子要析文子早做打算，自留后路。

上引《春秋》称十二国联合伐齐为“同围齐”，既然诸侯共同行动，要对齐国形成合围之势，那么他们进攻齐国就不会仅有取道济右走廊之一途。也就是说，当时，为了策应和配合诸侯联军主力在济右走廊上的行动，鲁、莒两国各自准备出动兵车千乘从不同方向攻入齐国，也许是真有其事。如此说来，范宣子乃实话实说，而非军事讹诈。析文子将范宣子的话如实转告了齐灵公，齐灵公听了，未免有些害怕。当时，年轻的晏婴在军中效力，他摇头叹息说：我们的君主本来就胆小怕事，现在又听到这样的消息，看来平阴城是守不住了。

诸侯联军行疑兵术，摆疑兵阵。他们在巨防以外的山丘和沼泽地上遍插旌旗，又安排了许多战车拖着树枝在旷野上纵横驰骋，弄得尘土飞扬，仿佛有千军万马在调动，在源源不断赶来。恰在此时，齐灵公登上巫山，向南眺望战场形势，被敌人的疑兵阵吓得六神无主，于是决定弃城而逃。

十月二十九日夜，防门、广里、平阴的齐国守军乘着夜色悄然撤离。晋国的随军盲乐师师旷对晋平公说："鸟叫得欢，看来齐军正在撤退。"过了一会儿，大夫叔向对晋平公说："平阴城头上有乌鸦，看来齐军逃走了。"

次日清晨，诸侯联军兵不血刃进入平阴城，然后沿着现在孝里经义合、土屋至崮头的山涧谷地尾追溃退的齐军。夙沙卫为齐军殿后，他为了迟滞敌人的行动，把战车拴成一排堵塞住道路。齐国大夫殖绰、郭最认为阉人殿后是齐国的耻辱，就让夙沙卫先行，而改由他们二人殿后。夙沙卫怀恨在心，当行经一处险要的隘口，就杀掉几匹战马，连同战车堆在一起，堵住了道路，致使殿后的殖绰和郭最被追上前来的敌人俘获。

夙沙卫杀马塞路的隘口，就在今马山与归德两镇交境的石门。嘉庆《平阴县志》卷二："周鲁襄公十八年，晋侯伐齐，齐侯御诸平阴，堑防门而守之广里，登巫山以望晋师，遂由石门道夜遁。按，巫山即今孝里铺之孝堂山，尚有碑记可考。其东山内有赴济南古路，两山对峙，曰石门。"石门，又名大石门。民国《长清县志》卷十六："汉卢区土屋庄之东南云头山西有土屋至崮头之要路，名曰大石门。此地东西石崖，削壁千尺，有峡道宽丈余，长约里许。"石门附近的一座高山后世遂名"格马山"。"格马"者，杀马也。格马山又写作"隔马山"，省称"马山"。

晋军俘获了殖绰、郭最之后，原本打算继续追击齐军，鲁人和卫人却执意要攻打平阴附近的几个军事重镇，于是接下去，荀偃率领晋国中军，赵武率领晋国上军，魏绛率领晋国下军，分头去攻打京兹、卢、邿等三城。十一月十三日攻克京兹①，十九日攻克邿，而卢城始终没有被攻克。

---

① 《后汉书志·郡国三》"卢县"条下云："有景兹山。"注引杜预曰："在县东南。"是知京兹即景兹，在景兹山下，今长清双泉学城城子顶古城遗址或即其地。

诸侯联军深入齐地，在历下与齐军又打了一仗。[1] 齐军失利，继续东撤，联军紧追不舍。十二月初二，联军抵达临淄西郊的秦周，四下焚毁郭城，围攻内城。久攻不下，遂兵分两路，一路向东扫荡到了潍水流域，一路向南侵及沂水上游。

第二年正月，诸侯联军西撤，当行进到祝柯（又名督扬，今槐荫区段店古城村），晋平公与追随伐齐的各国诸侯举行盟会，强调新的国际关系准则是“大毋侵小”，也就是大国不得侵犯小国。

平阴防门之战以齐国大败告终。当年五月二十九日，齐灵公去世。

检讨齐国致败之因，主要在于齐灵公处置失宜，临阵逃脱，而不应归咎于巨防不够坚固。事实上，平阴城南的巨防确实起到了阻敌的作用。假如齐灵公不临阵脱逃，齐军坚守阵地，那么是有可能挫败敌人进攻的。然而，历史是不能假设的。

（三）长清境内巨防皆为防门之战前两年之内所建

公元前557年的溴梁会盟，晋国与诸侯盟誓“同讨不庭”，决定共同对齐国用兵，因此我们推测齐灵公为御敌于国门之外而兴建巨防，必然不会是公元前555年外敌大兵压境之际的仓促之举。同时我们还推测，长清西南角乃至整个长清境内的所有巨防都兴建于防门之战前的两年之内。

---

① 《史记·晋世家》：“平公元年，伐齐，齐灵公与战靡下，齐师败走。晏婴曰：‘君亦毋勇，何不止战？’遂去。晋追，遂围临淄，尽烧屠其郭中。东至胶，南至沂，齐皆城守，晋乃引兵归。”晋平公元年（前557）为齐灵公二十五年，据《春秋》三传以及《史记·齐太公世家》等，本年晋齐之间无战事。另外《晋世家》所述晏婴语以及后续战役经过，皆大致与《左传》所述齐灵公二十七年齐晋平阴之战相同，因此可以肯定《晋世家》“晋平公元年”的“元年”应作“三年”，所指应是同一次战役。“靡下”，《史记集解》引徐广曰：“靡，一作‘历’。”则靡下即历下。由此可证明平阴战后，又有历下之役。

千里齐长城借助地形地势的突出特点就在于它建在山东半岛南北分水岭之上，具体说就是泰山分水岭、沂山分水岭以及胶南高地分水岭之上，泰山分水岭在泰山主峰以北，沂山分水岭在沂山主峰以南，胶南高地分水岭在马耳山左右。齐长城建在分水岭上，居高临下，有利于警敌御敌，很多地段甚至不必修建长城，凭借山险就足以御敌，从而可以节省大量人力物力。齐长城建于分水岭之上，也可以避免墙体被山洪冲垮的危险。

泰山主峰以西至济右走廊也有一道分水岭，自西而东分别由陶山、牛山、五道岭、黄巢寨山、界首高地等组成。这道分水岭连贯性很强，是长清与肥城、长清与泰安的界山。按道理说，齐长城应该建在这道分水岭上，而事实上往往不走分水岭，而是绕道分水岭以北，跨过数条谷地河流——清水沟、黄崖河、南大沙河（古名“汉宾谷水”）、北大沙河（古名“中川水”）等。山涧谷地中的长城也都是清一色的夯土长城。

长清齐长城不走分水岭，如何看待这一特别反常的现象呢？

我们在前面曾经提到，公元前560年邿国亡国之前，它的疆域大致包括今长清区的五峰、张夏、马山、崮山、万德等乡镇（街道办）；齐国从鲁国手中夺取邿国故地的具体时间当在公元前557年春。也正是在这个时候，晋国开始策划讨伐齐国的军事行动，所以我们推测泰山西侧各山涧谷地夯土长城也兴建于防门之战爆发前的两年之间，亦即齐灵公二十五年（前557）至二十七年（前555）之间，同时还推测南大沙河、北大沙河等谷地夯土长城所在的位置，当时正是齐国（夺取邿国故地之后）与鲁国的边界。这些谷地当然也是鲁国、晋国进攻齐国的通道，齐国不能不严加设防。否则，只靠平阴防门巨防并不能拒敌于国门之外。因此，这些山涧谷地中的夯土长城理应与防门巨防同时兴建。到了后来，骑兵步兵广泛投入战场，山涧谷地要塞防御战术已经不能适应战争形势发展的需要，在这种背景下，只能借助山涧谷地中原有的夯土长城向两侧的山岭延展修建石砌长城，使石砌长城与夯土长城连为一体。这应该就是长清境内齐长城往往不走分水岭的原因。

总之，长清西南角是齐长城的起点，长清西南角乃至整个长清境内夯土长城（巨防），都是在公元前555年平阴防门之战前两年间修建的。此时的长城还属于临时性、局部性、战术性的军事防御工程。

（四）巨防遗址及巨防建筑特点

长清境内有五段巨防（夯土长城），它们分别在今广里村北、古济水东岸；岚峪村西、清水沟东西；黄崖河谷地；南大沙河谷地漩庄大桥东西一线；北大沙河谷地长城铺东西一线。前四段巨防都在长清西南角的范围内，其中黄崖河谷地夯土长城早已荡然无存，其他三段都有遗址遗迹可供踏勘。

广里村北夯土长城，以国道220为界，可分为两段：

国道以西的夯土长城，1987年尚残存长150米，其西端紧靠大口井，遗址高1~2米，宽2~3米不等，最高处有2.5米。地表暴露的城墙剖面部分，大致呈梯形结构，夯土都是就近挖取的清一色的黄褐土；夯土系由圆木棍夯而成，结构致密坚硬；夯层大致都呈水平状分布，厚度基本相等，每层在12~13厘米之间；夯窝俱呈口圆底圜的锅底状，直径5~6厘米，深1~1.2厘米；夯窝比较密集，夯距7~10厘米不等。

这段夯土长城外侧还保留着一条长10余米、深2米、宽4米的堑壕。1999年，故地重游，那时的长城西端与大口井之间已经变成一片平地，残存的长城遗址已经不足一米高了，不留心则很难发现这段略微隆起于地表之上的土垄就是齐长城遗址。

1987年在当地考察，老乡告诉我们，广里村北夯土长城本来向西伸延有一段距离，长城很高大，高与电线杆齐平，20世纪70年代学大寨搞农田基本建设时被夷为平地。从文献记载来看，今齐长城遗址并非齐长城的起点，

图 1-4　房头遗址标志碑

起点应该在更西一些的地方。

古平阴城址在今东张村偏西处（今东张村因躲避洪水，村址东移），位于现存齐长城遗址的西北方向。平阴城南门应当位于南城墙的正中，出了南城门，便是南郊的广里，广里南面应该直对防门。“河道所由，名防门”，虽说傍济水而行的道路经过防门，但是防门西距济水肯定还有一段距离，故而齐灵公才要开挖沟渠引济水至防门外侧以阻敌。如此来看，防门故址当在现存巨防以西，而巨防西首更在防门以西。

在巨防西首，也就是巨防起点，历史上应该有一个叫作“防头”的村落。可是如今的防头（写作“房头”）村位于广里村东南十里的山峪中，远离长城起点。光绪《肥城县志》卷二谈到所谓的古防门之地，说：“左右皆崇山，中为门以通往来……防门即今之防头。”县志作者显然是将今天的房头误作古时的防头，又将防门与防头混为一谈，以今房头的环境推测古防门的形势。这当然是错误的。今房头为孝里镇最南边的一个山村，诚如县志所言“左右皆崇山”；村南更有陶山横亘，峻岭叠嶂，无路可通，齐人怎么会在这无水可挡、无兵可阻之地建筑堤防和巨防呢？因此，我们推测防头村最初在巨防的西首，后来可能也是出于躲避水患的需要，才迁到了现今的位置。

国道 220 以东至花姑庙山下的夯土长城，当地人谓之“岭子头”，1987 年，这里的夯土长城遗址尚且十分可观，墙体大约有 500 ~ 600 米长，宽 3 ~ 4 米不等，最高处将近 5 米。由于这段长城横亘东西、隔绝南北，当地人为了干农活的方便，在长城上打开了一个豁口，开出了一条可以走拖拉机的小路。10 多年之后，故地重游，已经不见有豁口的那段夯土长城了，剩下的夯土长城大约只有300米长，高2~3米，而且墙体顶部已与内侧田地取平，连为一体。2004年修筑济菏高速公路，原本要占压这段长城，为了保护长城，施工方多次修改施工方案，最终采用抬高高架桥的方式使公路跨越齐长城。①

图1-5 岭子头夯土长城断面（1987年摄）

图1-6 广里岭子头夯土长城

广里村北是齐长城有遗迹可寻的最西端，1991年长清县人民政府在国道220西侧立有齐长城起点标志碑。2015年，经国家及山东省文物主管部门批准，正式启动了齐长城起点保护修复工程，在国道220西侧原夯土长城基础上重建了250多米长的长城墙体，同时还在长城南侧的珠珠山顶竖起了15米高的“齐”字雕塑。

岚峪村西的清水沟，发源于房头村，属于季节性河流，河沟深切，河沟所在的谷地横阔约有3里，黄土层深厚，这里的长城也属土筑，20世纪70年代整修大寨田之前，遗址高有5米左右，如今早已夷为平地，只剩下河沟西侧的一个2米多高的土堆。遗址南侧，是一条东西向的宽大深切的堑沟，1000多米长，20多米宽，10多米深，它应该是在当年长城外侧人工开凿的堑壕的基础上，经过2000多年的山洪雨水冲刷而形成的，我们之

① 详见本章附录《济菏高速破费千万　保济南长清齐长城安然》。

所以作出这样的推断，是因为这条堑沟的流域面积很小，如果没有人工开凿的堑壕为基础，仅靠雨水冲刷，是不可能形成这样一道深沟的。

图 1－7　清水沟夯土长城残迹

南大沙河谷地夯土长城只保存了漩庄东山脚下的一段，长 50 余米，宽 6 米，高 4～5 米，夯筑坚实，墙体牢固。

以上几处夯土长城的墙体上，都布满了茂盛的棘丛，它们可能原本就是夯土长城的有机组成部分。我们知道，古代齐国人喜欢在新筑的堤防上栽植荆棘，因为盘根错节的荆棘有利于保护和加固墙体。至于巨防，更需要荆棘。《孙膑兵法 · 地葆》："五草之胜曰：藩、棘、椐、茅、莎。"在巨防上栽植荆棘，不仅能加固墙体，还能阻止敌人攀爬，从这个意义上说，荆棘有类于现代战争中广泛使用的铁蒺藜。

图 1-8　南大沙河漩庄夯土长城内侧

因为有来自自然力和人力的双重破坏，现今所能见到的夯土长城都是面目全非的残迹，这给我们认识夯土长城的本来面目带来很大困难。所幸我们知道夯土长城的巨防缘起于水利工程的堤防，或者是参照水利工程的堤防而建，因此我们可以根据古代齐国有关堤防的文献来认识齐国巨防的建筑特点。

《晏子春秋》卷五《内篇杂上》记载了这样一个故事，说的是，有一天，齐景公登上了齐都临淄城东门外的大堤，当他看到来往行人要费好大力气才能爬上大堤，就对随行大臣们说："这道大堤太高太陡了，为什么不降低六尺呢?"随行的晏子回答说："先君桓公是圣明的君主，管仲是贤明的宰相，因为有贤明的宰相辅佐圣明的君主，所以东门大堤才能保留到今天。从前不降低堤防的高度，是有道理的。前些年，淄水汹涌而来，进入广门，水位就在堤下六尺。如果把堤防降低六尺，那么齐都临淄早就被洪水淹没了。所谓古人不轻易改变常法，说的就是这个道理啊。”由这个故事，我们知道古代齐国的堤防建筑是有常法可循的。

关于齐国堤防建筑的常法，出自齐人的《周礼·考工记》和《管子》有比较详备的记载。

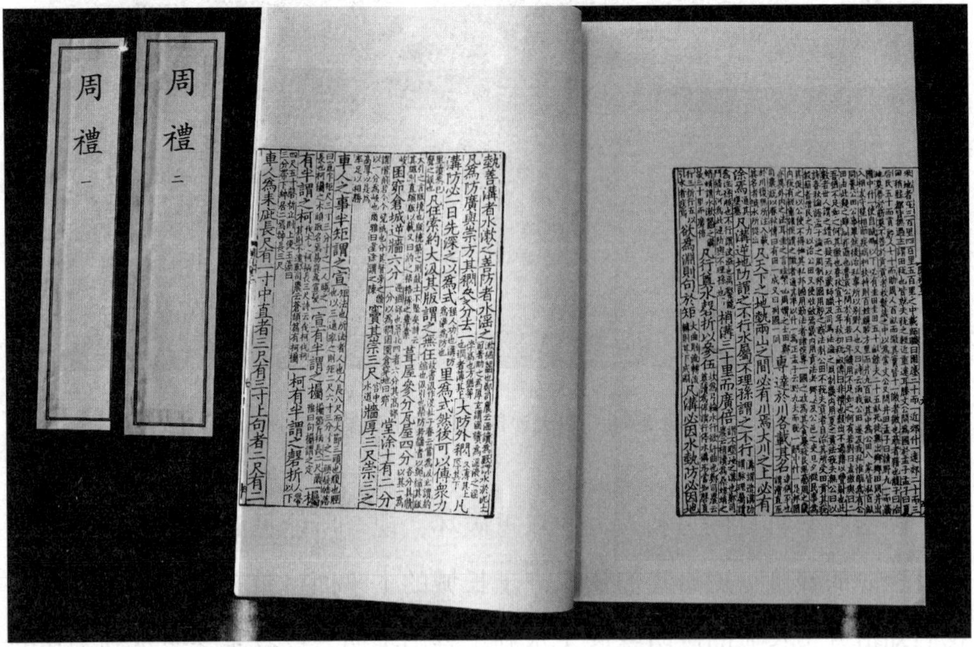

图1－9　《周礼·考工记》有关齐国筑防的文字

《周礼·考工记》的《匠人》篇记载堤防设计要求和工程技术，大意是说：凡修筑沟渠一定要顺从水势，修筑堤防一定要顺从地势。设计合理的水沟，会借助水流冲刷杂物而保持通畅；设计合理的堤防，会靠水中堤前沉淀的淤泥而增加坚厚。凡修筑堤防，上顶的宽度与堤防的高度相等，堤两面的坡度都是1∶1.5。较高大的堤防下基须加厚，坡度还要平缓。凡修筑沟渠堤防，一定要先以匠人一天修筑的进度作为参照标准，又以完成一里工程所需的匠人及日数来估算整个工程所需的人工，然后才可以调配人力实施工程计划。板筑墙壁与堤防时，用绳束板；若收板太紧，致使夹板桡曲，束土无力，筑土不实，就跟没用绳束板一样。

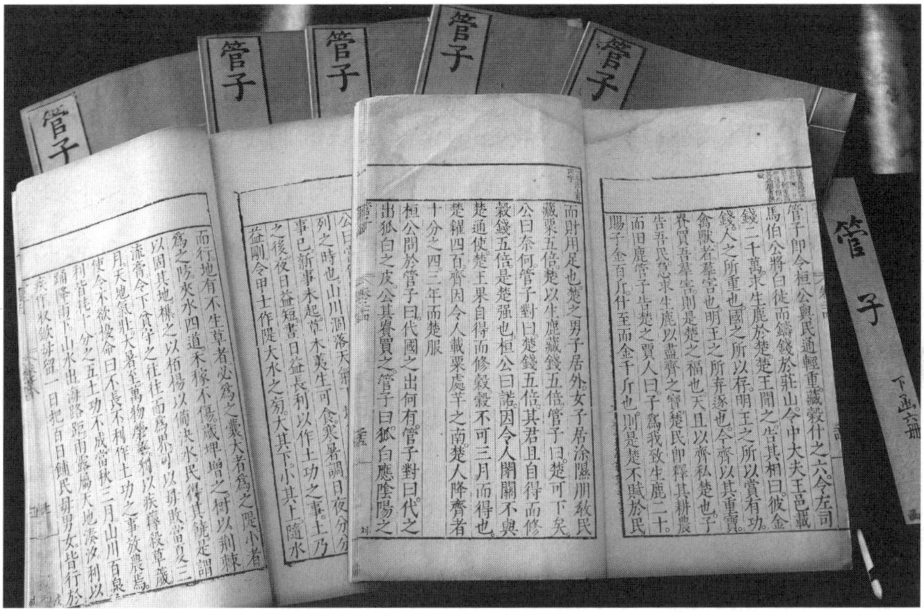

图 1－10　《管子》有关齐国筑防的文字

《管子》的《度地》篇则是借管仲之口来谈论修建和维护堤防所要注意的方方面面，大意是说：春季三月里，天气干燥，是水少流细的季节。此时山河干涸水少，天气渐暖，寒气渐消，万物开始活动。旧年的农事已经做完，新年的农事尚未开始，草木的幼芽已经可以食用。天气的寒热逐渐调和，昼夜的长短也开始均分。均分后，夜间一天比一天短，白天一天比一天长。这时有利于动工兴建堤防。可以派甲士在河边修筑堤防，堤防的基础要宽，上面要窄，使堤防沿河而行。堤防要年年进行修补，堤防上面要栽植荆棘灌木，以便加固堤防上的夯土。还要间种柏、杨等高大树木，防止洪水冲决。守护堤防的工作派贫民去担任，依次给他们划好地段，以保持堤防不坏。还要经常派遣治水官吏在冬天视察堤防，发现需要维修的问题，及时具文向都水官报告。都水官一般是定在春季事少的时节维修堤防的。大雨中，堤防需要覆盖就及时覆盖；决口时，堤防需要屯堵就及时屯堵。总之一年到头以保持堤防不坏为治水工作的成效。还要注意常年加高堤防，春冬两季在河内取土加高，秋夏两季在河外取土加高，以便堤防不被淤泥所掩埋。

通过这两段文献资料，可以将齐国修筑堤防的制度归纳如下：

第一，夏历春季三月是施工的最佳时节。因为此时天地干燥，土壤含水量适宜，凝固力较强，便于捣实夯实；山川涸落，水少流细，便于自河床滩地取土筑堤；农闲时节，便于大规模调集人力；昼渐长夜渐短，便于充分利用工时。而夏、秋、冬三季则不具备这些条件，尤其土壤含水量不适宜于施工。

第二，施工之前，工程负责人员要勘测地形地势，并根据对生产率的评估预测，制订切实可行的总体计划，统一调配人力物力，傍水岸依地势分段夯土版筑。

第三，任何土料依其物理性质，都有保持稳定所必需的边坡。因此，堤防建设有严格的工程标准：下宽上窄，顶阔与体高相等，防体两侧坡度均为1:1.5；高大的堤防，坡度还要平缓一些。

第四，工程完工后，还要在堤防上栽植荆棘树木用以加固防体；如果遭遇大雨，条件允许，则用覆盖物遮护堤防；常年附土加高加厚。

第五，堤防的养护与修补：堤防防护分段责成贫户看守；管理监督则由专职水官负责，包括查验、修补、抢救、征集材料、动员守护等。

由此，我们说齐国人修筑堤防是有严格制度要求的，他们对于土料的工程特性、流体力学原理以及系统工程，都有相当深刻的认识，甚至已经有了系统工程思想的萌芽。

由于齐国夯土长城是在堤防基础上修建的，或者是按照堤防的工程要求来兴建夯土长城的，所以夯土长城的建筑特点和工程要求基本就是堤防的建筑特点和工程要求。

图 1-11　漩庄夯土长城局部（李霞摄）

（五）由战术工程的巨防到战略工程的长城

齐国霸业衰微以后，其所面临的外来威胁主要是晋国以及后来由晋国分化出来的韩、赵、魏三国，这些国家进犯齐国，一般取道济右走廊。可是从春秋末叶开始，东南沿海的吴、越二国相继崛起，它们北上争霸中原，都首先以齐国为主要攻击目标。在这种背景下，齐国原先在泰山以西济右走廊等要道关隘设置的巨防已不能满足齐国的国防需要。

《孟子·离娄上》记载："齐景公曰：'既不能令，又不受命，是绝物也。'涕出而女于吴。"朱注："吴，蛮夷之国也。景公羞与为昏（婚）而畏其强，故涕泣而以女与之。"齐景公虽然不情愿，因为慑于吴国的强大，只好老泪纵横地打发爱女远嫁吴国。齐简公三年（前482），吴王夫差统率大军连克齐国在泰山以南的重镇博（故址在今泰安东南）、嬴（故址在今莱芜西北），然后于艾陵（故址当在今莱芜、新泰之间）大败齐军。据《墨子·非攻上》记载，艾陵之战结束后，夫差并没有马上返回南方，而是“葆之大山”，即屯兵于泰山脚下，以便伺机翻越山岭北上，扩大战果。

齐平公八年（前473），越王勾践灭吴。勾践可谓雄才大略，在位期间，曾一度将都城由会稽（今浙江绍兴）北迁琅邪（今山东胶南夏河城）。越人之骁勇善战、悦兵敢死甚于吴人，齐人简直像患了“恐越症”一般，所谓“天下之国，莫强于越”①，可以说是齐人对越国的一种普遍的看法。《吕氏春秋·顺民》载：

> 齐庄子请攻越，问于和子。和子曰：“先君有遗令曰：‘无攻越，越猛虎也。’”庄子曰：“虽猛虎，而今已死矣。”和子曰以告鸮子。鸮子曰：“已死矣，以为生。”

这里所谓的先君，即田常；齐庄子，即田庄子，田常之孙；和子，即田和，庄子之子。“田庄子之相齐宣公当在齐宣公之中世，而田庄子之请攻越亦必在为相之后，故田庄子请攻越时，句践已卒三十年以上矣。”② 句践已卒三十年以上，越国尚且还使得齐国这样畏惧忌惮，可见当句践之时，齐国来自越国的压力该有多大了。

吴越崛起并兴兵北上，给齐国的南部和东南部边防带来了前所未有的巨大压力，为此，齐国需要借助泰沂山系的天然屏障，在原有的泰山西侧巨防的基础上，构筑一条西起济水东达大海的防御工程。

近年公布的《清华大学藏战国竹简·系年》（以下简称《系年》）第二

---

① 《管子·轻重甲》。

② 陈奇猷：《吕氏春秋校释》，学林出版社1984年版，第88页。

十章有这样一段重要文字：

> 越公句践克吴，越人因袭吴之与晋为好。晋敬公立十又一年，赵桓子会［诸］侯之大夫，以与越令尹宋盟于邞，遂以伐齐。齐人焉始为长城于济，自南山属之北海。晋幽公立四年，赵狗率师与越公朱句伐齐，晋师閔长城句俞之门。越公、宋公败齐师于襄平。至今晋、越以为好。

就如当年吴国一样，越王句践灭吴以后，也与晋国结好，共同对付齐国。晋敬公十一年，即齐宣公十五年（前441），晋、越相约攻打齐国。晋军攻齐，必定与以往一样取道济右走廊，而越军则很可能兵锋直指齐国东南边境。因为形势严峻，所以“齐人焉始为长城于济，自南山属之北海”。

有学者根据《系年》“齐人焉始为长城于济，自南山属之北海”，推测齐国在横亘齐鲁大地南北分水岭之上的齐长城之外，还建有另外一道齐长城，这道齐长城沿着济水河道向东北延伸，一直到达“北海”，也就是渤海，便是所谓的“济水长城”或“济岸长城”。

那么，事实果真如此吗？我们姑且假设春秋末年齐人在济水岸边（右岸）修建一道长达数百公里的夯土长城，那么这道长城必定有所凭借，或者说借助原有的济水堤防。然而我们知道，早在战国之世就有“济清河浊”一说，济水不同于河水，济水向来以河道深切、水色清湛而闻名，中古时期依然如此。那么，在济水沿岸是不需要大规模修筑堤防的。西汉人贾让说：“盖堤防之作，近起战国，雍防百川，各以自利。齐与赵、魏，以河为竟。赵、魏濒山，齐地卑下，作堤去河二十五里。河水东抵齐堤，则西泛赵、魏，赵、魏亦为堤去河二十五里……”① 齐与赵、魏以河水为界，

① 《汉书·沟洫志》。

双方以邻为壑，都在各自的河岸上修建长堤，这是战国时的事情。所以，如果说齐国出于军事目的，在原有堤防的基础上修建一条长达数百公里的夯土长城，那么这道夯土长城只能在古黄河岸边，而不可能在古济水岸边。更何况倘若古济水岸边果真曾有这么一道绵延数百公里的夯土长城，两千多年间也不会不见于文献记载的。

旧时齐河县“八景”有所谓“长岭东环”之目——“县郭东南，长岭迤逦，盘纡茀郁，亘若长虹。”有人认为县城东南的“长岭”大概就是济水长城遗存。可是我们认为这一推测缺少依据，故而不敢苟同。

首先，我们知道这条资料来自民国《齐河县志》卷四《形胜志》，时间如此晚近，对于判断所谓济水长城的存在，其本身已无多少价值可言。同书卷五《河道志》又说：“济水也在县城东半里，亦谓之盐河，以其为济南盐运河道也。”可知这“长岭东环”，在大清河（济水）西岸（左岸），不过是用来保障齐河县城安全的大堤，何以就被视作长城遗存了呢？这样的所谓长城遗存，除了齐河外，古济水所经过的其他州县是否也存在呢？是否也能举出几个例子呢？

再说，齐国如果修建济水长城，按理要建在济水内侧，即济水的东岸、南岸，如此济水便可成为天然的护城河。如果长城修在济水外侧，齐国人的长城防御岂不成了“背水一战”？

因此，倘若有济水长城，这长城必在济水内侧，而济水内侧并无任何长城遗迹存在（当然济水外侧也没有）。

总之，就现有证据和迹象来看，济水长城是不存在的。由此我们再来看《系年》文字本身。

首先，如果为济水长城，就不应该表述为“始为长城于济”——从济水开始起筑长城。

其次，既然为济水长城，就不应该出现“自南山”三字；“自南山属之北海”，分明是说长城之山海相连，这也证明济水长城的确是不存在的。

然而学者之所以提出济水长城的假说，主要是因为他们将《系年》中的“北海”落实为山东半岛北面的渤海了。

在古代，北海与渤海同义，却又有广义与狭义之分。狭义讲，指今天渤海；广义讲，则不仅包括渤海，也包括黄海在内。《山海经·海内东经》：“琅邪台在渤海间。”琅邪台明明在黄海间，却说成在渤海间，就是明证。所以《系年》中的“北海”，应该涵盖山东半岛南侧的黄海。当年，齐桓公征讨楚国，楚王派使臣对他说：“君处北海，寡人处南海。”北海显然泛指齐国周边海域，而非限于今天的渤海。

综上所述，我们认为《系年》长城就是指今日西起黄河之滨（济水东岸），绵延于泰沂山地南北分水岭（所谓“南山”）、东至黄海（所谓“北海”）的齐长城。

那么，根据《系年》，是否可以认定齐长城始建于晋敬公十一年（前441）呢？我们认为齐长城作为全局性、永备性、战略性的防御工程，始建于此年，但是作为局部性、临时性、战术性的防御工程，则肇建于齐晋防门之战前夕，也就是公元前557年至公元前555年之间。

也就是说，正是在春秋后期吴、越先后大举北上之际，齐国大修长城——西起济水、东至黄海的全线防御的战略设想遂应运而生。于是泰山以西原已存在的各段战术防御性质的巨防，就变成全线战略防御工程长城的组成部分。由于“巨防”之称有百余年的历史，所以尽管作为全线战略防御工程的“长城”一名已经叫响，但“巨防”的旧名未偏废，于是齐长城往往写作“长城巨防”或者“巨防长城”。

总之，“巨防”是临时性、局部性、战术性的防御工程，“长城”是永备性、全局性、战略性的防御工程。“巨防”是齐长城的初名，“长城”是齐长城的专名，后来才由齐长城的专名变成各诸侯国长城的共名。

（六）春秋战国之际济右长城的陷落

据上引《系年》，晋幽公四年即齐宣公二十六年（前 430），晋、越、宋三国兵分数路伐齐，赵狗率领晋军攻打齐长城的一处要塞——句俞之门，越、宋联军败齐国军队于襄平。襄平、句俞之门，确址无可稽考，推测襄平当在泰山以东的长城之外，句俞之门当在泰山西侧。

齐宣公五十一年（前 405），齐国执政田悼子去世，田和（田齐太公）出任齐国国相。另一个田氏贵族田会凭据廪丘（今山东郓城西北），举兵叛齐，投靠赵国。为了夺回廪丘，齐国派遣大夫田布率领大军前去攻打。田会见寡不敌众，忙派人向赵、魏、韩求援。于是赵将孔屑、魏将翟角各自率领本国军队，并会同韩国军队，火速增援廪丘，与廪丘城内的田会内外夹击，一举解除了廪丘之围，并在龙泽（即雷泽，今郓城与鄄城之间）一地大败齐军，田布战死，齐军死亡多达三万人，损失兵车两千多辆。[①]次年，即齐康公元年（前 404），三晋联军又乘胜攻陷了济右走廊上的齐长城，并占领了平阴城。

关于这次战事，传世文献和出土铭文都有记载。

《水经注·汶水》引《竹书纪年》："晋烈公十二年，王命韩景子、赵烈子及翟员伐齐，入长城。"这里的翟员显然是魏将翟角，韩景子是韩景侯，赵烈子也就是赵烈侯了。今本《竹书纪年》又记载：周威烈王"十八年，王命韩景子、赵烈子及我（指魏）师伐齐，入长垣"[②]。晋烈公十二年相当于周威烈王二十二年，"十八年"应为"二十二年"之误。由此，我

---

① 《吕氏春秋·不广》。

② 方诗铭、王修龄：《古本竹书纪年辑证》附录王国维《今本竹书纪年疏证》，上海古籍出版社 1981 年版，第 278 页。

们还知道，战国初年齐国长城巨防还有“长垣”的别号。长垣者，长墙也。

1928 年，在河南洛阳金村战国初年的一座韩国墓中出土的𠫑羌编钟上有铭文云：

> 惟廿又再祀，𠫑羌作戕，厥辟韩宗𢾊，帅征秦迮齐，入长城，先会于平阴。武侄寺力，𢽤夺楚京。赏于韩宗，令于晋公，邵于天子。用明则之于铭，武文□列，永叶毋忘。[①]

铭文记战役经过，大意是说：二十二年，韩将𠫑羌造剑，跟随韩国君主征秦征齐，攻入长城，先会师于平阴，然后挺进寺力，武力夺取楚京。

上文曾说过，齐灵公二十七年（前 555），齐晋平阴之战，晋军破防门、占平阴之后，又分兵攻打京兹和邿邑。京兹在今长清东南部，邿邑在今长清五峰一带。那么，编钟铭文中的寺力可能就是邿邑，而楚京可能就是京兹。

关于铭文“廿又再祀”究属何时，学术界分歧较大，有周灵王二十二年（前 550）、周威烈王二十二年（前 404）、晋烈公二十二年（前 394）以及周安王二十二年（前 380）等多种说法。[②] 其中，应以唐兰、杨宽、陈梦家等人的周威烈王二十二年（前 404）说最为可取。[③]

---

① 释文主要参考徐仲舒《𠫑氏编钟考释》，并厘定为通行文字。徐文见《徐仲舒历史论文选辑》，中华书局 1998 年版，第 210～216 页。

② 孙稚雏：《𠫑羌钟铭文汇释》，《古文字研究》第十九辑，中华书局 1992 年版。

③ 方诗铭、王修龄：《古本竹书纪年辑证》，上海古籍出版社 1981 年版，第 94～95 页。杨宽：《战国史》，上海人民出版社 1980 年版，第 270 页；陈梦家：《六国纪年》，学习与生活出版社 1955 年版，第 48～49 页。

周威烈王二十二年（前404），为魏文侯四十二年。《吕氏春秋·下贤》说：“（魏）文侯可谓好礼士矣。好礼士，故南胜荆于连堤；东胜齐于长城，虏齐侯，献诸天子，天子赏文侯以上卿。”齐宣公被俘，齐人于是拥立康公。清华简《系年》第二十二章对于这次三晋伐齐入长城之役也有记载：

> 晋魏文侯斯从晋师，晋师大败齐师，齐师北，晋师逐之，入至汧水，齐人且有陈𪊨子牛之祸，齐与晋成，齐侯盟于晋军。晋三子之大夫入齐，盟陈和与陈淏于溋门之外，曰：“毋修长城，毋伐廪丘。”晋公献齐俘馘于周王，遂以齐侯贷、鲁侯显、宋公田、卫侯虔、郑伯骀朝周王于周。

上述是说晋军攻陷济右走廊上的巨防长城，深入齐国内地，齐康公不得不去晋军的军营，与晋人议和。晋国执政的三晋大夫（晋三子之大夫）还率兵到齐都临淄溋门，逼迫齐国执政田氏（陈和、陈淏）签订城下之盟，盟约的中心内容是齐国今后“毋修长城，毋伐廪丘”。

战后，三晋威名大振，周威烈王不得不于次年（前403）承认魏、赵、韩为诸侯。

进入战国以后，长清西南角巨防再次失陷，具体时间在田齐威王即位前后。

田齐威王是田齐历史上最有作为的君王。《史记·田敬仲完世家》记载，“威王初即位以来，不治，委政卿大夫，九年之间，诸侯并伐，国人不治”。九年过后，威王亮出杀手锏：整顿吏治，严明赏罚——嘉奖勤政爱民、治绩突出的即墨（今平度东南）大夫，烹杀玩忽职守、沽名钓誉的阿邑（今阳谷东境阿城镇）大夫。“于是齐国震惧，人人不敢饰非，务尽其诚，齐国大治。”与此同时，威王对外展开强有力的军事反击：“遂起兵西击赵、卫，败魏于浊泽而围惠王。惠王请献观以和解，赵人归我长城。”

这里，“赵人归我长城”一语理应引起我们的注意，因为它说明田齐威王九年（前348）反攻之前，齐长城尚由赵国军队占领。那么赵国占领齐长城是从什么时候开始的呢？

《史记·赵世家》：成侯五年，伐齐于鄄。七年，侵齐，至长城。九年，与齐战阿下。十年，攻卫，取甄。十五年，助魏攻齐。

按赵成侯五年，为田齐桓公五年（前370）。本年，赵军攻打齐国西南边鄙重镇鄄城。隔年（前368），又打到齐长城一线。至于赵军侵齐所至之长城，唐人张守节《史记正义》引《括地志》云：“所侵处在密州南三十里。”按，密州在今山东诸城一带，赵国进攻齐国，不会取道鲁楚之地，迂回千里去攻打齐国东南方向的长城。因此可以认定，赵军抵达的“长城”，仍然是济右走廊平阴邑南边的长城。赵国兵锋受挫于长城，只能经略长城以外地区，所以接下去又同齐军战于阿下，阿下即阿城之下，今阳谷阿城镇；夺占鄄城；又助魏攻齐。可能正是此时或者稍后不久，赵军攻占了齐国西南境的长城。由此说来，赵国于齐威王即位之前就可能占领了平阴一带长城，迨及威王九年，大概已有十数年之久了。那么，在此期间，平阴以及长清部分地方曾一度被赵国占领。

战国以来济右走廊巨防长城的数度失陷，极大地震撼了齐国统治者，齐威王整军经武，加强国防，自然给予长城防御以高度的重视，因此他无视三晋当年胁迫齐国签订的“毋修长城”和约，而要大规模修建长城。

据《史记·田敬仲完世家》，赵国归还长城在田齐威王九年（前348）之后，按理说齐国修长城当在赵国归还长城之后。然而《水经注·汶水》引《竹书纪年》云：

梁惠成王二十年，齐筑防以为长城。

按梁惠成王二十年当田齐威王七年（前 350），早于赵国归还巨防长城两年。如果记载无误，那么是否可以这样理解，在赵国归还济右走廊巨防之前，齐威王已经开始了其他段落长城的修建。赵国归还济右走廊长城之后，那里的长城更在重修和加固之列。

齐威王“筑防以为长城”，从字面上看，是指修筑堤防作为长城。所以，齐威王所筑长城应该仍以夯土长城为主，也就是按照水利工程堤防的建制而修建巨防。又因为当时列国之间的战争仍以车战为主，防御重点仍然是战车可以通行的谷地、隘口，因此可以推想齐威王修长城，很大程度上是对春秋时代已有巨防的重修或展修，也就是说，在原有巨防的基础上，加固加高加长，以求更有效抵御敌人来犯。

（七）“齐宣王乘山岭之上筑长城”

战国中期以前，列国间的战争以车战为主。战车受制于地理环境，机动性能比较差，因此各国诸侯只要在边境关隘上据险设塞，一般就能拒敌于国门之外，而这也正是那时“要塞防御战术是远远走在要塞进攻战术前面的”① 的根本原因了。可是到了战国中期，作战方式开始出现革命性的变化，继赵武灵王胡服骑射之后，列强无不将骑兵作为主力广泛投入战场。骑兵翻山越岭如履平地，原先单纯的要塞防御战术已不能适应形势发展的需要。在这一背景下，各国纷纷兴建长城，一时蔚然成风。② 齐国作为率先修筑长城的国家，当然也不例外。

《史记·楚世家》的《正义》引《齐记》：“齐宣王乘山岭之上筑长

---

① 蓝永蔚：《春秋时期的步兵》，中华书局 1979 年版，第 245 页。

② 战国各国“长城的修建，大都集中于公元前 300 年前后这一时期”。详见彭曦先生《战国秦长城考察与研究》，西北大学出版社 1990 年版，第 273 页。

城，东至海，西至济州千余里，以备楚。”可见整条齐长城只是到了齐宣王的时候才全线大功告成的。当时对于齐国来说，最强大的敌人来自南方的荆楚。

齐宣王“乘山岭之上筑长城”，重点在于以前不需设防的高山长岭，当然也包括泰山分水岭在内。分水岭上土少石多，只能因地制宜，以石砌城。

我国铁制工具的广泛使用在战国中期而非初期，杨宽在《战国史》中说：“战国时代开始广泛使用冶铁的工具，但是早期的铸铁，是质脆而硬的白口铁，很容易折断，不耐用。因此，当时劳动人民从生产实践中创造了两种柔化铸铁的技术……”又说：“由于冶铁技术的创造和发明，由于铁矿的开发，由于冶铁手工业的逐渐发展，到战国中期以后各种农业和手工业的工具已普遍用铁制。”① 不难想象，若无发达的冶铁技术和铁制工具的普及使用，那么就不可能有大规模的石砌长城的兴建。所以齐国石砌长城的大规模兴建只能在进入战国中期的田齐宣王时期（前319—前301），这与《齐记》的记载正复吻合。

图1－12　长岭子西段石砌长城基础

长清西南角石砌长城主要分布在陡链山（又名“长岭子”）、岚峪北山、阳干山（又名“羊栏山”“凤凰山”“大西山”）、梯子山、石小子山等。

① 杨宽：《战国史》，上海人民出版社1980年版，第26、34页。

陡链山，由数座山头串联而成，山势奇险，陡峻处徒步攀登也非易事。齐国人在山上建筑墙高壁厚的长城，在最险峻的地方还采用罕见的层叠筑城技术，即上层墙体叠压下层墙体，下墙为基础，上墙内收1.5米。这样可能一方面是为了加强城墙的坚固性，另一方面也是出于方便施工的考虑。山头与山头连接处的山梁，地势稍低，坡度稍缓，凡是这样的地方都垫上6~8米高的土石作为基础，然后再在上面砌筑墙体宽2.6~3米不等的长城。陡链山还有一段长城的墙体用石条砌成，而且使用了压缝技术。

岚峪北山石砌长城有几处保存较好，2~3米高的长城遗址比比皆是。

图1-13　陡链山石砌长城

图1-14　岚峪北山齐长城

在岚峪北山的东首，长城折向北去，跨过压泉峪，上了阳干山。阳干山西南东北走向，长达三四里，山上长城残高二三米；长城每隔几百米就有一座起加固墙体作用的墩台；长城内侧岭脊一线分布着众多的烽燧遗址和用于屯兵戍守的障垣遗址。阳干山防御工程之密集，实属罕见。

图 1－15　阳干山齐长城远景

图 1－16　阳干山长城内侧戍所遗址

长城从阳干山向东北方向横跨黄崖河谷地，然后经过高耸挺拔的梯子山，折向东南翻越石小子山，长城自此离开孝里镇，进入长清区双泉乡以及双泉乡东邻的马山乡。

双泉乡和马山乡分别坐落在两条谷地中，战略地位颇为重要，所以两乡境内齐长城分南北两线。南线长城为主线长城，它自石小子山正东行，经牛头山，然后在双泉乡驻地的段店附近横跨双泉谷地，东南经小马山、锅背顶、瓦楞山、莲花山、于家庄西山、老牛沟北山，以上诸山石砌长城遗址毁坏严重，然而遗迹仍然隐约可辨，不过双泉谷地的夯土长城却荡然无存。

自老牛沟北山，南线长城始终沿着长清马山乡与肥城县的交界线向东略偏南前行，所经山头计有双山、五道岭、杨家山（又名“羊山”）、张家花峪北山、三岔沟，然后与北线长城会合。以上诸山，尤其五道岭地处南北交通的咽喉，为齐国设防的重地，所以不少段落的石砌长城遗址保存较好。

北线长城自石小子山东北经满井峪东山、北傅村北山、陈沟湾东山、杜庄西山、潘庄，长城俱为石砌，遗址断断续续。其中，杜庄西山有后世所建的大规模石寨遗址。自潘庄，长城折向东行，经崮头至璇庄东山脚，其间为横阔 5 里的平地，有夯土长城遗址。这一段长城北面 3 里为南苾村，地属马山乡。南苾村北 2 里为苾村，地属归德镇。民国《长清县志》卷十六记载：“长城，《通志》谓东南三十里。《旧志》谓东南九十里，远近相殊。以今考之，《通志》所谓三十里者，或为苾村铺南山之长城；《旧志》谓九十里者，乃长城堡之长城。”可见这一段长城在旧时方志中也是有明文记载的。

图 1－17 岚峪北山长城墙体错位现象

齐长城至璇庄东山东南行，经牛角沟西山、地楼东山，然后一直向南先后沿着马山乡与五峰乡、万德镇交界诸山前行，至三岔沟，与南线长城会合。这一线石砌长城有些段落的遗址保存较好，如孙土南山长城长 200 多米，宽 7 米，高有 2 米许。

在长城内测的山脊上，往往有古代的采石场遗址以及散落的石块。显然，砌筑长城的块石都是就地取材。

若从更大视域观察山岭上的长城，会发现有一个共同的特点，就是长城一般不是建在岭脊区的最高线上，而是建在岭脊区外侧缘边一线。易言之，就是长城至岭脊线之间还有一段距离。这体现出了高度的科学性，表现在：

第一，可以节约大量人力物力。由于长城建于岭脊区外缘陡险处，长城内侧地势比外侧高出许多，因此往往在外墙内侧填充三四米宽的沙土、碎石，便可以与山顶地面取平。因为这个缘故，很多地段的石砌长城只有外墙，而没有内墙；即便有内墙，也比较低矮。

第二，可以充分利用山险墙。长城岭岭脊区外侧缘边一线，往往是悬崖陡壁，自悬崖陡壁之上俯瞰，颇有高屋建瓴之势；自下方仰视悬崖陡壁，则又令人有不可企及之叹。

第三，充分体现了《孙子兵法·行军篇》“丘陵堤防，必处其阳而右背之”的军事原则。长城岭岭脊区的地形一般比较平衍，中部的岭脊线略微凸起。把长城筑于岭脊区外缘一线，则长城与岭脊线之间的平阔之

图 1－18　陡链山石砌长城建于岭脊区外侧边缘陡险处

地，正适宜于安置营寨戍所，屯驻士卒，而岭脊线上视控范围极开阔的地方，又是设置烽燧的理想之所。比如阳干山由西南东北走向的几个山包包组成，长达三四里。几乎每隔一里左右，长城内侧的平地上就有一处长宽10～40米不等的石圩子，石圩子外边不远处的制高点上，或者残存一、二间小石屋，或者是残存的烽火台遗址。显然，这些石圩子、石屋、烽火台，都是长城防线的有机组成部分。

岚峪北山和阳干山石砌长城墙体还有明显的对接错位现象，似乎表明当初筑城是分段对头施工的。

总之，石砌长城建筑具有很高的科学性和技术性，体现了古代齐国人民的高超智慧和惊人创造力。

图1－19　石小子山长城横断面

（八）中国长城文化的发端

齐长城是由长墙、关城、障堡、烽燧以及长城内外的军事重镇等有机构成的立体防御体系。它西起济水，东至大海，将整个齐国的西南、正南、东南三个方向完整地圈了起来，这样就可以使原本流动的战场变成较为固定的战线。因此，它的军事功用起码体现在以下几个方面：

首先，和平时期，齐长城可以使齐国节约大量的戍守兵力。

其次，战争时期，齐长城可以有效迟滞战火向齐国腹地蔓延，赢得调动兵力、组织防御的时间。

再次，齐长城的存在，使齐国军队先处战地以主待客，以逸待劳，可以有效打击屯兵于坚城之下的敌军，歼灭敌之有生力量。

又次，即便长城防御失败，也可以为齐国内地坚壁清野、撤退转移提供宝贵的时间。

最后，齐军可以依托长城防线主动出击，建立前沿据点和防线，实现积极防御的战略目的。

理论上说如此，事实究竟如何呢？通观齐长城兴建以后的齐国历史，外国列强很少能够越过长城防线进入齐国腹地，甚至很少能进抵长城脚下，从而证明齐长城防御总体上是成功的，诚如战国时期著名纵横家张仪所说："济清河浊足以为限，长城巨防足以为塞。"另外，齐长城绵延千里，其本身的威慑力也不容小觑，一般情况下，列强将齐长城视为难以逾越的屏障，轻易不敢对齐国用兵。

齐长城是齐国规模最大的军事防御工程，有力地保卫了齐国的国家安全。然而，世上没有坚不可摧的城垒和防线，齐长城也不例外。就现存文献看，齐长城至少失陷四次。长城的失陷当然不能完全归咎长城本身不够坚固，因为长城毕竟是要由人来守护的，长城防御的成败得失更多取决于战略战术运用得得当与否，乃至政治清明与否，后勤保障充分与否等诸多因素，比张仪稍晚的另一位纵横家苏代曾说过："天时不与，虽有清济浊河，何以为固？虽有长城巨防，何以为塞？"

以上谈论的是齐长城的军事意义，简而言之，齐长城是齐国历史上规模最大的军事防御工程，有效保护了齐国的安全。那么，从文化的视角来看，作为齐国历史上延续修筑时间最长、工程总量最大的建筑工程，就不仅是齐国对外战争的产物，也是齐国历史文化的产物了。

齐长城承载着太多的文化内容和文化信息，是一个巨大的历史文化载体，从其身上，我们可以领略到各个层面的齐文化。比如：

在政治文化的层面上，齐长城体现了齐人的“霸政”主义的政治理想，也就是通过“修政于境内而远方慕其德，制胜于未战而诸侯服其威”，从而达到称霸于天下的政治目的。

在军事文化的层面上，齐长城体现了齐国兵学的防御至上、“不战而屈人之兵”的精髓要义，乃至齐长城防线的规划设计以及关隘、要塞、障垣、烽燧、长墙等各组成部分的建设，也无不遵循齐国兵学用兵布阵的一般原则。

在科技文化层面上，齐长城集中展示了春秋战国时代齐国科技的整体实力和水平，充分反映了齐国在地理学、测绘学、建筑学、系统工程学、物理学、化学以及冶金技术等方面的领先水平。

在风尚文化的层面上，齐长城则体现了齐国社会崇尚和平的精神风貌。

从单纯的军事角度看，齐长城当然是封闭保守的象征，然而从文化的角度看，齐长城是齐国对外交流的重要纽带，有力地保障了齐国对外开放的传统格局。

首先，齐长城的存在不仅有力地保障了齐国的国家安全，也有力地保障了齐国人民生命财产的安全，经济生活和社会生产得以正常进行，财富也得到持续的积累，从而也就为对外贸易业的发展奠定了坚实的物质基础，提供了比较安定的社会环境。

其次，齐长城的存在，增强了齐人的心理安全感，从而有助于齐人继续保持和培养见异不拒、开放而非封闭的豁达心态。

最后也是最重要的一点，齐长城有力地保障了长城沿线交通的畅通和来往商旅的安全。

以上就齐国历史文化的范畴来谈齐长城的历史意义，现在我们再从中国长城建置史的层面来看齐长城的历史意义。一言以蔽之：齐长城是中国最古老的长城，是中国长城的重要组成部分。

齐长城从春秋齐灵公二十五年（前557）至二十七年（前555）之间开始修建，到战国田齐宣王时期（前319—前301）全线竣工。先秦其他诸侯国长城的兴建时间分别为：

秦国东长城，始筑于秦简公七年（前408）。

秦国北长城，始筑于秦昭王三十六年（前271）。

赵国南长城，始筑于赵肃侯十七年（前333）。

赵国北长城，始筑于赵武灵王二十年（前306）。

燕国南、北长城，筑于燕昭王时期（前311—前279）。

魏国西长城、南长城，始筑于魏惠王十年（前360）。

韩国长城，始筑于韩昭侯八年（前355）

中山国长城，始筑于公元前369年。

以上各国长城的修建年代大多集中在公元前300年前后，比齐长城的始筑之年普遍晚200年左右。即便修建时间较早的秦国东长城也比齐长城晚了150年左右。因此，齐长城的修建年代遥遥领先于以上各国长城，是无可怀疑的了。

先秦时期，南方的楚国也修筑了自己的长城。《左传》记载，齐桓公三十年（前656），桓公率领诸侯盟军南下讨伐楚国，驻扎在楚国北境的召陵（今河南郾城东），检阅三军，并向楚成王派来的使臣屈完夸耀说：“以此众战，谁能御之？以此攻城，何城不克？”屈完说：“君若以德绥（安抚）诸侯，谁敢不服？君若以力，楚国方城以为城，汉水以为池，虽众无所用之。”齐桓公只好退兵。

屈完所说的“楚国方城”，学术界有人认为就是长城，证明楚长城在公元前656年之前就已经建成。可是汉代以来，从高诱、韦昭、杜预、郦道元，到姚鼐、张维华、杨伯峻、彭曦、成大林，历代学者大多认为《左传》中的方城只是楚国北境的山名和关隘名，并不是长城。至于楚长城的兴筑时间，张维华先生经过考证，确定为战国中晚期楚国国势日衰的楚怀王末年和顷襄王初年，也就是公元前300年前后的一段时间之内。

综上所述，可以肯定地说，齐长城是中国最古老的长城，是当之无愧的“中国长城之祖”。

作为中国长城之祖的齐长城，其对后世长城的影响当然是深远的。

众所周知，齐文化是有与时俱进的变革精神的，齐国在许多方面都曾引领风气之先，比如案田而税、鼓铸山铁、尊王攘夷、开辟学宫、招纳食客等，都领先于其他各国。同样，战国时期各诸侯国纷纷兴建长城的风潮，也是由齐国带动起来的。因此，各国在设计、建造长城时，肯定有意效仿了齐国的做法，借鉴了齐国的经验，深受齐长城的影响。这种影响可以表现在许多方面，比如“因地形，用险制塞”的设防思想，利用固有河堤修建夯土长城的办法，山岭上石砌长城的建筑技术，烽燧、障垣、要塞等长城附属设施的布局和配置，以及长城防御战略，等等。所以，齐长城在中国长城建置史上的地位是无与伦比的。

秦通过武力消灭关东六国，建立了中国有史以来第一个统一的专制主义中央集权的帝国。为巩固统一，保护帝国的安全，秦始皇明令废弃原六国之间相互设防的长城，与此同时又在原秦、赵、燕三国北边长城的基础上，修建了一条用来防御匈奴的东起辽东、西至临洮的万里长城。秦朝以后的两千多年间，在中国北方的崇山峻岭和辽阔的草原、戈壁上，又先后出现了汉长城、北魏长城、东魏长城、北齐长城、北周长城，隋长城、金长城、明长城。以上各个朝代长城的修建，虽然与齐长城没有直接关系，但是追本溯源，波澜壮阔的中国长城建筑史则是由齐长城开始的，或者说，中国历史上绵延长久的筑城自守的和平主义的文化传统是从齐长城开始的。

要之，齐长城是中国长城之祖，当然也是人类长城之祖。长清西南角是齐长城的起点，也是中国长城文化乃至人类长城文化的发端地。

图 1－20　齐长城起始标识碑

附录

济菏高速破费千万　保济南长清齐长城安然（雍坚）

在济南市长清区孝里镇南侧、广里村北，220 国道长清区收费站附近，正在建设中的济菏高速被素有“中国长城之祖”之称的齐长城挡住了去路。记者从有关部门获悉，为了保全这段有 2560 年历史的岭子头齐长城，济菏高速几次修改施工方案，最终确定通过架设高架桥的方式跨过齐长城。仅此一项，建设单位要多破费近千万元资金。

今天下午，记者在广里村北、齐长城南侧的济菏高速施工现场看到，数名施工人员正在业已建好的桥桩搭设脚手架。一名施工人员指着地上用白粉画出的方格告诉记者，桥桩早在今年麦收前就建好了，不久前他们又刚拿到新的施工方案，要在桥桩跨度不变的情况下，对其进行加高加长，高度由原来的5.5米增到近11米，基座宽度由原来的8米扩为13米。之所以这样做，是为了架设高架桥，跨过前面不远处的岭子头齐长城。记者从济菏高速项目部了解到，岭子头齐长城为夯土筑成，紧贴着北侧的低矮山坡，如果按正常施工，只需通过开挖将坡度变小便能通过。当获知济菏高速要通过齐长城后，他们曾向文物部门报批，准备用覆盖的方式将长约60米的一段夯土长城原封不动用土包住，压在路基下面。此方案未被获准。后经几次修改方案，最终确定用上跨的方式通过齐长城，桥面与长城顶部留有0.5米的距离。这种方案已被文物部门获准实行，因此需要多花近千万元资金。

据记者观察，济菏高速将要跨越的岭子头齐长城现存长度约六七百米，残高约2~3.5米。对于这个“土古董”，中国文物学会长城研究委员会会长成大林给出的评价却是极高的。他认为：“齐长城是现存最早的长城，这一段又是齐长城修建最早的一段。史书上关于三晋伐齐入长城的记载便指的这里，‘长城’二字的最早出现也在于此。因此，这段长城要死保。”

另据我省齐长城研究专家张华松介绍，岭子头齐长城与220国道西侧残存的百余米夯土长城原来是连在一起的，10多年前，岭子头齐长城高度还在5米左右。这里是齐长城的最西端，也是齐长城最初修建的部分，始建年代为公元前555年左右，比秦长城早了300多年。由水利堤防改造而成，时称“巨防”。到了战国时代，“长城”的名字叫响后，“巨防”依然是长城的别称。

（《生活日报》2005年10月19日）

二、孟姜女哭崩长城传说的发源地

《孟姜女哭长城》与《牛郎织女》《梁山伯与祝英台》《白蛇传》并称我国四大民间传说，是我国民间文学的重要组成部分。追本溯源，这一千古绝唱的最初发生地就在长清西南角。

图 2－1　孟姜女塑像

（一）孟姜女传说的形成和演化

顾颉刚、钟敬文先生等前辈学者曾系统考证和研究孟姜女传说缘起和演变的过程①，大致情况如下：

孟姜女的原型是春秋时代齐国人杞梁之妻。《左传》记载，鲁襄公二十三年（前 550），齐庄公为了报复六年前晋国纠结诸侯共同伐齐（即公元前 555 年平阴防门之战），亲自率领齐国大军长途奔袭晋国，却因晋国已有防范，遂无功而返。齐庄公心有不甘，回军途中，绕道偷袭了晋国的盟国——莒国（都城在今山东莒县），杞梁作为齐军的先锋战死在莒国城下。

① 详见顾颉刚、钟敬文等《孟姜女故事论文集》，中国民间文艺出版社 1983 年版。

庄公带着杞梁的尸体返回齐国，在齐都临淄郊外巧遇杞梁之妻，他想就地祭吊，却遭到杞梁妻的反对，她说："如果杞梁有罪，则不必祭吊；如果无罪，则他有家有室。总之我是不能在郊外接受您祭吊的。"庄公不得已，就去她家举行了祭吊之礼。

由此可知，历史上的杞梁妻是个知书达理、恪守礼法的女性，可是到了春秋末年，孔子的弟子曾参讲到杞梁妻的故事，竟增添了新的内容，杞梁妻变成一位不知节制、哀怨的妇人。《礼记·檀弓》引述曾子的话，称杞梁妻"迎其柩于路而哭之哀"，是说杞梁妻在路上迎接丈夫的灵柩，哀伤恸哭。所以迨及战国之世，齐国人就把杞梁妻作为善唱哭调的一名歌手来谈论了。《孟子·告子下》引淳于髡语，"杞梁之妻善哭其夫而变国俗"。人们将当时齐国俗乐民歌流行哭腔的习尚说成是受了杞梁妻的影响。

战国秦汉之际，济南先后诞生了两大文化名人，便是齐国稷下先生、阴阳五行学派大师邹衍和秦朝博士官、汉代经学创始人伏生，经他们的提倡，天人感应的迷信学说在汉代风靡天下，在这一时代背景之下，杞梁妻的故事又由悲歌发展为崩城。

西汉后期刘向所撰《列女传》记载说，杞梁妻"乃枕其夫之尸于城下而哭之……十日而城为之崩……遂赴淄水而死"。故事中杞梁之妻投淄水而死，她哭崩的城墙显然是指齐都临淄的城墙了。再到后来，东汉王充的《论衡》与北魏郦道元的《水经注》，分别又有杞梁妻哭崩杞城（在今山东安丘东北三十六里齐城村）和莒城（今山东莒县）的说法。

总之，汉代流传的杞梁妻哭崩的城，是围城，而非长城；哭崩的围城，不论是齐都临淄城，还是杞城、莒城，都不出今天山东省的中部。另外，顺便一提的是，古老相传的杞梁故宅就在青州尧山东北，杞梁墓在临淄城东。

公元5世纪到7世纪初的二百多年间，是中国长城建筑史的重要时期。北魏、东魏、北齐、北周、隋朝，都曾大规模修筑北部边地的长城，用来抵御塞外民族的侵扰。尤其北齐和隋朝动用的人力、物力最多，引起的民愤也最大，于是人们就借杞梁妻哭城的故事来浇胸中的块垒，孟姜女哭倒秦长城的传说遂应运而生。

孟姜女哭倒秦长城的传说在唐代既已成型，不晚于唐玄宗天宝六载（747）成书的《雕玉集》引《同贤记》记载：

> 杞良，秦始皇时，北筑长城。避苦逃走，因入孟超后园树上。超女仲姿，浴于池中，仰见杞良而唤之，问曰："君是何人？因何至此？"对曰："吾姓杞名良，是燕人也。但以从役，而筑长城，不堪辛苦，遂逃于此。"仲姿曰："请为君妻。"良曰："娘子生于长者，处在深宫，容貌艳丽，焉为役人之匹？"仲姿曰："女人之体不得再见丈夫，君勿辞也。"遂以状陈父，而父许之。夫妇礼毕，良返于服役之处。主典怒其逃走，乃打杀之，并筑城内。超不知死，遣仆欲往代之，闻良已死，并筑城中，仲姿既知，悲哽而往，向城啼哭。其城当面一时崩倒。死人白骨交横，莫知孰是。仲姿乃刺指血滴白骨，云若是杞良骨者，血可流入。即沥血，果至良骸，血径流入，便将归葬之也。

晚唐时，诗僧贯休有诗咏道：

> 秦之无遭兮四海枯，筑长城兮遮北胡。筑人筑土一万里，杞梁贞妇啼呜呜。上无父兮中无夫，下无子兮孤复孤。一号城崩塞色苦，再号杞梁骨出土。疲魂饥魄相逐归，陌上少年莫相非。

杞梁（或杞良）妻唤作"孟姜女"，也始于唐代。敦煌曲子词《捣练子》："孟姜女，杞良妻，一去烟山更不归。造得寒衣无人送，不免自家送征衣。""孟姜女"显然是个齐国女人的名字，因为春秋时候的齐国公室姓姜，姜家长女一概可以统称孟姜女，后来又用来泛指美女，《诗经》“云谁之思，美孟姜矣”，朱熹注：“孟，长也。姜，齐女。”就传世文献看，以“孟姜”为杞梁妻的专名，可以上溯到中唐以前，因为在《同贤记》中，杞良（梁）之妻写作孟仲姿；稍后成书的《文选集注》，于曹植《求通亲亲表》注文中，孟仲姿写作“孟姿”。从情理上推测，唐代杞梁妻三个名字的出现次第应该是：“先为孟姜，变为孟姿，再变为孟仲姿”①。

图 2－2　长城铺夯土长城遗址断面暴露的骨殖

从此以后，孟姜女哭崩长城的故事逐渐发展成我国四大民间传说之一，流传之广，几乎家喻户晓，妇孺皆知，乃至宋代以降，万里长城沿线出现了一些孟姜女庙，孟姜女也成为民间信仰的尊神而受到顶礼膜拜。

（二）传说中孟姜女哭崩的原是齐长城

既然孟姜女的原型是《左传》中的齐人杞梁妻，汉代杞梁妻哭崩城隅的传说又发生在齐地，再加上唐代又以齐地美女之泛称“孟姜”作为杞梁妻之专名，所以传说中孟姜女哭倒的长城有可能原本是指齐长城。

其实，前人早有这样的推测。如《图书集成·职方典》卷六十三“山海关”条云：

① 顾颉刚：《唐代的孟姜女故事的传说》，《孟姜女故事研究集》，上海古籍出版社 1984 年版，第 283～284 页。

不知其为长城者，乃泰山之下长城，非辽东之长城。

清人吴震方《读书质疑》卷一云：

杞梁妻哭而崩者，乃齐之长城，孟姜女即杞梁妻也。世传附会，承袭讹言，以为杞梁死于秦筑长城之役。

近人魏建功在《杞梁姓名的递变与哭崩之城的递变》一文中说[①]：

我既然以为孟姜的故事当发源山东，所以就又注意到孟姜哭倒长城的城的问题。……原来齐鲁之边也有城墙，或者就说是“长城”。至今泰山脚下还有古城存在着。我们看山东地图犹可看到济南泰安之间尚有长城的名目（其他长城古城的名目随处可见）。这传说中“长城”的来历，恐怕是由“杞崩城隅”的“城”字上牵连得来的；而“杞崩城隅”的城恐怕又是由齐鲁的边城的实物牵连得来的。

又说：

后来哭倒长城的长城指了现今直隶山西……以北的古燕赵……等国的长城，乃是因为长城变了一个专名词，在秦始皇以后，长城变了秦始皇专利的工程，孟姜女哭倒的长城便也搬家了。这是长城在传说里的沿革。

① 顾颉刚、钟敬文等：《孟姜女故事论文集》，中国民间文艺出版社 1983 年版，第 41～43 页。

1925年益都（今山东青州）人李昔吾在致马祥符的信中说：

> 又“长城八百里”云云，此长城为齐之长城，自济南以东山脉东南行，顺山岭筑土城一道，直达东海，旧名长城岭。城之厚约五六丈（潍县大尺）。临朐南之穆陵关，即为该城之关，其旧址现尚有高几丈余者。这道长城，西段与鲁为界，穆陵关以东与莒为界。杞梁死莒郊，计其归途当经穆陵关。杞妻迎尸，沿途哭泣，大兵渡关，城上人众，壮士死绥，观者途塞，土筑之墙瘫溜原属常事。乃适会杞妻哭夫过此，遂相惊为之哭倒，传为奇闻，历二千余年竟不知诌向何处去矣。此山海关姜女庙之所由来也。①

其对杞梁妻哭夫、长城崩塌之传说缘起的解释显然太过牵强，不可信，但是他认定传说中孟姜女哭崩的长城原本是指齐长城，而非北方万里长城，还是很值得重视的。

1952年10月27日上午，游览趵突泉的毛泽东主席对山东军区司令员许世友等人谈及济南的典故，说道：

> 孟姜女哭长城的故事就发生在济南南部，她哭的是齐长城，不是秦长城。②

当代学者李永祥先生亦说：

---

① 马祥符：《胶东道的孟姜女古迹》，见顾颉刚编《孟姜女故事研究集》，上海古籍出版社1984年版，第253～254页。

② 山东省档案馆编：《毛泽东与山东》，中央文献出版社2003年版，第16页。

（山东）长城岭上旧有孟姜女庙，我国著名的民间传说“孟姜女哭长城”大概就发源于这一地区。[①]

传说中的孟姜女哭倒的长城原是指齐长城，似乎可以肯定，可是孟姜女哭倒的明明是秦始皇长城而非齐长城，这又该如何解释呢？这是否意味着齐长城沿线的人民自古就把齐长城置于秦始皇的名下，将齐长城误作秦长城了呢？答案是肯定的。

明代临朐人傅国多次出入临朐南境的雄关要隘——穆陵关，他在《昌国艅艎》一书中说：

穆陵长城为齐宣王秽迹，非祖龙迹也，然后世过者，不指而笑骂齐宣，乃归之祖龙，所谓天下之恶皆归焉。[②]

人们出入穆陵关，总要指着齐长城而笑骂祖龙秦始皇。

明清之际大学者顾炎武足迹遍及齐鲁大地，他在《长城考》一文中说：

长清邑东南九十里有长城，且有孟姜女庙。其城西自广里，东至于海，然在长清境内，业已倾颓，仅存遗址。至泰山之阴、历城境内，则崇高连亘，言言仡仡，依然坚城。至梯子山历城与莱芜接界处，为长城岭，亦有孟姜女庙，土人直以为秦之长城，误矣。[③]

---

① 李永祥：《济南名山》，山东人民出版社 1986 年版，第 116 页。

② 〔明〕傅国：《昌国艅艎》卷七《古迹》“长城”条。

③ 道光《济南府志》卷六八。

顾炎武所遇到的齐长城沿线的土著人也是这么认为的。可见明清时期齐长城沿线民间将齐长城置于秦始皇名下的现象的确十分普遍。

现代著名学者王献唐先生记述他在20世纪50年代访问博山齐长城时的见闻，说：

> 途中问了许多人，都不知道围屏山，幸而最后遇一位岳姓的老人，他说围屏山就是岳阳山支脉，上有秦始皇建筑的长城。不仅这位老人如此说，凡我们到过的齐长城所在，一般都说秦始皇修的。因而想到宋代《太平寰宇记》二十四说诸城大朱山“有秦长城迹存”。秦字当然为齐之误，但是那位校改的先生，正和这位老人水平差不多。①

传世本《太平寰宇记》大朱山“有秦长城迹存”，秦长城为齐长城之误，只因校改者误信了民间传说，才闹出这样的笑话。② 然而这又恰好说明把齐长城置于秦始皇名下的错误，即便校改《太平寰宇记》的文人也不免。

1987年，我们考察齐长城所经之处，每当问及谁是齐长城的修建者，沿线村民就会异口同声地说：是秦始皇。他们还绘声绘色地告诉我们，秦始皇当年修了南北两道长城，北边的长城就是万里长城，南边的长城就是眼前的这道长城。有人还说南北两道长城在东海里碰头，连为一体。

至于秦始皇修建南北两道长城的目的，长清南部山区的民众说：“北修长城挡大兵，南修长城挡大水。”章丘南部山区的民众则说：“北修长城挡大兵，南修长城挡长毛。”所谓“大兵”，可能应该写作“鞑兵”，就是“北方鞑子兵”，是过去汉族对于北方草原民族的统称。“长毛”，显然是指晚清咸丰同治年间屡次北犯山东的捻军，他们同南方太平军一样蓄发，因

① 王献唐：《山东周代的齐国长城》，《社会科学战线》1979年第4期。

② 按大朱山今地属胶南，大朱山上没有长城，倒是小朱山上有长城。

而被蔑称为“长毛”，章丘与莱芜交界处许多段落的齐长城都是当时章丘人在齐长城原址上修建的御捻长城。山民们还说，捻军都手执长长的竹枪，打起仗来，好生厉害。至于捻军是哪朝哪代的兵，他们就说不清楚了。

我们说过，长清境内夯土长城都位于河流经过的谷地或平原上，一般是在原有的抵御水患的堤防的基础上发展起来的，或者是按照堤防的建制和技术要求建造的，故而称作巨防。秦代以后的两千多年来，齐长城早已失去了它的军事防御功能，在民间看来，这些谷地河边的夯土长城，除了挡水，实在看不出还有别的用处，于是才有秦始皇“南修长城挡大水”的说法流行。这对于我们认识长清境内夯土长城的缘起当然是有意义的。

长清还有一个“水淹金山县”的民间传说①，也是反映齐长城与秦始皇及洪水关系的。这个传说大意是说：

秦始皇的时候，今长清万德镇归属金山县管辖，县城就在凤凰台南边。县里有个小山村，兄弟二人出夫去修长城，一个在东山膀儿，一个在西山膀儿。寒冬腊月，老妈妈东拼西借，只做了一件棉袄，待走到十字路口却犯了愁，到底该把棉袄送给大儿还是小儿呢？正在犹疑不定的时候，秦始皇视察长城工地来到这里，得知老妈妈犯愁的原由，便试探说：“秦始皇叫老百姓遭恁么大的罪，真是个无道的昏君！”老妈妈摇摇头说：“秦始皇叫咱修长城是为咱老百姓能过安生日子啊，叫我说秦始皇还真不孬哩。”秦始皇听了满心欢喜，回去后下了道圣旨，免除金山县修长城的徭役。金山县老百姓烧香磕头感激秦始皇，却惊动了天爷爷，就发了一场大水，水头一两丈高，嗷嗷地跟牛叫似的。由于这一带长城修的时候民夫太少，长城闹得又矮又松，一冲就毁。等水消了，再看金山县，只剩下一大片破砖乱瓦和半边呼啦块的长城咧。

---

① 山东省济南市长清县民间文学集成办公室编：《长清民间文学集成》，1988 年，第 17～18 页。

（三）孟姜女哭崩长城传说发源于长清西南角

光绪《肥城县志》卷二《古迹·金石附》载录《优婆夷阿刘造石浮图铭》，全文如下：

窃以法流湛寂，窥之者莫知；妙道凝玄，仰之者无尽。启津梁之大路，火宅消炎；静尘界之祆氛，烦河息毒。有清信优婆夷阿刘，为亡过夫、亡过男，在禅院内敬造七级浮图一所。前瞻古堞，梁妻大哭之城；却背孝堂，郭巨埋金之地。西临驲驿，共飞云而竞远；东望天孙，耸崇岩而切汉。罄喉中之玉粒，市石荆山；尽箧里之琼□，邀工郢邑。雕□已毕，镂刻方成；涓日差时，树之胜地。晃晃明明，浮空直上，□丹霞而暵仙掌；岧岧峣峣，独出干霄，入紫□而拂星桥。其颂曰：

巍巍宝刹，高余海碣。嶷嶷攒空，独秀园中。金轮照日，玉铎吟风。云衢翳鸟，天路留虹。丹青克妙，态巧无穷。（其一）

嗟乎亡者，福田斯擅；托生上品，超然西国。法起四缘，尘消六贼。长辞欲海，永归弥勒。（其二）

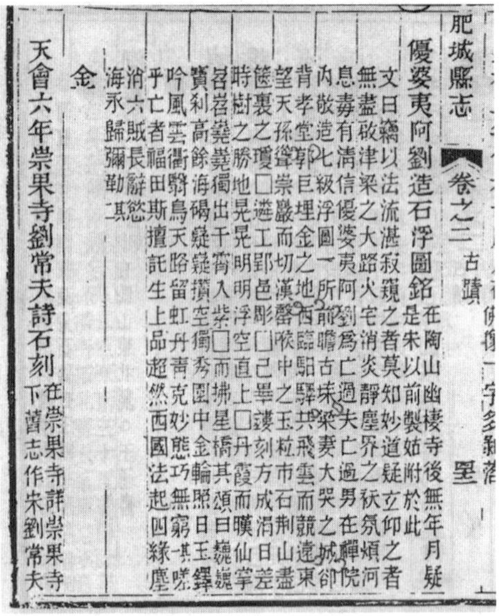
肥城縣志 卷之二 古蹟

優婆夷阿劉造石浮圖銘 在陶山幽棲寺後無年月疑是宋以前製姑附於此

文曰竊以法流湛寂窺之者莫知妙道凝玄仰之者無盡啟津梁之大路火宅消炎靜塵界之祆氛煩河息壽有清信優婆夷阿劉為亡過夫亡過男在禪院內敬造七級浮圖一所前瞻古堞梁妻大哭之城卻背孝堂郭巨埋金之地西臨馹驛共飛雲而競遠東望天孫聳崇巖而切漢罄喉中之玉粒市石荊山盡篋裏之瓊□邀工郢邑雕□已畢鏤刻方成涓日差時樹之勝地晃晃明明浮空直上□丹霞而嘆仙掌岧岧嶤嶤獨出干霄入紫□而拂星橋其頌曰巍巍寶剎高餘海碣嶷嶷攢空獨秀園中金輪照日玉鐸吟風雲衢翳鳥天路留虹丹青克妙態巧無窮其一嗟乎亡者福田斯擅託生上品超然西國法起四緣塵消六賊長辭慾海永歸彌勒其二

金

天會六年崇果寺劉常夫詩石刻 在崇果寺詳崇果寺下舊志作宋劉常夫

图 2－3　光绪《肥城县志》内页书影

县志附跋云："《优婆夷阿刘造石浮图铭》：在陶山幽栖寺后，无年月，疑是宋以前制，姑附于此。"清人陆心源考定为唐文，辑入《唐文续拾》卷十三，并缀附按云：“此铭见《肥城县志》，无年月，谓是宋以前物。玩其文意，当为唐末人作。”泰山学者周郢先生查证考订说：

> 此碑实有年月可考，清杨守敬《三续寰宇访碑录》卷三著录云：“《优婆夷阿刘造石浮图记》：正书。年月在侧：开元八年二月。山东肥城。”（《杨守敬集》第八册，湖北人民出版社 2005 年版，第 694 页）又清缪荃孙《艺风堂金石文字目》卷五亦云：“《优婆夷阿刘造石浮图记》：正书，年月在侧：开元八年岁次庚申二月甲申朔八日辛卯。在山东肥城幽栖寺韦驮殿。”（《历代碑志丛书》第 24 册，江苏古籍出版社 1998 年版，第 267 页）得此二证，可知此石盖镌立于唐开元八年（720）。[①]

碑石镌刻的时间既已确定，我们再来通过铭文的内容看碑石竖立的地点。

铭文说，有个名叫阿刘的优婆夷（女居士）[②]，她为死去的丈夫和儿子祈求冥福，就在一所禅院的园林中敬造了一幢七级石塔。从这石塔的位置，前望古老的城堞，那是当年杞梁之妻为之恸哭的长城；背依孝堂山，那里是孝子郭巨埋儿获得天赐黄金的地方；西边毗邻驿站，驿道上的车马与飞云竞奔远方；东望天孙泰山[③]，泰山的峰岩高耸直插霄汉。

据此，这禅院和佛塔的具体位置可以说已经十分明确了，它们在孝堂山的南边，巨防长城的北面，西面紧邻着驿道和驿站，东面能遥见高耸的

---

① 周郢：《孟姜女故事与泰山》，《文史知识》2008 年第 6 期。

② 优婆夷，梵文 Upasika，在家信佛的女子，又译优婆私柯。意译近善女、善宿女、清信女等，凡受了三归五戒的女子，都叫作“优婆夷”。

③ 按泰山在古代又名“天孙”，即天帝之孙，见晋人张华《博物志》。

图 2－4　北京大学图书馆藏《优婆夷阿刘造石浮图铭》拓片（周郢提供）

泰山，所指无疑就是古平阴城，也就是今孝里东障了。

光绪年间东障尚存一古塔，“四面刻佛像，极精工。字迹漫灭，东西二面‘天皇供养’‘天后供养’八大字犹可辨识，其余小字皆模糊不能卒读。疑东魏北齐故物”①。“塔制朴厚，绝非唐以后物。”这是否就是阿刘所造的那座佛塔，尚不能确定，然而可以肯定是，原本在东障的《阿刘造石浮图铭》刻石，后来被搬到了陶山幽栖寺。承蒙周郢先生见告，经他后续访查考证，近世此刻石又流落到长清阴河寺，此寺位于长清县城以西十里的黄河西岸，黄河泛滥，冲毁寺庙，碑石下落不明，可能沉沦于泥沙之下。

这篇铭文最有价值的话当然是“前瞻古堞，梁妻大哭之城”了。这是目前最早将杞梁妻与齐长城联系在一起的文字，表明至迟在唐代，已有杞梁妻哭齐长城的传闻出现。而且载录这段传闻的传者，是一位为民间佛教信女阿刘代笔的村儒（从其文辞近于俗套，推知作者绝非博学鸿儒），因而碑文中表述的这一内容只能是时人习闻的俗说，而绝无可能是出自学者的推考。这便证明了杞梁妻哭齐长城之说系起于民间，由来甚久；而并非

① 光绪《肥城县志》卷二《古迹》。

如顾颉刚先生所论，是后世学者的联想附会。阿刘碑铭镌于唐开元八年，时间上早于抄存于天宝六载（747）《同贤记》小说及唐末贯休、周朴诗中的哭“秦长城”说，无疑是孟姜女研究的重要文献。[①]

总之，《阿刘造石浮图铭》是现存最早的有关齐长城与孟姜女传说的文献，足以证明传说中的杞梁妻所哭崩的长城实即齐长城，孟姜女哭崩长城的传说最初发生于长清西南角，即孝里东障一带。

（四）长清的孟姜女传说与孟姜女庙

顾颉刚先生虽然对于孟姜女哭崩齐长城的观点持反对态度，但他对于山东的孟姜女故事和遗迹却十分重视，曾说：“山东的孟姜女古迹，我原来只知道临淄县城东的杞梁墓（《图书集成·职方典》卷二六八）。得马先生此信，始知益都县尧山偏东又有杞梁故宅，离她的投水处不远，极快。前日魏建功先生告我，谓在都门汇纂的天下路程‘京都至江苏省’条内，知道自张夏到泰安道中经过长城（镇名），是孟姜女的故里。李先生信中，又说临淄县南面的穆陵关是孟姜女哭崩长城的地方。从这许多话看来，使我们知道山东省的中部（淄水到泰山）是一个孟姜女故事的区域。”[②] 作为齐长城起始地的长清，当然在顾先生所划定的这个区域之内。

长城境内流传的比较有代表性的孟姜女哭长城故事是这样说的：

> 孟家和姜家一墙之隔。孟家种了棵葫芦，葫芦秧子打到墙头上，一爬爬到姜家院里去了，不多不少就结一个葫芦。秋后葫芦老了，姜家说：“别看是你家种的，可是俺家长大的哩，咱得把这葫芦杀开，一

① 周郢：《孟姜女故事与泰山》，《文史知识》2008 年第 6 期。

② 顾颉刚编著：《孟姜女故事研究集》，上海古籍出版社 1984 年版，第 254～255 页。

家分个瓢。”仔巴细儿地把葫芦杀开咧。哟！里边还骨绌着一个白胖的小闺女哩。两家你一言我一语地争起来，末了才商定：谁也别争了，咱一家姓孟，一家姓姜，给她起个名字叫孟姜女，两家照应这个闺女吧！孟姜女长大成人，两家合摸着嫁给了万杞良。

那霎里，正是秦始皇修万里长城，这个活忒累咧，累死的民夫一堆一堆的。地方官遥处里抓夫也抓不着。有个地方官出了个主意：找个姓万的民夫胡弄秦始皇。这就找到了万杞良。

万杞良一走一年多没个信儿，孟姜女心里老挂念着丈夫。后来，听人说，饿死、累死的人老多，死尸也没地方鼓捣，都给垒到城墙里去了。这下子孟姜女更不放心了，决心要去长城上，找自己的丈夫万杞良。

孟姜女也记不清走了多少天，总算走到了窝儿。修长城的人忒多，她就挨个儿地打听。都说老长时间没见到他咧。末了，打听到一个知根儿的，说万杞良老早就累死咧，他亲眼看见万杞良的尸体垒到城墙里去的。孟姜女知道男人离了人世，对着长城“嗷嗷”地哭起来，哭得天昏地暗，霹雳电闪，长城“唿啦唿啦”地塌了老长老长一大溜，露出了一堆堆的白骨头。孟姜女把手指咬破，说：“哪是丈夫的尸骨就把俺指头上的血渗进去。”她挨着试。她手指上的血真格地渗到一堆白骨里去咧。她搂着那堆白骨头又放声哭起来。秦始皇听说把长城给哭塌了，气地把孟姜女找了来，要治她的罪。秦始皇一看孟姜女，恣儿得像掉了魂，这个人忒俊了！比自己那一帮妃子可强多啦！立时改变了主意，笑咪唬儿地问她这问她那。孟姜女把千里寻夫的事儿诉说了一遍。秦始皇装出很同情的样子，说：“你是世间少有的女子，我想把你封为西宫，从今后你就有享不尽的富贵！”孟姜女是一个精明人，将计就计向秦始皇提了个要求：“得把我丈夫的尸骨装殓好，你得为他披麻戴孝，安葬好了以后，我什么都依你。”秦始皇色迷心窍，全都应下来，命人用棺材把万杞良的尸骨盛敛起来，金陵玉葬发送他。送葬的工夫，秦始皇头上戴上白孝帽子，穿上白大褂子，可他是个皇上，怕别人笑话他呀，干脆把孝帽子的遮沿儿往下拽了拽，盖住两眼。两边看热闹的人不议论吗？又找了两嘟噜棉花儿挂在耳朵前头，好遮住耳朵眼儿听不见旁人议论。你别说，咱这块处，死了人戴孝帽子遮住眼，耳朵前头挂上棉花球，还是秦始皇发明出来的哩。

秦始皇把万杞良发送完咧，该把孟姜女带进宫做妃子咧。就在路过金水桥的工夫，孟姜女撩起裙子蒙住头，一下子扎到河里淹死咧。秦始皇丢人现眼闹了一阵子，倒落了个人财两空哩。①

这个故事的讲述者张玉文，时年66岁，万德镇长城村农民，文盲。采录的具体时间为1987年8月5日，正当我们刚结束长清齐长城考察不久，以当时山区极端封闭的环境，我们相信出自这位不识字的张玉文老人口中的，是比较原生态的孟姜女故事，虽然故事情节与明清以来全国各地流行的孟姜女故事大同小异，却也有一定的地方特色。

张玉文老人所在的万德长城村，因为是明清时期的一处重要的驿站递铺，所以又叫长城铺，当地故老相传，孟姜女就是长城铺人，长城铺至今还有几户姜姓人家自称是孟姜女的本家。长城铺的老百姓说，杞梁修长城累死，尸体就埋在当地长城的脚下，孟姜女守着坟头一连哭了七天七夜，直哭得日头无光，阴云四起，下起了瓢泼大雨，平地下就有过膝深的水，长城呼隆一声坍了好几里。末后，孟姜女就投河自尽了。人们还说，当年孟姜女投水的那条河就是长城铺村东的红石江（北大沙河），河东崖的石头为什么是褐红色的呢？那是因为孟姜女投河时头颅撞在崖壁上鲜血染红的缘故。

长城铺所在的张夏谷地，在地质学上叫作张夏地堑，它长有三四十公

① 山东省济南市长清县民间文学集成办公室编：《长清民间文学集成》，1988年，第78～80页。

里，自古就是泰山西侧南北交通的咽喉要道，华北至华东的必经之地。长城铺的长城位于村北头，俱为黄土夯筑，古代驿道（民间所谓十八省御道）从长城阁子下面的关口通过。长城阁子又名过街阁子，通高数十米，分为上中下三层，第一层是城门洞，第二层为戍守警备之所，第三层为玄帝阁。据当地老人说，长城阁子毁于1965年。

长城阁子南边有皇姑院、崇寿寺、孟姜女庙等庙宇。孟姜女庙原址，今被长城铺村小学占压。据当地老人描述，他们记忆中的孟姜女庙，规模很大，正殿坐北朝南，三大开间；正殿之外有东西配殿，还有一座三步两孔桥。正殿内塑有孟姜女的神像，墙上彩绘有孟姜女故事的壁画。孟姜女庙毁于1958年“大炼钢铁运动”。

图2－5　传说中孟姜女香消玉殒之地——红石江（李霞摄）

图2－6　孟姜女庙残留构件

关于长城铺孟姜女庙的缘起和历史，《山东通志》《济南府志》《长清县志》都说，土人（当地人）因长城而建姜烈女祠。至于建祠的时间，必早于清朝，很有可能在明代甚至明代以前。

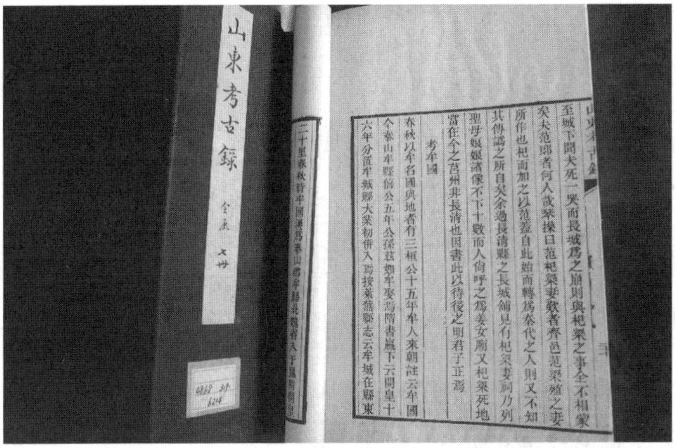

图 2－7　《山东考古录》书影

清初大学者顾炎武说：“余过长清县之长城铺，见有杞梁妻祠，乃列圣母娘娘诸像不下十数，而人尚呼之为姜女庙。”① 这表明至迟清初，长城铺孟姜女庙就有些名不副实了，圣母娘娘等十多个神祇喧宾夺主，抢占了庙里香火，以至到了20世纪初，孟姜女牌位前的香火已是不绝如缕。清末民初著名地理学家张相文（沌谷）游历至长城铺，

图 2－8　长城铺村民王德贵先生与其收藏的孟姜女庙遗物

---

① 《山东考古录·考杞梁妻》。

他在《齐鲁旅行记》中记述长城铺风土民情颇详，然而只字未提这里的孟姜女庙。1935 年，续修《长清县志》亦不见有孟姜女庙的记载。长城铺老人说："原来的孟姜女庙有孟姜的一个牌位，却放在一个很不起眼的位置上。"看来这话是属实的。

前引顾颉刚先生语，"山东省的中部（淄水到泰山）是一个孟姜女故事的区域"，其实孟姜女庙的分布也不出这个区域。据我们的调查和访问，历史上的齐长城沿线的孟姜女庙都集中在济南地区，除了长清长城铺孟姜女庙外，还有三处，分别是历城区西营镇藕池村东孟姜女庙、历城区西营镇王家庄南孟姜女庙和章丘区天门关孟姜女庙。这三处庙，无论规模还是影响，都不能跟长城铺孟姜女庙相比。

图 2－9　平阴县洪范池姜女池

今齐长城起始地，古代曾隶属平阴县。今平阴县洪范池泉群的姜女池畔有姜女阁，堪称迄今省内唯一保存完好的孟姜女庙。此庙据传为明朝万历年间礼部尚书兼东阁大学士于慎行居家时创建，从遗存的历代碑刻榜题来看，崇祯五年（1632）、乾隆二十九年（1764）、嘉庆十五年（1810）先后予以重修。姜女阁旧时有门联云："秦皇安在哉万里长城筑怨；姜女未亡也千秋□□铭贞。"距姜女阁不远的狼溪河畔犹有姜女坟。可见今平阴境内的孟姜女传说文化也是相当发达的。

图 2-10　平阴县洪范池姜女池和姜女庙（远处左侧瓦房）

（五）“扁担开花，铁牛上树，逢广就住”

在长清西南角，流传着钉日神针和十个太阳轮流转的故事。前者说的是，秦始皇有一根钉日神针，能钉住太阳而使其停止运行，这样一来，火辣辣的太阳总是高高悬挂在天空，修筑长城的民工就永无歇息之时了；后者说的是，秦始皇的时候，天上有十个（一说为十二个）太阳轮流值班，于是只有白天而没有黑夜，筑城的民工累死者不计其数。

又有传说，长城一路从东向西修来，民工实在忍受不了劳役之苦，就问：修到哪里才算个头呢？监工的官员说：“扁担开花，铁牛上树，逢广就住。”扁担开花，铁牛上树，世上哪有这样的事？于是长城只能漫无止境地向西修去。

一日，长城修到广里，广里村有人去东障赶集，为小女儿买了一枝花儿，插扁担头上，扛着扁担回家，路过修长城的工地，被筑城的民工看见，民工说：这不正是扁担开花了吗！事也凑巧，广里村有个名叫铁牛的顽童，爬上村头的大树去掏鹊巢，妈妈在树下喊他：“铁牛上树干什么？快回家吃饭！”这话恰好也被筑城的民工听见，他们说：这不正是铁牛上树了么！民工为此要求停止筑城。监工的官员询问当地人：这是什么地方？对方回答说：是广里。正应了“逢广就住”那句话，于是就下令停工。

这个传说虽然听起来有些荒诞离奇，并且把长城起点当作终点，却透露出一个很重要的事实，那就是广里（古广里）以西没有长城了。

三、扁鹊里籍卢邑说新证

有关战国名医扁鹊秦越人的里籍，西汉扬雄《法言》说“扁鹊，卢人也”；东汉高诱注《战国策》，称扁鹊为“卢人也，字越人”；三国吴人韦昭注《汉书》，亦认为扁鹊是“泰山卢人也，名越人”；唐人张守节《史记正义》称扁鹊“号卢医，今济州卢县”，又引《黄帝八十一难序》称扁鹊“又家于卢国，因命之曰卢医也”。他们都认为扁鹊里籍在齐国卢邑（卢城

图 3－1　山东中医药大学校内的扁鹊塑像

故址在今济南长清区归德镇卢城洼）。现代学者又列举春秋经传不乏以“秦”为氏的鲁国大夫，鲁国西陲又有以“秦”命名的城邑，以及以扁鹊针灸行医为题材的汉画像石刻只见于山东等史实，作为扁鹊之“姓秦氏”乃山东旧族、扁鹊里籍为齐地卢邑的旁证。[①] 然而令人遗憾的是，迄今为止，扁鹊卢人说似乎并未得到世人普遍的认可和接受，比如白寿彝先生总主编的《中国通史》就明确写道，扁鹊为“勃海鄚州（今河北任丘市）人”[②]。

图 3－2　卢国故城遗址标识碑

“勃海鄚州”说的始作俑者是晋人徐广。原来司马迁在《史记·扁鹊仓公列传》开篇就说：“扁鹊者，勃海郡郑人也。”《传》中扁鹊又自称：“臣齐勃海秦越人也，家在于郑。”南朝刘宋裴骃《史记集解》引徐广曰：

① 刘敦愿：《汉画象石上的针灸图》，《文物》1972 年第 6 期。

② 白寿彝：《中国通史》修订本第四册，上海人民出版社 2004 年版，第 1449 页。

"'郑'当为'鄚'。鄚，县名，今属河间。"唐人司马贞《史记索隐》："案：勃海无郑（鄚）县，当作鄚县，音莫，今属河间。"徐广因为汉代勃海郡并无"郑"，于是仅凭鄚、郑（鄚）二字字形相近，就大胆假设："'郑'当为'鄚'。"其实查考《汉书·地理志》，鄚县隶属于涿郡，而非勃海郡。可见，所谓扁鹊里籍"勃海鄚州"说亦即今河北任丘说，是毫无根据的臆说，是不足采信的。

但是对于《史记》"扁鹊者，勃海郡郑人"这句关键性文字，主张扁鹊里籍卢邑说者，一般又都避而不谈，即便偶有谈及，也是牵强地将"勃海"作为齐国的代称，而"郑"的地名又很难予以落实。为此，我们撰作此文，作为扁鹊里籍卢邑说之新证。

图3－3　汉画像石扁鹊针灸图

（一）勃海即中古涓湖

《史记》替春秋战国人立传，籍贯一般笼统地以先秦国别标示，写作"齐人"或"楚人"等，很少用汉代的政区去追述春秋战国的历史。《史记》"扁鹊者，勃海郡郑人也"，以"勃海郡"为扁鹊的籍贯，原本就令人生疑。再看传中扁鹊"夫子自道"："臣齐勃海秦越人也，家在于郑。""勃海"两字的后面并没有一个"郡"字。司马迁根据扁鹊自述来记扁鹊的籍贯，于“勃海”之后也不该有一个“郡”字。所以早就有学者断言，《史记》“勃海郡”的“郡”字应是后人传抄过程中误入的，并找到了版本上的有力证据：“《太平御览》卷七二一采《扁鹊传》就没有‘郡’字。日本丹波元简据彼邦流传的宋本《太平御览》也没有‘郡’字。……没有‘郡’字，传首的‘勃海’和传中的‘齐勃海’完全统一了。”①

扁鹊为“勃海”人，而非“勃海郡”人。但是，我们所要强调的是，此勃海，并非今山东半岛与辽东半岛之间的渤海。此“勃海”就在卢邑附近。

有关“海”的释义，《说文》云：“海，天池也，以纳百川者，从水每声。”桂馥《说文解字义证》曰：“《广雅》：海，晦也。《释名》：海，晦也。主承秽浊，其水黑如晦也。《尚书考灵曜》：海之言，晦昏无所睹也。”这是说，举凡众流所归的一眼望不到边的大水，皆可以“海”相称。而稽考文献古籍，在卢城之西，古济水流经之地，的确曾有一片“海”，其在中古称“湄湖”。

北魏郦道元《水经注·济水》记济水流经平阴城（故址在今长清孝里东障）西，然后，“济水右迤，遏为湄湖，方四十余里”。又于垣苗城之后写道，“济水东北，与湄沟合，水上承湄湖，北流注济”。按，湄湖在唐宋时称作“湄沟泊”，唐《元和郡县图志》卷十“齐州·长清县”讹作“湑沟泊”，称湑沟泊在长清县城西南五里②，“东西三十里，南北二十五里，水族生焉，数州取给”。北宋《太平寰宇记》所记同此。从地理形势上看，今长清孝里、归德两镇濒河之平原洼地，以及黄河以西东阿县牛角店镇和齐河县马集乡、赵官镇、胡官屯镇，中古时代都在湄湖的湖区之内。至于

① 卢南乔：《扁鹊年代、名、籍辨正》，《山东古代科技人物论集》，齐鲁书社 1979 年版，第 48 页。

② 按当时长清县城在升城，升城，据《水经注·济水》所述，在卢县故城东北，也即今归德镇卢城洼东北方向。

上古时的湄湖，湖区想必更大，西界大约在今齐河西境的仁里集，甚至在齐河与茌平交境线附近，因为在此南北一线的东面，迄今没有发现早于唐代的文化遗址。

有关“湄湖”的得名，《水经注》引《尔雅》：“水草交曰湄。”又引《释名》：“湄，眉也，临水如眉临目也。”此一释义，实在不足为训。我们认为，“湄”之名，缘于“海”，因为湄、海二字，古音相通。

上古湄湖唤作“海”，证据来自殷末帝乙或帝辛十年征夷方（人方）的卜辞记录。

陈梦家先生曾根据殷墟卜辞整理成《正人方历程》[1]，表中，商王有一段行程是：

> 十月乙酉在香；
>
> 丁亥在噩；
>
> 己丑在乐；辛卯在雷。

殷末十年远征的夷方，在今山东淄潍地区，这是目前学术界的主流观点。根据我们在《殷末十年征夷方取道济水考》一文中的考证和研究，商王征夷方取道济水，顺流而下，上面列举的几个地名都在今济南境内，具体说，香在今长清老城西南窑头灰山遗址，噩即阿，在今槐荫区段店古城村，乐在今天桥区泺口，雷在历城区大辛庄遗址。[2] 十多年前，王恩田先生依据从《甲骨文合集》中发现的新材料（12.36756 和 12.36757），对十年征夷方历程表作了补充，于“乙酉在香”之前，增添了一条记录：“癸未

---

① 陈梦家：《殷虚卜辞综述》，科学出版社 1956 年版。

② 张华松：《殷末十年征夷方取道济水考》，山东大学东方考古研究中心《东方考古》第 11 集，科学出版社 2015 年版。

在瀫次。”①

瀫为地名，次为驻军之地。也就是说，在香邑（长清窑头灰山遗址）西南方向，晚商时有地名“瀫”。商王顺济水漂流而下，据上揭《殷末十年征夷方取道济水考》的测算，在这一区段平均日行15里，瀫至香为两天的行程，共计30里，那么瀫就应在古涠湖的岸边。由于商王征夷方归程取道陆路，曾驻足于涠湖东岸的异（今长清归德小屯、前平村附近），那么瀫很有可能在涠湖西岸。

“瀫”显然因“海”而得名，那么，晚商时卢故城以西有一片称作“海”的水泊，就是中古的涠湖，似乎可以肯定。现在的问题是，这片“海”在上古时是否称“勃海”呢？答案也应该是肯定的。

众所周知，商族发迹于亳，最初的国号也叫亳。因早期商族不常厥邑，步履所及，往往用“亳”来命名新迁之地。亳，也写作博、薄、勃、蕃、布、濮、般等，以声类韵部求之，皆“亳”的同音假借字或一音之转。“亳”若缓读之，便是“薄姑”“蒲姑”“蒲吾”“番吾”。商族辗转迁移之“亳”，文献可考者，主要分布在商族发源地的河北中南部以及古济水流域。80多年前，傅斯年先生就曾明确指出：

> 蒲姑、博、薄、亳等地之分配，实沿济水两岸而逆流上行。试将此数地求之于地图上，则见其皆在济水故道之两岸。薄姑至于蒙亳皆如此。到西亳、南亳方离开济水之两岸，但去济水流域仍不远。大凡一切荒古时代的都邑，不论在那一州，多是在河岸上的。一因取水的供给，二因交通的便利。济水必是商代一个最重要的交通河流。②

---

① 王恩田：《人方位置与征人方路线新证》，王尹成主编《杞文化与新泰》，中国文联出版社2000年版。

② 傅斯年：《夷夏东西说》，《民族与古代中国史》，河北教育出版社2002年版，第21页。

当然，蒲姑、博、薄、亳等地之分配，是沿济水两岸而逆流上行，还是顺流下行，还有可商榷的余地，不过古济水两岸是这些地名的一个主要分布带，却是不争的事实。

商族不仅以“亳”命名城邑，亦用来命名河流，所谓博水、濮水、蒲水皆是。当然用来称呼一片大水时，便是“勃海”了。在商代，勃海固然可以指今渤海，但是也可以指与商族的生活和发展息息相关的重要湖泊。

经研究，巨野泽古名“勃海”，这个古名且一直沿用到汉初。《史记·河渠书》云：“今天子元光之中，而河决于瓠子，东南注巨野，通于淮泗。”《汉书·武帝记》说是“元光三年春，河水徙，从顿丘东南流入勃海”。两文对照，可知这个勃海是巨野。另外，《山海经·海内西经》《淮南子·地形训》所称“勃海”，也都是巨野泽。① 因商族和商朝的关系，巨野泽可以称作勃海，那么距离巨野泽不远的涓湖，其有勃海之称，实不足怪。《诗经·商颂·长发》：“相土烈烈，海外有截。”《左传·定公四年》：“取于相土之东都，以会王之东蒐。”相土为商族始祖契之孙，相土之时商人已有东西二都，自郑玄以下至王国维，皆主张相土的东都就在泰山脚下。那么，“海外有截”之“海”，肯定不是指今日的渤（勃）海，而是指济水流经的渤海，不仅可以指巨野泽，也可以指涓湖。

殷商时，涓湖之称“勃海”，是因为涓湖西岸是商族的一个重要的活动区域，那里也有一个称作“亳”的有商人宗庙先君之主的重要城邑。

茌平县东南隅的乐平铺镇土城村，东距齐河县仁里集仅12公里，殷商时大约就处在古涓湖西岸，那里有一处阳城故址，北魏（后魏）茌平县治此。《水经注·河水五》：

河水又径杨墟县之故城东，俗犹谓是城曰阳城矣。河水又径茌平

---

① 何幼琦：《〈海经〉新探》，《历史研究》1985年第2期。

城东……城内有故台，世谓之时平城，非也，盖茌、时音相近耳。

叶圭绶《续山东考古录》卷之四“东昌府·茌平县”：

后魏茌平县故城在东□□里，一曰时平城，一曰鼓城，一曰布鼓城，一曰博固城。……按道元不称此为故城，即后魏县治矣。《魏志》：“茌平治鼓城。”《寰宇记》：“聊城县博固城，《隋图经》云：或谓之布鼓城，即石勒时筑在大河之曲。”当在（茌平）县东、长清西。……或以为即《战国策》“齐必效鼓”之鼓邑，不知是否？《长清志》称在其县西，即此城也。

山东省境内，茌平古地理一向号称难考，诚如叶圭绶氏所言，“沿革之难稽，古迹之俱尽，百五州县中，茌平居首矣”。乐平铺的阳城故址，是否就是《水经注》中的阳城，阳城与鼓城，是一城二名，还是各为一城，都值得进一步考证。但是中古时期阳城、鼓城都在此附近，还是可以肯定的。阳城，在汉朝为杨墟县城。“杨”与“商”，一音之转，“杨墟”其实就是“商墟”，说明这里在殷商时曾是号称“商”的众多城邑中的一个。至于“鼓城”，显然是“博固城”“布鼓城”的省称，而“博固”“布鼓”，一如“薄姑”“蒲姑”“蒲吾”“番吾”，俱为“亳”之缓读。由此来看，殷商时这里也应当有个亳邑。

那么在考古学上是否也能得到一些佐证呢？我们只需看看在阳城故址周围几十平方公里的范围内，已发现的殷商文化遗址或含有殷商文化的早期遗址（见于《中国文物地图集·山东分册》），就有教场铺、梁庄、前王屯、腰庄、南陈、东一甲、十里铺、李孝堂、马家坊、韩王、大刘庄、辛戴张、台子高、崔庄等，遗址分布之密集，实在令人震惊。因此可以肯定，这一带在殷商时期必是殷商王朝在东方的一个统治中心，有商邑，有亳邑，实在不足为奇。既然有亳邑在此，亳邑东侧那片济水纵贯其间的湖泊——中古的湄湖，其在商代乃至周代唤作“勃（亳）海”，一如巨野泽之唤作“勃海”，也就是情理中的事了。

总之，卢城以西的古湄湖，殷商时唤作“勃海”，是无可怀疑的。《周礼·夏官司马·职方氏》：“河东曰兖州，其山镇曰岱山，其泽薮曰大野，其川河、泲，其浸卢维，其利蒲、鱼。”在周代，古湄湖可能又名“卢维”，但是“勃海”的古名并没有废掉，而是一直沿用到了春秋战国之世。由于它是卢地最重要的地理标志，故而扁鹊要自称“勃海”人了。

（二）扁鹊居家行医的“郑”在今孝里东张

《史记》称扁鹊为“郑人”，扁鹊自称“家在于郑”，因此人们一般认为扁鹊曾长时间定居于河南的郑，而称“郑人”。在1985年9月23日至25日于长清县召开的扁鹊（秦越人）里籍论证会上，与会专家学者一致认为《史记》所谓扁鹊“家在于郑”之“郑”，当为齐国地名（非郑国），具体地望待考。[①] 这个推测是有道理的。现在，我们可以肯定地说，上古卢邑附近确有地名为“郑”，其与中原作为国名的“郑”，别是二地。

图3－4　济南鹊山扁鹊塑像

我们知道，郑国开国之君郑桓公友是周厉王之子、周宣王之弟，于周宣王

① 史兰华、张在同主编：《扁鹊　仓公　王叔和志》，山东人民出版社2009年版，第121页。

二十二年（前806）始封于郑（今陕西渭南华州区）。不久，郑国东迁，立国于“洛之东土，河、济之南”，即今河南新郑。然而郑之得名，远早于郑桓公之时。殷墟卜辞有“奠”“侯奠”“北奠”“南奠”“奠师”“多奠”“云奠”，“奠”作为地名，便是“郑（鄭）”。郑原是殷商王室支裔的大族，据研究，其最初立国于今河南新郑的“郑父之丘”，商代，郑族已开始散处各地。周灭商之后，郑人作为殷商遗民被迫继续外迁，因此见诸金文及早期文献，又有郑、郑伯、郑姬、郑宫、郑田、南郑、西郑、郑（奠）虢、郑邢（奠井）等名目，进一步证明郑之名早在郑桓公受封之前就已存在。[①]

商周时期，名“郑”之地，所在多有，其中就有一“郑”在今济南长清境内。

殷末十年商王远征夷方，返程中，三月辛亥，由香步于异。在《殷末十年征夷方取道济水考》一文中，我们已经考知，香在今长清老城西南郊窑头灰山遗址，异在今长清归德前平、小屯一带。商王在异驻留了两天之后，于甲寅日，从异步于□。一日行程，□大约在今长清孝里镇境内的东障一带。处于东障片区中心的大街遗址，呈条带状南北延伸，面积约为54万平方米，商周时期文化堆积主要集中在大街村的西南部。东障片区还有一处张营遗址，原本是一片高台地，可能是一片古墓地，那里曾出土有商代的青铜爵等器物。异的下一站□应该就在东障一带。

陈梦家《正人方历程》有关商王“甲寅，在异，步于□”的这条历程记录，来自《英》2565，因属残辞，“异”之下一站，知有其地，不知其地的具体名称。近读孙亚冰、林欢《商代地理与方国》引门艺《黄组卜辞

① 陈槃：《春秋大事表列国爵姓及存灭表撰异》七《郑》，上海古籍出版社2009年版。

补缀》，始知这个地名为“奠”[①]：

甲寅卜，在畓（异），贞今日王步［于］奠，亡灾。

乙［卯卜］，在奠，贞王田师东，［往］来亡灾。兹御。获鹿六，□□十。

丙辰卜，在奠，贞今日王步尨，亡灾。

此“奠”为地名，显然就是“郑”。商王在郑住了一天两夜，其间还曾去“师东”——“师”之东田猎，收获颇丰。“师”，大概就是《左传·襄公十八年》的“邿”（详后）。晚商在今长清孝里东障一带有地名为“郑”，是可以肯定的。商王丙辰离开郑，继续他的归程，17 天之后，也就是四月癸酉，到达了“云奠河邑”。这是归程所经过的第二个名为“奠（郑）”的地方，这个郑应该在殷商都城大邑商（今河南安阳）附近。

东障位于古济水、今黄河的东岸，在春秋战国时是齐国西陲重镇平阴邑的所在地。“平阴”一名，最早见于《左传·襄公十八年》：“齐侯御诸平阴，堑防门而守之广里。”“平阴”一名比较晚出，我们推测，进入春秋以后，东障仍是殷裔郑人的一个聚居地，“郑”作为平阴的古名，在当地人那里一直得以保留和使用。

据陈槃先生的考证和研究，西周末年郑桓公之能由陕西之郑，顺利东迁至河南之郑，并于周平王二年、四年，轻易灭掉虢、郐二国，成为东周初年王室最倚重的诸侯，“亦即由于桓公颇掌握陕西、河南之郑人故”[②]，深得作为殷商遗民的郑人的爱戴和支持。我们再来看东周初年，郑国对于

① 孙亚冰、林欢：《商代地理与方国》，中国社会科学出版社 2010 年版，第 385 页。

② 陈槃：《春秋大事表列国爵姓及存灭表撰异》七《郑》，上海古籍出版社 2009 年版，第 89 页。

今长清东障一带似乎颇感兴趣，大概也是有缘由的。《左传·隐公三年》记载："冬，齐、郑盟于石门，寻卢之盟也。"石门在东障西南十余里。齐郑石门之会，是在重修昔年"卢之盟"的旧好。杜预注："卢盟在春秋前。"按《今本竹书纪年》："（周平王）三年，齐人灭祝。"祝即祝阿，在卢东北四十里，即商王征夷方往返都曾经过的噩（今济南槐荫古城村）。齐国只有灭祝，才有可能与郑国举行卢之会，则卢之会必在齐灭祝之后。东周初年，郑国迁国于河南未久，就同刚刚占领济右走廊的齐国连续举行卢之会、石门之会，其间必与殷商遗民郑人聚居于平阴邑有关。

商族人擅长经商，故而后世业商者称"商人"。商亡，殷商遗民依然固守着"肇牵车牛远服贾"的传统，而西周末年郑桓公率领郑国公室东迁，之所以能顺利地立国于河南，据《左传·昭公十六年》载郑子产"昔我先君桓公与商人"云云的追述，正是因为他们获得了当地商人——殷商遗民郑人的支持。春秋郑国商人之闻名于世，又是尽人皆知的事实。那么，我们再来看春秋时的平阴邑，也是商人辈出之地。《晏子春秋·杂下》载："景公禄晏子以平阴与稾邑，反市者十一社，晏子辞。"社是齐国最基层社会组织单位。25 家为 1 社，11 社就是 275 家。景公要赏赐晏子的这 275 家，都属于"反市者"。反市者，就是指贩买贩卖的商人。平阴与稾邑两地的"反市者"共 275 家，以一半计算，平阴一地的"反市者"就多达 130 多家，可见当时平阴邑商业之盛。考古调查证明，在古平阴城南侧，分布着春秋晚期至西汉时期的大型手工作坊遗址，仅暴露的部分，面积就有 10 万多平方米，也可佐证当年平阴工商业的繁荣。

总之不论如何，今孝里东障一带，殷商时是殷裔郑人的一个聚居地，故而地名为"郑"。进入春秋战国，虽然齐国在此建置平阴邑，不过民间仍沿用"郑"的旧名。此地毗邻卢邑，且地处济右走廊——齐国出入中原的交通要道之上，卢人扁鹊长住此地行医，故其自称"家在于郑"。这应该是目前有关扁鹊"家在于郑"的最近乎事实的解释。

最后，再就“东障”一名的缘起稍作考论，对“郑”在今日东障的结论或许有所裨益。

考“东障”之名，古已有之，或许早自隋朝立平阴县于榆山（今济南平阴县治西北二十八里），此后人们就用“东障”来指称古平阴了。至于“东障”的得名，或以为是由于东障位于古济水东岸，东障南侧又有古齐长城障塞的缘故。东障又写作“东张”，也有人说张、王乃东张土著大姓，故名“东张”。我们推测“东障”一名，可能同“郑”等商族人聚居于此有关。东障在元明清乃至民国年间，一直隶属肥城县，而肥城县地上古时是商族的一个重要聚居地，这是以前我们所不曾注意的。光绪《肥城县志》卷十《杂记》：“城西北三里曰乔家庄，光绪二年有农人锄地得铜器四，文曰：‘商邱叔作其旅簠，其万年子子孙孙永宝用。’农人不识，黠者市之，贩于济南，得重价焉。”在肥城以东不远的泰安道朗龙门口水库，1960 年也出土有铭文相同的两件“商邱叔簠”[①]。另外，肥城的肥河又名“康河”，肥城龙庄、平阴斗祭台都有古墓“康王墓”，“商”“康”一音之转。凡此都表明济东的东障及毗邻的今肥城、平阴一带，的确是殷商的重镇，与茌平之“商”隔水相望，则此东障唤作“东商”，实有可能。先秦时代，“商”“章”二字通假，故“东商”可以写作“东章”，讹作“东障”。

（三）扁鹊“为医或在齐或在赵”

自从齐国于春秋前期灭祝、灭谭，控制了济右走廊之后，就不断越过济水向西蚕食卫国的领土，所以到了春秋后期齐景公的时候，今聊城以东

---

① 王恩田：《人方位置与征人方路线新证》，王尹成主编《杞文化与新泰》，中国文联出版社 2000 年版，第 554 页。

就被纳入了齐国版图。[1] 而后终战国之世，齐、赵两国大致就以黄河或清河为界[2]，河之东、济之西的今聊城地区，大部分时间都是齐国的地盘。不过也有例外。

齐宣公五十一年（前405），赵、魏、韩三晋联军于龙泽（即雷泽，故址在今鄄城郓城之间）大败齐军。次年（前404），赵烈侯、韩景侯以及魏将翟角共同率领三晋联军攻陷济右巨防（齐长城，在孝里东障南侧，今遗址犹存），并占领了平阴城，俘获了齐宣公。此役，今本《竹书纪年》以及1928年河南洛阳金村战国初年韩国墓地出土的骉羌编钟铭文都有记载。[3]

又据《史记·田齐世家》记载，田齐威王九年（前348），齐国“起兵西击赵、魏，败魏于浊泽而围惠王。惠王请献观以和解，赵人归我长城”。济右平阴一带长城的失守，当发生在田齐威王即位前后。《史记·赵世家》记载，赵成侯五年（前370），赵国攻打齐国，兵锋直抵鄄城。“九年，与齐战阿下。十年，攻卫，去鄄。……十五年，助魏攻齐。”大概正是此时或稍后不久，赵军攻占了齐国西南境长城。赵国占领古平阴一带齐长城，时间可能长达十年之久。

《史记·赵世家》：赵肃侯六年（前344），“攻齐，拔高唐”。高唐为齐国西陲战略重镇，高唐失陷，济水以西地区自然要一度归属赵国。

齐滑王十七年（前284），乐毅统率燕、秦、韩、赵、魏五国之兵伐

---

① 《左传·昭公二十年》齐景公谓晏子语：“聊、摄以东，姑、尤以西，其为人也多矣。”

② 《汉书·沟洫志》载王横言：“齐与赵、魏以河为竟（境）。”

③ 方诗铭、王修龄：《古本竹书纪年辑证》附录王国维《今本竹书纪年疏证》，上海古籍出版社1981年版，第278页。《骉氏编钟铭》及考释，见《徐仲舒历史论文选辑》，中华书局1998年版，第210～216页。铭文记战役经过，大意是说：二十二年，韩将骉羌造剑，跟随韩国君主征秦征齐，攻入长城，先会师于平阴，然后挺进寺力，武力夺取楚京。寺力、楚京，俱在古平阴附近。详见本文第四节。

齐，于济水以西大败齐军。随后燕军渡过济水，一路凯歌高奏，占领齐都临淄。赵国则乘机占领了齐国在济水两岸的大片领土。齐襄王五年（前279），田单率领齐人反攻，一举收复七十多座城邑，赵国仍然占领着原属于齐国的“济东三城合卢、高唐、平原陵地封邑市五十七”（《战国策·赵策四》），大约在齐襄王十九年（前265）才归还齐国。由此看来，赵国这次占据济水两岸为时二十年之久。

总之，战国之世，济水两岸尤其济西之地，赵国曾数度占有。《史记》称扁鹊“为医或在齐，或在赵”，对于这一句话，我们当然可以释读为：扁鹊行医，经常来往于齐、赵两国之间，但是更可以释读为：扁鹊故里卢邑以及“家在于郑”的郑地，有时地属齐国，有时地属赵国。正因为扁鹊居于齐、赵之间，所以《史记》为扁鹊立传，开篇既不称他是齐人，又不称他是赵人，仅称其为“勃海郑人”。

（四）今齐河仁里集或为扁鹊故里

齐国卢邑故址在今长清归德西南卢城洼，古今无异辞。那么，春秋战国卢邑的辖地究竟有多大呢?《左传》载，襄公十八年（前555）十一月，以晋国为首的诸侯联军进占平阴之后，兵分三路围攻京兹、邿、卢。京兹，应该就是上文提到的战国初年编钟铭文中的“楚京”。《后汉书·郡国志》“卢县”条下“有景兹山”，注引杜预曰“在县东南”。是知京兹邑在景兹山下，大致方位应在今长清东南境，今长清双泉学城村的城子顶古城遗址或即其地。邿，应该就是编钟铭文中的“寺力”。邿，杜预注“平阴西有邿山”，可能有误，因为今东障以西并无山丘。邿山应在东障东北方向，因为在长清五峰山以南的仙人台有已被考古发掘的西周春秋邿国贵族墓群。卢邑东南有京兹邑，东面有邿邑，那么卢邑在济水以东的辖地就仅限于长清归德以及长清城区了。所以我们推测，卢邑辖地主要在古济水以西。后世政区的疆域，很大程度上沿袭先秦固有的城邑分野。汉魏至隋唐近千年间，卢县在济水以西都有大片辖地，甚至卢县县城也长期在济水以西的今茌平县境内；卢县建置被撤销以后，原属卢县的济西辖地归属长清县。长清县辖有济西之地，这一状况一直持续到20世纪中叶。要之，先秦时的卢邑，济西有其辖地。

那么，扁鹊既为卢人，其故里在济西，也就有其可能。

济西平原，地势低洼，屡屡遭到水患的侵扰，沧海桑田，历史上城邑聚落沉沦地下者不胜计数。不过有一个古地名对我们考证扁鹊故里所在却十分重要，这就是“鹊里”。元初被蒙古族政权封为汉人“四大世侯”之一的长清人严实（字武叔），就出生在鹊里，死后也葬于鹊里。《元好问全集》卷二六《东平行台严公神道碑》明言：严实“葬于鹊里之新茔”。道光《济南府志》卷一八《祠祀·长清县》：“严公祠，在县西五十里，祀元鲁国公严实。”

鹊里，今为德州市齐河县西南境的仁里集。至于鹊里如何改名仁里，康熙十一年《长清县志》的几条资料能为我们提供一些线索：

卷二《建置志·属署》：“鹊里递运所，在县治西五十里，洪武二十六年（1393）大使何本建，员革后改为公馆。”

卷二《建置志·邮铺》：正西茌平路……野鹊窝铺，（距长清城）五十里。

卷五《赋役志·里社》：“按长清旧籍，洪武中所置里甲，多元末土著。永乐间，诏徙直隶川陕等处民占籍清邑，分隶各仓里屯。”西仓有野鹊窝保。

由“鹊里递运所”的建置，可以知道，明洪武二十六年（1393）仍有鹊里之名。可是到了后来，竟然改作“野鹊窝堡（铺）”了。难道鹊里本名野鹊窝，鹊里为野鹊窝的别名？答案是否定的。齐河县情网上有一篇《野鹊窝的传说》，上面说：“在齐河县西南部，有一个集镇，叫仁里集，是方圆一二十里的中心村镇。仁里集曾名野鹊窝，传说，天下只有两个叫野鹊窝的村，一个是山西的野鹊窝，一个是山东的野鹊窝。明朝嘉靖年间，山西野鹊窝的移民来到现今野鹊窝这个地方，见水丰草茂，木秀林葱，成群的野鹊飞逐嬉戏，搭窝栖息，不禁触景生情，想起山西老家的野鹊窝，遂在此聚集而居，命此村名为野鹊窝，以示不忘故地之意。后来，附近一带的人们离家外出几十里或更远，都说家是野鹊窝的。”可见齐河“野鹊窝”的传说，起因于明嘉靖年间的移民。明初以后，山东尤其鲁西的外来移民大多来自山西，即民间所谓的“问咱老家在何处，山西洪洞大槐树。祖先故居叫什么，大槐树下老鸹窝。”老鸹，即乌鸦，在民间信仰中为不祥之鸟，故而“老鸹窝”或改作“老鹳窝”或“喜鹊窝”。移民来到鹊里，不知“鹊里”一名的本义，于是就改称“野鹊窝”了。总之，先有地名“鹊里”，后有地名“野鹊窝”。

齐河野鹊窝改名为“仁里集”，是清末的事。有关“仁里集”一名的来历，齐河县情网说：“仁里物阜民丰，人民热情好客。清末年间，民间贸易活跃，商贾云集，故为仁里集。”仅仅因此就改名为“仁里”，这一说法实在勉强。

因此，我们做一大胆的设想，无论是鹊里，还是仁里，其得名皆有可能与扁鹊有关。因扁鹊故里在此，故名鹊里；医为仁者之事，扁鹊故里故称仁里。

卢人扁鹊故里有可能就在鹊里，也就是今天的仁里集。

仁里集以东，我们说过，迄今没有发现早于唐代的文化遗址，推测春秋战国时此地就位于湄湖西岸。仁里集西 10 里，即今齐河与茌平交界线西侧，是早期文化遗址的密集分布带，除了上文提到的 14 处遗址之外，还有县城西侧著名的尚庄遗址，以及县东北境的望鲁店、杨官屯遗址，县南境的迟桥、高垣墙遗址。茌平县南接东阿县，东阿县的早期文化遗址集中分布在县境中部，主要有香山、邓庙、魏庄、冢子、王宗汤、前赵、王集、青冢子等遗址。东阿县西南毗邻阳谷县，阳谷县早期遗址集中分布在县境东部和东南部，主要有皇姑冢、景阳冈遗址、黑堌堆、红堌堆、黑土坑、王庄、阿城等。

以上三县文化遗址都位于古济水西侧，集中分布在从西南向东北呈条带状的低缓冈阜、坡地和堌堆上。绝大部分遗址的年代，上起史前龙山时代，甚至是大汶口时代，向下延伸到春秋战国甚至秦汉时期。仁里集就位于这个古文化遗址分布带的东侧。如果我们以上的推想成立，扁鹊故里在仁里集，那么这条异常发达的古文化带的存在，便可以为我们的推想提供一种有力的支持。因为，很显然，若无深厚的文化土壤，扁鹊的诞生则难以想象。

（五）卢城东郊的扁鹊墓

按照《史记》本传的记载，扁鹊行医的最后一站是秦国，秦国太医令李醯“自知伎不如扁鹊”，遂派刺客刺杀了扁鹊。

扁鹊墓，自古至今，见于记载，全国共有十处：

图3－5　卢城洼今貌

1. 山东长清古卢城东。《酉阳杂俎》前集卷之七：“卢城之东有扁鹊冢，云魏时针药之士，以卮腊祷之，所谓卢医也。”

2. 长清灵岩山，见《山东河南二省古物调查表》。

3. 山东历城，位于鹊山西麓（今属济南市天桥区），有康熙三年盐运司商人张文茂立石，上刻“春秋卢医扁鹊墓”。

4. 河北任丘，见《畿辅通志》卷一七〇。

5. 河北朝城，《大清一统志》卷一二《河间府》：“按《元和志》，冢在朝城县罗城西北隅。”

6. 河南开封，《医乘》卷上：“扁鹊墓在阊阖门外西北，菩提寺东。原在子城内，唐元和十五年，宣武节度使张弘靖徙葬于此。”

7. 河南汤阴，始见载于南宋（范成大《揽辔录》、楼钥《北行日录》）。

8. 山西永济，墓在清华镇（固市）东，墓碑有“大观元年”字样。

9. 陕西临潼，《陕西通志》：“扁鹊墓在（临潼）县东北三十里。”

10. 陕西咸阳，《畿辅通志》卷一七〇《古迹·陵墓六》：“按诸书所记扁鹊冢凡五处。鹊为秦太医令所刺杀，则《咸阳记》言冢在城东者为然矣。任丘之冢，殆因《史记》‘郑人’之文而托为之者。”

以上十处扁鹊墓，以卢城东的扁鹊墓最为古老，起码北魏时就已存在，且从当时医生每年都用酒肉祭祷于墓前的情形看，也得到世人的广泛认同。扁鹊墓应以此处为真。这也是扁鹊故里在卢邑的一个力证。

《史记》中，扁鹊为虢太子治病，给他做助手的是他的弟子子阳和子豹。在汉代其他典籍中，协助扁鹊为虢太子治病的弟子还有几个，比如《韩诗外传》《说苑》都载，当时“子同药，子明灸阳，子游按磨，子仪反神，子越扶形”。其中，子同或作子容，子仪或作阳仪。总之，扁鹊门下有很多弟子。我们推想，正是这些随从的弟子护送扁鹊灵柩返回故乡，入土为安的。

在济南，扁鹊遗迹还集中分布在城北郊的药山、鹊山一带。

药山位于古济水之南，山上旧时盛产阳起石，据传扁鹊曾采药于此，故称药山。鹊山位于古济水之北，据传因扁鹊在此炼药而得名。过去鹊山上有扁鹊祠。鹊山西麓扁鹊冢，高约2米，冢前碑碣上镌刻“春秋卢医扁鹊墓”，下书“大清康熙三年盐运司商人张文茂立石”。就传世文献看，鹊山与扁鹊关系的认定，至迟始自北宋，北宋齐州知州曾巩泛舟北湖（鹊山湖）以及陈师道登临鹊山的诗文作品就是明证。

鹊山、药山距离卢邑不足百里，况且又是由卢邑往返于齐都临淄的水陆必经之地，当年扁鹊行医于此，采药于此，实有可能。这也正是古人附会扁鹊葬于此的原因和背景。

图 3－6 鹊山扁鹊墓标识碑

四、孝堂山：小山承载大文化

孝堂山海拔仅有60米，论高度和体量，是座极不起眼的小山，然而之所以久负盛名，在于它拥有的悠久深厚的文化底蕴。孝堂山，小山承载大文化。

图4-1　孝堂山无梁殿旧影

（一）巫山神女的故乡

孝堂山本名巫山，最早见诸《左传》——“齐侯登巫山，以望晋师。”

公元前555年冬，防门之战期间，齐灵公登巫山察看战场形势，被晋国人搞的疑兵阵吓得魂飞魄散，落荒而逃。这是北方齐地的巫山。

在楚地也有一座巫山，也就是长江三峡上的巫峰。战国时期楚国赋家宋玉在《高唐赋·序》中写道：

> 昔者先王（楚怀王）尝游高唐，怠而昼寝，梦见一妇人曰："妾巫山之女也，为高唐之客。……妾在巫山之阳，高丘之阻。旦为朝云，暮为行雨。"

所以三峡巫峰在后世就成了爱情女神巫山神女朝云暮雨的神山，可是倘若追本溯源，齐地巫山才是巫山神女的故乡。

《汉书·地理志》记载了齐地的一种古老习俗，称：

> 民家长女不得嫁，名曰"巫儿"，为家主祠，嫁者不利其家，民至今以为俗。

这是母系社会的一种遗风，当代泰山文化学者周郢教授从身世与行为、职司、遇合之人等三个方面将齐国巫儿与宋玉赋中的巫山神女进行比较，发现二者有惊人的相似，由此，他在前人研究的基础上进行了深入考证和研究。①

卢云在《汉晋文化地理》一书中指出："高唐神女的这些特征不是凭空而来的，是在现实生活基础上的一种概括和想象。可以说，高唐神女的原型，就是楚地众多的未嫁、主祭、性生活自由的女子。"其论甚当！只不过若更溯其源，齐地又早于楚地。清代学者叶圭绶除了认定巫山神女源出

---

① 详见周郢《从巫山神女到泰山玉女》，《管子学刊》2012年第2期。

于巫儿，更提出所居之山，最早应是指泰山附近之巫山。叶氏在所著《续山东考古录》卷二八《山考·附论》中说："余谓宋玉赋神女，固文人寓言，然蜀地巫山与高唐风马牛不相及。巫儿山地近高唐，所谓神女，必其时因巫儿主祠，世俗谬为附会，则巫山神女，正非无端捏饰。"巫山神女的名号应出自齐地巫山，叶氏此说得到了楚辞学家孙作云的充分认同，其在《孙作云文集》第四卷《美术考古与民俗研究》中论称："山东的巫山才是巫山真正的所在。若说巫山神女的根本故居，应该在此（齐）巫山，而不在彼（楚）巫山。"

那么，齐国巫儿是如何南游荆楚，变成了楚国之巫山神女了呢？孙作云认为楚民族源出于东方，与殷商同系，巫山神女系楚之先妣，其神与巫山之名皆随楚族迁徙而播迁南国。叶圭绶云："战国之末，楚已灭鲁，平阴一带正楚齐连界处，故（宋）玉得闻其说。"周郢又多所取资，论证叶说之可信，认为齐地巫山与巫儿故事传入楚国，为宋玉所知悉，遂取为素材，融合了楚地原有的瑶姬、云梦神、汉水女神等传说，创造了一个"旦为朝云，暮为行雨"的神女形象，巫山之名也随之南移荆楚，是完全有可能的。

巫山神女的故乡在齐地巫山（孝堂山），似可成为定谳。巫山即今孝堂山，巫山神女与人幽会的高唐，当然与巫山相距不应太远。春秋时齐国有高唐邑，最早见于《左传·襄公十九年》，杜注："高唐，在祝阿县西北。"高唐故城在今山东禹城市西南伦镇西境。学者都认为这里就是神话中的高唐。我们认为这是值得商榷的。何以言之？我们看，从孝里古巫山到古高唐所在的今禹城伦镇，直线距离百里有余，中间又隔着一条古济水（今黄河），且伦镇历史上也不曾为楚地。

其实，高唐不必远求，就在巫山脚下，具体说就是夯土长城的巨防。古汉语中，"唐""塘"二字相通，而塘者，堤也。《吕氏春秋·尊师》："治唐圃，疾灌浸，务种树。"注："唐，堤，以壅水。"高唐，就是高大的堤防，与巨防（巨大的堤防）之义相同。仅从传世文献上来看，长清西南角夯土长城在先秦时期有多个名字，如巨防、长城、长垣、高唐。至于伦镇之高唐的得名，可能也与大型堤防建设有关。

图 4－2　考堂山石祠前的汉墓墓室

（二）现存最古老的地面房屋建筑

古代的大型墓葬前一般都有享堂，也就是祭祀堂，孝堂山汉墓前的享堂完全由石板、石块、石条建造，故称石祠；根据享堂内永建四年（129）的题刻，起码它在东汉中期就已存在，所以学术界一般将其建成年代设定在东汉初年，并普遍认定它是我国现存的最古老的地面房屋建筑。

图 4－3　孝堂山石祠

孝堂山石祠属于单檐悬山卷棚顶房屋。祠内东西宽 3.8 米，南北深 2.08 米。墙壁以厚约 20 厘米的石块砌成。前面正中有八角形石柱，高 86 厘米，上下端刻成斗形，与后墙间置跨度 2.03 米的三角石梁将祠分为两间。屋顶两面坡的石板刻出脊背、瓦垄、勾头、椽头、连檐等形状，瓦垄自下而上作卷棚式，筒瓦、板瓦兼用，筒瓦卧铺，板瓦仰铺。前檐是在大连檐上刻出椽子头，椽子头上承托小连檐，小连檐之上刻出仰置板瓦和瓦当，尚无飞椽。椽头均刻出卷杀，说明这种做法在汉代已经形成。屋顶东西两端悬出山墙面，同时雕出排山，檐角斜出。山墙、八角形柱、大斗和瓦当上均刻着蕨纹、垂帐纹、菱纹等朴素的花饰纹样。总之，孝堂山石祠具有墙壁、柱、梁、枋、斗、屋顶、瓦当、板瓦、筒瓦等各种组成部分；两山屋顶作排山结构；檐椽已有卷杀等。这一切都表明后世的许多建筑手法和形式至迟东汉初年就已经形成了。

石祠内北壁上还刻绘着一幅精美的殿阁图画，殿阁共有三座，每座皆为两层。殿阁下面两旁刻出柱子，柱上刻有图案形的斗拱，斗拱之上出单层房檐，刻垂直瓦垄。第一层檐上设平坐，两旁有栏杆。平坐上两旁立柱子，也有斗拱与下层相同，其上即为屋顶，刻出瓦垄、屋脊；屋脊平直，至两端下削内收如倒置梯形。

建筑是物质实体，体现着社会进步和文明进化的程度。孝堂山石祠对于我们研究和认识汉代建筑来说具有重要价值。

（三）汉画像艺术之瑰宝

汉代最有代表性的艺术作品是汉画像石。汉画像石是雕刻在墓室、墓前祠堂以及石阙上的装饰性壁画，是雕刻与绘画相结合的一种独特的艺术形式。它起源于西汉中叶，繁荣于东汉，汉魏之际渐趋衰落并随即消失于历史舞台。汉画像石雕刻艺术繁荣的背景和条件，大致有以下诸端：豪强政治与经济的发达、厚葬风俗和神仙观念的盛行、冶铁技术的提高以及近山有采石的方便。

长清西南角是汉画像石的重要产地，比如 2005 年发现并清理的孝里大街村两座东汉晚期墓，属于多室结构的大墓，共出土画像30余幅，均刻于门楣及前、中室过梁上，内容丰富，题材广泛，雕刻精美，技法娴熟。

孝堂山石祠汉画像分布于祠内石壁和石梁上，雕刻方法是在打磨光滑平整的石面上以细若游丝而又遒劲有力的阴线刻画各种人物和事象，有时也兼采用凹面线刻的技法。场面宏大，内容广泛，既有反映出巡、狩猎、征战、献俘、朝会、谒见、宴饮、庖厨、百戏等现实生活的题材，又有关于历史故事（如周公辅成王、孔子见老子、泗水捞鼎）和神话故事（女娲、西王母、贯胸人）以及天文星象、祥禽瑞兽等方面的内容，简直包罗万象，展示出一个丰富多彩、琳琅满目的富有生命力的宏大世界。

孝堂山汉画像在宏大场面的布局谋篇上，堪称经典。在此前提下，画像作者竟能匠心独运地予以有条不紊、细致入微地刻画物象，而且线条工整洗练，形象生动活泼。尤其刻绘的众多人物和马匹，无不合乎自然，比例准确，达到极高的写实程度。更为难得的是，画像作者为了增强艺术的表现力，创作过程中又往往有意识地突破写实主义的藩篱，在细节和局部的表现上适当采用夸张的手法。例如为了表现骏马的肥壮，特意将“马的身躯画得很肥，而马腿则画得很细。但我们看后，丝毫没有感觉不合适，而是觉得马匹实在肥壮极了”①。总之，孝堂山汉画像的艺术创作方法，无论是反映社会生活题材的现实主义方法，还是反映非现实生活题材的浪漫主义方法，都表现出很高的艺术水准和创新精神。

孝堂山石祠画像以其宏大的场面、丰富的内容和精湛的雕刻艺术而久负盛名，是举世公认的汉画像艺术瑰宝，故而其连同石祠建筑早在20世纪60年代就被列为全国第一批重点文物保护单位。

---

① 李发林：《山东汉画像石研究》，齐鲁书社1982年版，第52页。

图 4－4　孝堂山汉石室展馆大门

(四) 东汉上层社会奢华生活的生动写照

东汉是豪强地主阶级发展的重要时期。孝堂山石祠画像所表现的最为壮观豪奢的场面是王侯贵族出巡的行列。画面上自左而右共有车四乘，车上各乘三人，马三十骑，骑马的人有背负弓箭筒的，有吹排箫的，有吹笙的，有击花鼓的。巨大的乐车，分为上下两层，下层四人两相对坐，正在吹奏排箫等；上层正中置一大鼓，两人正在挥舞鼓槌。车盖如伞，两侧下垂作龙首状。乐车后面是出巡的王车，以四马牵引，车身与车盖极为华丽，车内端坐一人，在车盖后侧刻有“大王车”三字。

反映王侯豪强受礼和谒见场面的画面：每栋殿阁之中，主人在众多侍从的簇拥环护下，正襟危坐，接受人们拜谒。拜谒者手执礼品或者笏板，有的伏地致礼，有的欠身致礼，繁文缛礼，好不热闹。

反映王侯贵族豪强府邸庖厨场面的画面：横木架子上挂着鱼肉和褪了毛的飞禽，锅内正在蒸煮食物。灶前一人正在弄火，一人正在劈柴。又有人正用绳子牵引一只大兽欲待宰杀，而另有一人持刀正在宰杀一牛，牛已四脚朝天，死在地上。井旁二人用桔槔打水，另有一人高举木棒打狗。地上还有鸡鸭之类以及一只大盆。

刻画贵族豪强宴乐以及观赏杂技百戏的场面：有击鼓的，有奏乐的，有表演缘竿戏的，有表演弄丸的。观众中有正坐欣赏的，有相向陪坐观看的。

表现贵族豪强蔚为壮观的巡猎场景：驰车跑马，飞鹰走犬，有人正弯弓发射，有人正荷戈追逐，有人持毕围捕，有人持戈猛刺。合围圈中，走兽惊慌奔跑，有长角鹿、狐狸、梅花鹿、野猪、老虎、野鸡，林林总总，不一而足；猎车上载放着各种“战利品”。

总之，孝堂上石祠画像是东汉初年济南豪强地主奢华生活的生动写照。

图 4－5　孝堂山石祠西壁画像线描局部（刘晓芸摹）

（五）墓主为何人

保留至今的孝堂山汉墓，封土高 3 米，周长 80 多米，墓道和墓圹完全是在山石上开凿的，然后将棺椁置于石圹中，是典型的崖墓。北宋的时候，孝堂山地处青州赴东京的官道旁，李清照的丈夫、著名金石学家赵明诚每次路过这里，都要登山观览一番，那时“隧道尚存，惟塞其后而空其前”[①]，说明这座大型汉墓的墓道有前后之分。这样的大墓当然不是一般人家所能有，墓主不是一般人物。

汉代，祠庙、祠堂之类的祭祀建筑大多建在墓前，又往往图绘画像于祠堂的四壁。著名学者徐北文先生曾指出，“古代庙堂或墓室画像的惯例，其绘画的主体应是所享祭的神灵或人物的事迹，岱庙天贶殿的画像即是东岳大帝出巡图，汉代王公墓室绘画也是墓主生前活动的再现”[②]。那么上面列举的孝堂山石祠画像所反映的就应当是东汉前期贵族生活的场景。根据壁画上“大王车”和“二千石”的题刻，我们推测墓主人有可能是济北王刘寿。

刘寿，汉章帝之子。汉和帝永元二年（90）五月，从泰山郡分出个济北国（国都在卢县，即今长清归德卢城洼），封刘寿为济北王。安帝永宁元年（120）三月，刘寿死，谥号济北惠王。史称，自永初元年（107）以来，“戎狄叛乱，国用不足，始封王薨，减赙钱为千万，布万匹；嗣王薨，五百万，布五千匹。时，唯寿最尊亲，特赙钱三千万，布三万匹”[③]。刘寿的丧葬赙资竟是其他始封王的三倍，足以表明济北国地位之特殊、刘寿地位之尊宠。

当然，这仅是一种假说，然而不论如何，此墓非一般人所有还是可以断定的。

---

① 〔北宋〕赵明诚：《金石录》卷二二。

② 徐北文：《孝堂山石祠与郭巨埋儿》，《海岱居文存》，齐鲁书社 2006 年版，第 350 页。

③ 〔南朝宋〕范晔：《后汉书·济北王寿传》。

（六）郭巨传说的最初版本

孝堂山汉墓、墓前石祠以及祠内画像都表明墓主可能就是济北王刘寿，退一步说，也应该是某个地位很高的贵族豪强。可是古人将孝堂山大墓归到郭巨的名下，或是郭巨之母的名下，时至今日仍有人对此信之不疑。

宋初编纂成书的《太平御览》卷四一一引旧题刘向著《孝子图》，中有《郭巨传》，云：

> 郭巨，河内温人。甚富，父没，分财二千万为两分，与两弟，己独取母供养寄住。邻有凶宅，无人居者，共推与之，居无祸患。妻产男，虑养之则妨供养，乃令妻抱儿，欲掘埋之，于土中得金一釜，上有铁券云："赐孝子郭巨。"巨还宅主，宅主不敢受，遂以闻官。官依券题还巨，遂得兼养儿。

说的是，河内温县（今属河南）人郭巨将父亲留下的两千万家产全部分给了两个弟弟，自己却借住在邻家的一处凶宅赡养母亲。妻子生下一个男孩，郭巨担心多一张嘴，要影响对母亲的供养，就同妻子商量把孩子埋掉。于是夫妻抱子携锹来到屋外，找了块地儿，就忙着挖土掘坑，不料从土中挖出一釜黄金，釜中还有一个铁券，上面刻有五个大字——"赐孝子郭巨"。郭巨把黄金归还房主，房主不敢接受，就上报了官府。官府依据铁券题记，尽数归还郭巨。从此，郭巨就用这些金子来上养老母下养儿了。

刘向乃西汉后期的硕学鸿儒，从有关他的比较可靠的文献资料来看，他不曾撰有《孝子图》，因此古今学者多认定《孝子图》乃后世伪托之作。就故事本身来看，也明显有违人情物理。比如，既然郭巨独自赡养老母，就不必将家产悉数分给两个弟弟；生了儿，养不起，可以送人，也不必活埋。西汉社会不大可能出现此类的蠢人蠢事，即便有，以刘向的学术境界和道德情趣，也断不会为郭巨立传的。

晋代干宝《搜神记》也有郭巨埋儿的故事，内容与《孝子图》大略相同，唯一的实质性的差别在于将郭巨的籍贯写作隆虑（今河南林州），然而干宝对此似乎不敢肯定，故又写道，“一云河内温人”。看来，郭巨其人，就连籍贯都成了问题，历史上是否实有其人，都值得怀疑。事实上，较早的类书，如隋唐时期的《初学记》和《艺文类聚》的“孝子门”中均无此人。

图 4－6　郭巨埋儿

（七）郭巨故事是怎样附会到孝堂山上的

郭巨与孝里和孝堂山，原本风马牛不相及，理由起码有以下四点：

第一，无论是从《孝子图》还是从《搜神记》来看，郭巨埋儿都发生在他的原籍所在地，也就是隆虑，或者温县，而非外地。

第二，郭巨死后，实无可能千里迢迢远葬孝里。

第三，郭巨如实有其人，依据托名西汉刘向的《孝子图》，他是西汉人；依据干宝《搜神记》，他是西晋人。可是孝堂山大墓为东汉初期墓。

第四，大墓、享堂、汉画像以及反映的内容，都与郭巨身份不相符。

所以我们认为郭巨与孝里和孝堂山，原本是没有什么关系的。既然如此，郭巨的故事又是怎么附会到孝堂山上的呢？

我们说过，在《左传》中，孝堂山本名巫山，公元前555年防门之战，齐灵公登巫山以望晋师，即此。巫山之名孝堂山，始于晋代。晋人晏谟（晏婴之后）《齐记》明言，“巫山一名孝堂山”。

山名“孝堂”，应是由巫山上的享堂（墓前祭祀堂）讹变而来，因为孝、享两字发声之声母相同，韵母也相近，读起来容易混淆。孝堂又衍为“孝子堂”。北魏郦道元《水经注·济水》：“今巫山之上有石室，世谓之孝子堂。”

享堂讹为孝堂，孝堂衍为孝子堂，“孝子”二字是郭巨故事附会到孝堂山的一个重要的背景和原因。可是，古代孝子不止郭巨一个，如何就单单选中了郭巨呢？我们以为这或许与孝堂山本名“巫山”，慢读为“巫儿山”“无儿山”有关。元人于钦《齐乘》：“清河北经巫山，俗讹为无儿山。”“俗讹为无儿山”，在南北朝时即当如此，而非始自元代。于是，好事之徒就把所谓的孝子郭巨埋儿的故事搬了来，附会到孝堂山上了。

到了北齐陇东王、齐州（济南）刺史胡长仁，因他的一篇《感孝颂》，郭巨与孝堂山的关系才完全确定下来。赵明诚《金石录》卷二二：

右北齐《陇东王感孝颂》。陇东王者，胡长仁也。武平中，为齐州刺史，道经平阴，有古冢，询访耆旧，以为郭巨之墓，遂命僚佐刻此《颂》焉。墓在今平阴县东北官道旁小山顶上，隧道尚存，惟塞其后而空其前，与杜预所见邢山上郑大夫冢无异。冢上有石室，制作工巧，其内镌刻人物车马，似是后汉时人所为。余自青社如京师，往还过之，屡登其上。按刘向《孝子图》云："郭巨，河内温人。"而郦道元注《水经》云："平阴东北，巫山之上有石室，世谓之孝子堂。"亦不指言何人之冢。不知长仁何所据，遂以为巨墓乎？

这篇于北齐武平元年（570）由申嗣邕撰文、梁恭之书丹的《陇东王感孝颂》，至今仍完好保存在石祠西山墙外壁上，碑刻上下1.24米，左右2.18米，额题"陇东王感孝颂"为篆书两行，颂文为隶书。石刻字迹工整，笔势开张，是石祠上后人题记中篇幅最大、字数最多、书体最为工整的一篇。

图4－7 《感孝颂》石刻

《感孝颂》序文曰：

访询耆旧，郭巨之墓，马鬣交阡；孝子之堂，鸟翅衔阜。

《感孝颂》正文曰：

天经地义，启圣通神，重华曾闵，莱子乐春，时多美迹，世有芳尘，前汉逸士，河内贞人，分财双季，独养一亲，客舍凶弭，儿埋福臻，穹隆感异，旁薄贻珍，悬车遽落，夜台弗晨，千龄俄古，万祀犹新，朱骖紫盖，抚俗调民，高山达节，景慕萦嚬，式凭不朽，永播衣巾。

可是如此便出现了矛盾，因为孝子堂之孝子如果是指郭巨，那么孝子堂后面的大墓的墓主人就应该是郭巨的母亲。光绪《肥城县志》卷二：

（孝堂）山上又有古墓，相传郭巨奉母来此，母没，因葬焉。或云即巨墓。今沂水县西一百里亦有郭巨墓，山西孝义县东北五里亦有郭巨墓。考古者皆以为非是，则此墓最古也。

这样一来，是郭巨之墓，抑或是郭母之墓，都成了问题。

总之，不论如何，将郭巨故事附会到孝堂山，都是极其荒诞无稽的事情。1992 年版《长清县志》的作者很有科学头脑，很有实事求是的精神，他们明确指出，孝里、孝堂山与郭巨没有任何关系。① 这很难得，令人钦佩。

① 长清县志编纂委员会编：《长清县志》，济南出版社 1992 年版，第 481 页。

（八）如何看待孝文化

孝里在近代以前，是东张社下的一个村庄。按照过去的说法，郭巨带着老母避难来到这里，人们受其孝行的感染，孝亲敬老蔚然成风，遂有孝里之名。

元代郭居敬辑录古代二十四大孝子的故事，编成《二十四孝》，成为宣扬孝道的通俗读物。其实故事中的孝，颇多“愚孝”，是不可取的，是不值得表彰的。

孝爱是人类基于血亲关系而先天具有的情感，原本是不需过分强调的。儒家强调孝爱，是因为孝是伦理道德的核心，所谓百善孝为先；皇帝强调孝，是因为由孝可以引申为忠，有利于统治；一般老百姓强调孝，是因为在传统农业社会，一方面，老人丰富的经验阅历是社会的宝贵财富，另一方面，养生不易，子女不孝，丧失劳动力的老人便无法存活。

如今社会进步，文明提高，孝道当然有必要提倡，传统的孝文化也仍然有必要进行选择性的继承和弘扬。因此我们认为，孝里以“孝”命名，孝文化肯定是孝里文化的一个组成部分，孝里为发展经济，构建和谐社会，开辟孝里孝文化广场，打造孝文化品牌，是应该肯定的。

然而，宣传孝里孝文化，不必在郭巨身上过多做文章，因为：第一，郭巨与孝里、孝堂山原本无甚关系；第二，郭巨之孝是典型的封建愚孝，是极不人道、伤天害理的。如此可恶的愚孝，即便封建卫道士如方孝孺、封建帝王如朱元璋，尚且都明确予以否定，我们今人为什么还要肯定呢？

明成祖朱棣篡夺了建文帝朱允炆的帝位，大儒方孝孺为了捍卫封建正统，宁死不屈，最终被杀害。方孝孺实为愚忠，却也明确反对郭巨之流的愚孝，其《逊志斋集》卷四载有《郭巨》一文，说：“夫孝所以事亲也，苟不以礼，虽日用三牲之养，犹为不孝，况俾其亲以口体之养，杀无辜之幼子乎！……（郭）巨陷亲于不义，罪莫大焉，而谓之‘孝’，则天理几于泯矣。”

朱元璋反对愚孝的故事见于明人王圻《稗史汇编·伦叙门》“郭巨非孝”一条。上面记载说：“国初，青州日照县民江伯儿者，母病刲胁肉以食，不愈；祷于岱岳，愿‘母病愈，则杀子以祭’，已而母愈，遂杀其三岁子祭之。”朱元璋阅呈报后，怒曰：“父子天伦至重……今百姓乃手杀其子，绝灭伦理，宜亟捕治之。”遂下令逮捕江伯儿，打了一百杖，发配到海南岛服刑。同时命令礼部颁发《旌表孝行条例》，规定类似极端的孝行，以惊世骇俗、规避徭役为动机，不在旌表之列。可见，郭巨倘若生在朱元璋时代，定然要被杖责发配边塞的。

近代以降，自由、民主的观念兴起，反封建，彰人权，有识之士对郭巨的行为更是予以严厉的批判。鲁迅先生在《朝花夕拾》中说：“其中（指《二十四孝图》）最使我不解，甚至于发生反感的，是‘老莱娱亲’和‘郭巨埋儿’两件事。”对于“郭巨埋儿”一事，鲁迅先生评论道：

> 至于玩着“摇咕咚”的郭巨的儿子，却实在值得同情。他被抱在他母亲的臂膊上，高高兴兴地笑着；他的父亲却正在掘窟窿，要将他埋掉了……我最初实在替这孩子捏一把汗，待到掘出黄金一釜，这才觉得轻松……倘使我的父亲竟学了郭巨，那么，该埋的不正是我么。如果一丝不走样，也掘出一釜黄金来，那自然是如天之福，但是，那时我虽然年纪小，似乎也明白天下未必有这样的巧事。

徐北文先生曾说，“孝亲应该提倡，但不宜过分”。他建议改编一下“二十四孝”，把其中的糟粕删去，另加一些近情合理的孝子来代替。[1] 按

① 徐北文：《孝堂山石祠与郭巨埋儿》，《海岱居文存》，齐鲁书社2006年版，第354页。

照这个标准，郭居埋儿孝亲的故事当然是在删之列的了。近年，骆承烈先生受山东省老年学学会孝文化专业委员会委托编纂《新编二十四孝》（李宏勋教授绘图），就没有给郭巨一席之地。这是孝文化因应社会发展的进步，是值得肯定的。

附录一

孝堂山郭氏墓石祠·结束语（罗哲文）

综观以上的内容，孝堂山郭氏石祠在建筑史、金石学、绘画史以及研究汉代历史、社会生活等方面都有着很大的意义，约有如下数端：

一、孝堂山石祠为我国现存最早的一座地面房屋建筑。我国建筑的历史十分悠久，从许多历史文献记载中可以看出，在汉代以前即有了很高的成就，但实物已经不存，只能从文献和考古发掘出土的明器、壁画、画像石等去研究，但是这些终究还是间接资料。汉代建筑保存于地面者，仅石阙和石祠，而石阙还不是房屋，因此房屋建筑，唯有石祠一种。汉代石祠据文献记载虽然不少，但是均已倒塌，现在所发现保存完整的，就只有这一处。

孝堂山石祠的建筑，已经有了墙壁、柱子、梁、枋、斗、屋顶等各种组成部分。两山屋顶作排山结构，檐椽已有卷杀等，这些特点，说明了后来许多建筑结构手法与形式在汉代已经形成。这座石祠确是研究我国建筑史的重要实物例证。

二、孝堂山石祠画像本身的题刻和后来的题记，内容丰富，说明了石祠建造的历史在汉顺帝永建四年（129）以前，在文献与书法上均有一定的价值。

三、孝堂山石祠的画像更是非常丰富精美，有着很大的价值。

1. 孝堂山石祠画像在绘画史上的意义。我国绘画艺术到了汉代已达到很高的水平。我们从文献得知当时在建筑物的内部，绘着大幅壁画的很多，其内容有山川、人物、天地星辰、草木禽兽等等形状。如《文选》卷二王延寿《鲁灵光殿赋》即有“图画天地品类群生，杂物奇怪，写载其状，千变万化事各缪形，随色相类，曲得其形，上纪天地遂古之物，五龙比翼，人皇九顶，伏羲鳞身，女娲蛇躯……”的记载。但此等巨大杰作，皆随着建筑物的倾颓崩塌或火灾而付之一炬。因此汉代以前的绘画保存下来的，除考古发掘所得画像石、壁画以及绘彩文物之外，保存于地面者，即在墓阙和墓前石祠等石块之上，其中尤以石祠画像最为丰富，刻画各种自然与社会现象，人物、禽兽、草木、山川、天地之形状，描绘极为生动。研究我国绘画史者，汉代石祠画像具有重要意义。孝堂山石祠画像即是非常重要的一处。

汉代墓前石祠画像有金乡朱鲔祠（1 世纪），济宁两城山刘安石祠（？—113），嘉祥武氏祠（145—167）等。汶上县天凤三年（16）路公食堂（即享堂）、济宁永建五年（130）永建食堂、鱼台建康元年（144）文叔阳食堂，亦系墓前建筑（与石祠同一类建筑），但所有这些石祠均已倒塌，原来的位置已经动乱，有的已经残缺不齐，仅武氏祠尚可能予以复原。而孝堂山石祠则非常完整，画像位置仍是原状。汉代画像的刻画方法，大概可分为四种：一种是在光滑平面的石板上用阴刻，刻画出物体的形象；一种是用“减地法”，把物体的轮廓凸出，再在物体上刻阴线；一种是就粗糙石面上凿出低的平面；孝堂山画像系以光滑平面以阴刻为主，并兼用部分凹入的平面，使画面增加变化。这种刻画法是在汉代画像中独树一格的。

2. 孝堂山石祠画像是研究汉代历史、社会生活的重要参考。在石室画像中表现了许多汉代的历史情况，如像东壁上战争的场面是与胡人作战的场面，说明了汉代民族战争的史事；西壁有“胡人”骑骆驼，骑象来朝，汉朝派出丞相亲迎的场面，说明民族和好的事实，都可为历史记载的佐证。其他如画像人物的服装，是研究汉代服饰的重要参考实物，如“胡人”的高冠也是研究少数民族古代服饰的参考。

以上对于孝堂山郭氏墓石祠的记叙，只是参观时所记和查考了有关的金石文献记录作为粗略的介绍，并未作深入的研究，特别是画像内容因其不似武梁祠等汉画像大多有标题文字可资参考，因此错误之处，尚希读者指正。

（《文物》1961 年第 4 ~5 期，略有改动）

附录二

郭巨埋儿（陈圣元）

老古年间常闹贱年，河南温州一带被水灾、旱灾闹得民不聊生。老百姓看看没了活路，就带上妻子老小到外州府县逃荒要饭去了。有个叫郭巨的年轻的，使小车推着老娘和刚会跑的儿子，他媳妇在后边跟着，一路要着饭，逃荒来到山东长清。这一天，在巫山下边累得实在走不动了，只好到庄里找个地方安身。正巧有个财主的闲院子常闹鬼，谁也不敢住，郭巨可不信那一套，就和妻儿老娘住这里了。

为了全家活命，郭巨天天上山打柴。卖柴的钱先给他娘买几个馍馍，剩下俩钱儿再买点粮食，掺上野菜好填饱肚子。

日子长了，他见老娘一天瘦起一天，自家那小孩倒楞胖了。两口子怪纳闷儿，就细上心咧。原来老嬷嬷疼孙子，把给她买的馍馍先把孙子喂巴饱了自己再吃，不饱装饱，你说能有个不瘦吗？“小孩光争咱娘的嘴，我看把他埋了吧！”郭巨就给媳妇商量。媳妇可真有点舍不得哩，郭巨又劝她：“咱俩年轻轻的，孩子没了以后还能再生，可是娘就这么一个呀，要没了多咱也不会有了。”媳妇听男人三说两说也就愿意了。晚上等娘睡着了，两口子抱着孩子扛着镢锨，找背静窝儿埋孩子去咧。郭巨吭哧吭哧挖了一猛子，问：“你看着坑怎么样了？他媳妇摸了摸说：“太浅！”郭巨又挖了一盼子问：“这许差不离儿咧。”可是媳妇还说：“再深点吧，浅了别叫狗扒出来吃了。”倒不是坑浅，实际上是舍不得埋，想多抱孩子一霎。郭巨抡起镢头又刨，就听“噔”的一声，两手震得生疼，只当是块石头哩，可是用手一摸，好家伙，还是满满一锅金元宝哩。上面刻着“天赐郭巨，官不得取，民不得夺”十二个字。有了金子，孩子别埋了，修房子置地，一家人过上吃穿不愁的日子咧。

郭巨孝母的事儿很快叫皇上听说了，为了叫天下人都忠都孝，还让郭巨做了官。正巧，南越王来侵犯，皇上就命令郭巨带上兵迎敌。敢说郭巨一个不会武的人怎么还能领兵打仗呢？那霎里就这样，在那个位儿上，就得去。南越王听说是孝子郭巨领兵来对阵，心里害了怕：“我要和上天都知道的孝子打仗，老天爷也要怪罪我。也别自找不痛快咧！”趁黑下里南越王带上兵就逃走了。郭巨打了个大胜仗。这一闹，皇上可高了兴，封郭巨为平南王。一下子郭巨可当了大官咧！他死后，在巫山上修了阴宅，立了碑，盖了庙。巫山改名孝堂山，山下边的庄也改名叫孝里铺了。

讲述者：陈圣元，男，汉族，40 岁，高中学历。长清县孝里镇文化站干部。

采录者：房泽民，男，汉族，42 岁，高中学历，长清县文化馆职工。

采录时间：1987 年 12 月 20 日。

采录地点：孝里镇文化站。

流传地区：长清县以及全国各地。

（山东省济南市长清县民间文学集成办公室编：

《长清民间文学集成》，1988 年）

五、大峰山：岱西道教名山

金元之际，全真道在山东境内形成了崂山和泰山两个重镇。崂山姑且不论，泰山能成为全真道的重镇，与严实父子的护持大有关系。严实(1182—1240)，字武叔，长清鹊里（今黄河西齐河县仁里集）人。金朝末年，严实乘天下大乱，占据了长清五峰山南面的青崖山，大修山寨，然后以此为根据地，四下攻城掠地，很快就控制了如今鲁豫冀三省交界的八州之地。蒙古族进军山东，严实投诚，被分封为汉地世侯。严实父子长期坐镇东平，保境安民，劝课农桑，礼贤下士，大兴文教，故而在元初较长的

图 5－1　大峰山省级森林公园标志碑

一段时间里，东平到长清的整个岱西地区堪称中国北方的文化高地，同时也是全真道教的鼎盛之区，如长清五峰山的洞真观、平阴九顶莲花山的南天观以及云翠山的天平观等，都是创立于这一时期的著名道场。

岱西地区全真道教历史悠久，底蕴深厚，由此来看大峰山于明清之际一跃成为道教名山，也就不足为怪了。

大峰山位于长清西南角的中心，它海拔376米，林壑幽深，石奇泉冽，古迹众多。光绪《肥城县志》卷一《方域》云：

图5－2　大峰山峪

大峰山，在城西北四十五里，峭壁崚嶒，郁然深秀。南面有平地不盈丈，面仰如掌，俗呼为簸箕掌；东有璇玑洞；北有金蟾洞；西为天麻峪；上有升仙台，泉从石壁间出。又有石鱼石鼓，形状奇异。亦邑中一胜境也。[1]

又，《重修大峰山碑记》云：

肥邑西北大峰山，居陶牛后障，有天麻峪、璇玑洞、三教堂诸胜，而山阳一区，两山环抱，负扆南蹲，峰峦竞秀，林壑尤美，故其间仙崖古洞、名泉幽谷，往往为选胜者所流连，而一时之药笼经床、博炉茗碗，超尘离俗，盖真道家之洞天福地矣。

（一）簸箕掌峰云观

图 5－3　峰云观核心区（傅光中摄于 2016 年 2 月）

① 按所述景区景点，方位有误。详下。

《重修大峰山碑记》中所谓的“真道家之洞天福地”，就在山前半腰处的山坳里，因这山坳南面下临深壑，北西东三面有悬崖峭壁环绕如堵，中间地势平衍，状如簸箕，故谓之“簸箕掌”，峰云观就坐落于此。

1. 峰云观的创设与沿革

峰云观的奎文阁旁有《创建泰山行宫记》碑，碑记落款：“撰文：邑庠生王世法，道人苏氏名守智、方氏名太和。大明天启四年岁在甲子季夏吉旦立。”碑记记述峰云观创始时期的历史，是珍贵的文献，现不避繁冗之嫌，抄录碑记全文如下：

余家东张，古平阴之孝感里也。越岭而东南，向北转追十余里，大峰山之南隈。去岭里许，石壁三面环抱，□……□步，面阳如掌，所谓箕掌云。幽僻藏聚，非迫近其下不能见。尝挟一二侪侣，兴至则披襟放脚，迤逦而往，啸傲于此，山鸣谷应，岚光野趣，殊快心眼，令人俗念顿空，低徊留之不能去。

每至山脚时，凝眺其墙宇，迥出树杪。缘径草傢如砌，石磴崚嶒，比数十折乃上，白云缥缈杖履间，而枝头鸟语，岩侧麋游，更自佳胜。有泉自石壁间出，其声泠泠，似漏下壶铜焉。东有台曰升仙，相传为回道人飞升处。又东行二里许，乃云峰庵也，已灭没不可复睹，剩有断碑，独绿苔耳。

南望群峰，如奔如舞，如拜伏拱揖状，遥见巉岩峭削孤耸于诸山之外者，则越范蠡所遁迹之陶也。余游于陶，其下盖有陶朱墓云。

有两散人静修有季矣，盖师弟也。彼皆希踪于安期、羡门之流而暂息于此者。其苏姓者，最爱《南华》《道德》诸书。两人洵雅且闲，先是欲顶礼玉皇大帝，已树殿宇碑记，盖家君撰也。

殿之西，石壁下有洞，可容十数人。前有碧霞元君像，石室如斗，日久浸缺，欲更崇宏之，而地势逼仄，更苦水之不给。无何，垣之东忽出一泉，日可食百余人，甘甚也。师若弟相谓曰："有泉若此，天赞我也。"于是，募缘四方，县侯王君捐俸金以为之率先，而都人士之出资者不下数十家，远近居民之布施者亦不下千余家。□有莫之为而为者，因筑堞以广其地，高若干，广长各有差。庀材鸠工焉，越岁而元君殿、关圣帝殿同告竣焉，庙貌一新，景色焕然，登览其地者，宛如置身画图中也。

事甫终而曩所出之泉复涸矣。旧称圣泉，吾乃今□益信旬兹明□往两人者，殆于辟谷作赤松子游耳。

王世法是东张村的秀才，多次与友人结伴游大峰山。明天启四年(1624)，王世法应峰云观道士苏守智、方太和师徒之请撰写了这篇碑记，通过这篇碑记，我们了解到：

第一，王世法写此碑记，时在天启四年（1624），当时苏守智、方太和师徒二人在此修道已有很长时间了，所谓"静修有季矣"。文中又说，"每至山脚时，凝眺其墙宇，迥出树杪"，可见天启四年以前簸箕掌上已有道观庙宇，主体建筑玉皇殿为苏、方二人所创建，创建玉皇殿碑记的作者又恰是王世法的父亲。

其二，玉皇殿西侧"石壁下有洞，可容十数人"，这便是大峰山名胜之一的金蟾洞。碑记又说洞前"石室如斗，日久浸缺"，室内供奉着碧霞元君像，这便是最初的碧霞元君祠了。

碧霞元君祠又名泰山行宫、送子奶奶庙。金蟾洞前有《重修泰山行宫记》残碑，字迹漫漶，仔细辨识，大意是说：大峰山旧有泰山天仙圣母行宫一所，岁久失修，庙貌衰敝。东张孝里铺有农户某，鸠工重修，又输资购买山下田亩若干，以供泰山行宫香火之费。落款为："皇明万历岁丙申仲冬之吉，贡士刘逢源撰，黄崖居士散人范希乾书，住持玄子宋守安，镌石石匠张守强、张守亮。"万历丙申，为万历二十四年，即 1596 年，当时的道观住持是宋守安，他是我们今天能所能知道的峰云观最早的道人。宋守安重修之前的碧霞元君祠称作“泰山天仙圣母行宫”，其肇建于何时，虽然不可考，但是峰云观最古老的道教庙宇当属碧霞元君祠，则确定无疑。

其三，天启四年（1624）大规模扩建增修峰云观，于玉皇殿的西侧重建碧霞元君祠，于玉皇殿的东侧创建关圣帝殿。工程尚未启动，在道院的东墙外发现一处新泉，为此在修建泰山行宫和创建关圣帝殿的同时，将东院墙东移，把新泉圈入院内。当时这处新泉被称为“圣泉”。

天启以后，有关峰云观变迁沿革的文献，当以矗立在道院大门外的《重修大峰山碑记》最为重要，可惜字迹漶漫，碑记作者亦佚失其名姓。立碑时间“丙戌暑月上浣”，具体年份仍难确定。其中有一段文字是记述苏守智以后的峰云观：

图 5 -4　重修大峰山碑记

……辟之者，苏真人，而自是之后，屡圮屡修，是以至今不废。但自数年来，云烟消灭，风雨摧残，游者伤焉，住持于斯者，慨然以重修为己任……四方咸从。遂蒇厥事，工竣，欲记其修造、岁时捐修姓字，与夫有霤之门、有曲之廊、有翼之堂，以□□回栏、危楼、崃阁，各有鸟革翚飞之观……

峰云观此次维修扩建，可能在康熙丙戌年，即康熙四十五年（1706）。事实上，康熙年间的确是峰云观的一个重要的发展时期。1988 年春，我们第二次考察大峰山，听南黄崖村徐君生先生说，康熙年间峰云观道士有 60 多人。他这样说，应当是有依据的。

全面抗战初期，我党在大峰山创建抗日根据地，峰云观第十六代主持宋明辰、葛智民都倾向抗日，当时我党领导的抗日游击队政治部就设在主持道人在山下的住所里，司令部则设山上峰云观金蟾洞中，无极殿为中共长清县委最初的办公处，一些重要会议在玉皇三清殿中举行。

图 5－5　灵官庙

“文革”十年浩劫，峰云观遭到严重破坏，残垣断壁，几近废墟。现今峰云观建筑群为 1999 年以后修复重建。

2. 主要建筑与名胜

我们从山脚下循登山盘道拾阶而上，首先映入眼帘的，是坐落在盘道一旁的灵官庙。灵官庙供奉的王灵官，是道教镇守山门的护法神将，一般被安置在山门后的灵官殿内。有的山门殿本身就是灵官殿。

由灵官殿蜿蜒向上攀登，就到了簸箕掌。簸箕掌的南天门有观景亭，亭西侧的青檀树高大挺立，生机盎然。簸箕掌下临悬崖峭壁，悬崖峭壁上有许多大小不等的溶洞，如白虎、牛角、鱼鼓等，不一而足，尤以石鼓洞最为有名。古代史志记载，石鼓洞里有石块，敲之铮铮，人称石鱼；有石坎，击之嘭嘭，人称石鼓。乾隆二十六年（1761）春，肥城秀才方印游览大峰山，就曾欣赏了道士演奏石鱼石鼓。方印在《大峰山石鱼石鼓记》中说：

> 南则鱼鼓洞，高踞悬崖，去地可数十尺，石鱼石鼓在焉。度不能登，俾居者先试之。其人攀杙而上，按次以击，鼓之为声也逄逄，鱼之为声也铮铮，鼓不异，而鱼若参以金声者。次日，又拉羽士王印月及其两徒往，一人司鼓，一人职鱼，予与陈子等在下听之。有顷，两音交宣，高下抑扬，谐律而和声，比初闻时则又钧天广乐矣。①

图 5－6　青檀树

图 5－7　石鼓洞内景

① 光绪《肥城县志》卷二。

图 5－8　石鼓洞外观（傅光中摄于 2016 年 2 月）

如今峰云观道院的头门是一座石墙青瓦三开间的门楼，“峰云观”三个大字的额题，出自民国十五年（1926）平阴县廪生朱统正之手。入门为峰云观的第一进院落，院中有一方石砌的池塘，名曰瑶池。又有圣水池，池水来自北面的青龙潭和待月泉。

图 5－9　峰云观入口处

第一进院落北首的二门楼坐落在石阶上，门额题“青云得路”四个大字，为民国二十五年（1936）陈敬携书。过了此门，就是峰云观的第二进院落。

第一进院落的西边，是一石砌的拱门，嵌在门洞内外楣额上的石匾分别刻有“云根”“月窟”的字样。过了拱门，向西拾阶而下，是一条状的平地，北侧人工垒砌的高高的石墙上，一间间的石屋一字排开，分别唤作吕祖祠、王母殿、祠堂、坐化真人室等。

吕祖祠，供奉吕洞宾。吕洞宾，道教八仙之一、北五祖之一，被尊奉为纯阳真人，民间一般谓之“吕祖”。

王母殿，祭祀王母娘娘。王母娘娘即西王母，道教尊称其是“九灵太妙龟山金母”“太虚九光龟台金母元君”，是尊贵无比的天界第一夫人——玉皇大帝的夫人，在民间主要是作为长寿之神——第一女寿星来崇拜的。

图 5－10　青云得路门

祠堂，又称碑亭，内中原本供奉着“四山五处道谱碑”。道谱碑早已断裂残阙，从仅存的残字来看，“四山”中有马山、大峰山、陶山，剩下的一山，应当为五峰山。“五处”，有孝堂山、双泉庵、葫芦山口等。这四山五处都属于全真道龙门派，其间又有上下院的隶属关系，道谱记载四山五处历代住持道长共有七十余人。

坐化真人室，祭祀高道燕阳秀。光绪《肥城县志》卷十《杂记·余闻》：“明道士燕阳秀，邑人，修道于大峰山八十余年，寿逾百岁，尸解而去，其徒即以坐化之肉身供奉焉。见《大峰山碑记》。”按，全真道有“以坐化之肉身供奉”的传统，顺治年间，燕阳秀的弟子后学就在道观西南隅建“坐化真人室”，将装殓燕阳秀肉身的陶缸置于室内，又在陶缸外面用青砖砌成圆形案台，台上供奉燕阳秀的彩塑像。“文革”期间，燕氏塑像连同燕氏尸骨俱被毁弃。

乾隆年间，重修坐化真人室铭记曰："大峰山胜区也，自开创以来，修炼者不少，而成果者不多。惟我五世□姓燕名阳秀者，闻之……善则让人，过则归己，言而有信，犯而不校。"有这篇镶嵌在坐化真人室门口右上方的铭记，我们知道燕氏属于峰云观的第五代住持，是峰云观历史上最有名的道士。

图 5－11　新塑燕阳秀像

民间传说，燕阳秀生在附近燕庄的一个贫穷人家，年幼就被父母送峰云观当了小道士。他生性忠厚老实，最能任劳任怨，所以道观里若是器物损坏了，师兄弟往往诬称他所为，他自己也从不计较，甘愿受罚。一次，老道长有意打破了一个陶罐，然后问是何人所为，结果众人都说是燕阳秀，燕阳秀也不辩解。老道长由是知道燕阳秀以往的被责罚，实属冤枉。

在大峰山周边山村，燕阳秀的故事曾经是十分流行的。他在当地民众心目中无疑就是道德的化身、好人的代称，他的影响力是如此之大，乃至今天山里的老一辈的人称道某人时，往往要说："真是个好人呐，就跟燕师傅一样。"

从坐化真人室西行，登上几十级的云梯，就到了道院的第二层平台，道观主体建筑大多坐落在这个平台上。

平台上自西向东的第一座主体建筑叫无极殿，也叫太虚宫。此殿为三开间，上下两层，原是绿瓦覆顶，重修后改用黄琉璃瓦。殿门上方石匾刻有"神慧圆通"四字，落款为"邑人刘鸿润题，民国二十五年立"。二楼三窗上方的券石自东向西分别题刻“天地细缊”“寂静镜空”“万物化醇”。殿中供奉的无极老母，也称作“无生母”。

图 5－12　无极殿

无极殿东侧有一座坐北朝南的门楼，门内小院当中，古柏一株，枝桠参天，绿荫匝地。小院北偏的陡崖之下有金蟾洞，洞前石室额题“禅室”。上引明天启四年（1624）王世法《创建泰山行宫记》：“（玉皇）殿之西，石壁下有洞，可容十数人。前有碧霞元君像，石室如斗。”指的正是这里，王氏所说的供奉碧霞元君像的石室，便是如今尚在的禅室。崇祯九年（1636），东张村廪生卢出光撰《重修金蟾洞记》，详述住持道人苏守智重修金蟾洞之始末，可惜碑文损坏严重，字迹漶然，不可辨识。

图 5－13　金蟾洞洞口

金蟾洞干燥无水，冬暖夏凉，过去曾有不少书生在此读书，至今洞口还保留了几处古人题刻；光绪《肥城县志》卷一对其也有辑录，其中有《金蟾洞题名》三首，都是明朝人的作品，现抄录如下。

榆山（今济南市平阴县）毕良弼诗：

岁岁花开日，闲来访隐沦。
峰回林上下，泉响石嶙峋。
挥尘云生岫，谈玄月近人。
卷帘无一事，何处看红尘。

卢锡钺诗：

何代辟灵境，盘纡岱岳西？
山高觉日近，野阔见天低。
市远人声断，云深鸟道迷。
烽尘处处满，是地可依栖。

卢锡衮诗[①]：

万壑凝青霭，千林入断烟。
琳宫高敞月，石壁下喷泉。
不到极深处，谁知别有天。
分明尘世界，何必访神仙。

金蟾洞环境幽静，的确适宜于隐居读书。从金蟾洞所在的小院出来，向东去便是奎文阁，如今只剩下一个石砌的门洞。门洞上面原先应该有阁楼建筑，阁中祠祀奎星。“奎星屈曲相钩，似文字之画”，古人故有“奎主文章”之说。

奎文阁以东，是整个峰云观的核心区域，玉皇、碧霞、关圣三大殿就坐落于此。

图 5－14　奎文阁大门

① 此诗，碑铭题“榆山瑞楚毕良弼题”，而非卢锡衮。县志可能有误。

玉皇殿，本名玉皇三清殿，殿内空间以隔板分为上下两层，下层供奉彩塑的玉清元始天尊、上清灵宝天尊、太清道德天尊。太清道德天尊，指太上老君，也就是老子。上层供奉玉皇大帝。近些年重修之后的大殿，下层供奉玉皇大帝，称玉皇殿；上层供奉鸿钧老祖，称老祖殿。鸿钧老祖最初见于小说《封神榜》，为民间的尊神。老祖殿前有门通往殿外露台，露台西北隅的小屋，现被用来供奉三清天尊的塑像。

图 5－15　玉皇殿正面外观

根据大峰山一带的民间传说，清初名臣、兵部侍郎孙光祀曾捐资修复玉皇殿。

孙光祀，平阴孙官庄人，传说他早年曾读书大峰山，发愿有朝一日考取功名，必当前来重修庙宇，再塑金身。从前大殿的绿琉璃瓦，据说是孙光祀从北京运来的；殿前的龙额屃趺的御碑，据说也与孙光祀有关。从破碎的碑石上，我们依稀可辨“平阴县”“赐进士、兵部”“清康熙二十”等字样，可见民间传说是有依据的，遗憾的是从传世《孙光祀集》中，我们并没有发现孙光祀与大峰山相关的任何信息和线索。

玉皇殿西侧为碧霞元君殿，又名泰山行宫、送子奶奶庙，东侧为关帝庙，又名关圣祠。关圣祠，在雍正十二年（甲寅，1734 年）得到大规模重修。举人唐新廉撰写于当年的《关帝庙重修碑记》说：“中有关帝圣君祠，由来已久。旧制质略，缔构颇狭，时日既久，渐有倾圮之患。山人张子玉池募化信善，鸠工庄村，扩大□□，自是而绀殿崛起，庭除显敞，文榻藻拱，极为壮丽；更新其像，冕旒黼黻，灵光奕奕，凛有生气。工竣于甲寅之阳月……”

图 5－16　关帝庙门楣

三大殿以东为回月楼，穿过楼下的券门，进入一个院落，院中有待月泉，又有祠祀道教创始人张道陵的天师殿以及祠祀神医孙思邈的药王殿。

玉皇三清殿背依摩天巨崖，崖根东偏有豆腐泉，所谓豆腐泉是在洞穴中开凿的一个有数米见方、数米深的泉池，崖壁上泉水不断渗出，宛如一串串晶莹剔透的珍珠滴落泉池，发出清脆悦耳的泠泠声。池水清澈见底，相传用此水制成的豆腐，更显白嫩，并且还会多出许多分量。

图5－17　豆腐泉内景

峰云观的饮用水源主要来自道院东北一隅的青龙潭，泉眼的水很旺。古时候道人依据地势的高低修筑了一条暗渠，引青龙潭水自流至待月泉，又从待月泉引流至圣水池，这样就可以使道院的各个院落都能方便地用水。因为有丰沛泉水的滋润，整个峰云观大树参天，冠盖相连，古柏、老槐、青檀，各种古木名树，郁郁葱葱，置身其间，令人有尘外之想。

图5－18　青龙潭

图5－19　待月泉

（二）璇玑洞道观

大峰山东麓山峪亦叫黄崖山峪，山峪的顶端，悬崖峭壁如堵如屏，古柏老松倒挂如坠，俶诡离奇，不可言状。崖壁间有许多溶洞，尤以璇玑洞最为有名。

璇玑洞的洞口朝北，洞深80米许，最宽处有25米，最高处有16米，大致可以分为五间洞厅，厅厅相通。当地民间传说，从前有只狗追逐野兔钻入洞中，最后从陶山的香炉洞窜出。香炉洞距离璇玑洞的直线距离足有十里开外。

图 5－20 璇玑洞洞口

“璇玑洞”一名至迟在明代已有，其得名与道教大有关系。

我们知道璇玑原是星宿名，特指北斗魁的第四星，同时也指五六千年前先民发明的一种玉制的天体观测仪器。为此，璇玑天生就具有一种神秘的属性，所以古时道人就用璇玑来命名这处山洞和山洞下方的道观。

璇玑道观坐西面东，借助地形地势布局。山门外是陡峻的台阶，台阶两旁原有几株青檀树，亭亭玉立，郁郁葱葱，可惜早被人伐去。山门左右两侧有书房，书房前后窗俱为别致的小圆窗。当地人习称这里为南书房（相对于张积中在中黄崖村的书房，详下）。道院正殿供奉的是何方神圣，尚有待考证，两庑则是从前道士的居所。正殿、两庑和东书房构成一个完整的四合院。由正殿下方的石砌拱形涵洞，进入由正殿后墙与弧形崖壁合围的小广场。20 世纪 90 年代以前，整个璇玑道观，包括石阶、院墙、山门、照壁、东书房等建筑的原有规模宛在。

图 5－21 璇玑洞摩崖石刻

璇玑洞在广场南首。广场北首也有一洞，叫真武殿，又名北大殿。真武殿门南向，门前五级台阶，殿墙高 3.5 米，殿顶斜对石崖，殿内就是洞穴。洞中从前供奉的真武大帝以及金童、玉女、力士和龟、蛇二仙塑像，如今已荡然无存。

真武殿洞口有摩崖刻石《玄天神宇碑记》，详细交代了真武殿的缘起：

夫大峰山黄崖峪璇玑洞，居于肥城县西北五十里。斯山内含古洞岩潜圣府，是为往古来今之福地耳，实为修真养性之玄所，慕道□存之神地，岭岥山峨，岥崎崖巘，林木森然，花草秀丽。仙洞之前，独存一崖，面方平广，聚气向阳，堪为造龛刊象之所，真为立宇安神之处。是以黄崖刘公立心创造神龛石宇，内刊玄天上帝与四□石象。……非武者而不居，非大峰而不至，所谓神之威仪无然而不然，无在而不在。……今刘公父子索予言……刊石垂名于不朽，予辞弗获，而遂书之以塞白耳，敢云记乎？右东玹□子谨书。嘉靖二六年八月吉日建立。公刘奉宗，妻王氏，子刘旺，妻张氏，住持道人真玄、常松、圆喜，石匠高□镌。

“玄天”，指玄天上帝，也就是真武（玄武）大帝、北极真君。它是道教界和民间普遍崇奉的天界尊神，具体说就是北方之神、水神以及主持兵事的剑仙。北宋以降，道教经典宣传“真武为净乐王太子，修炼武当山，功成飞升。奉上帝命镇北方。被发跣足，建皁纛玄旗”。玄武得道飞陆之地，相传在武当山，所谓“非玄武不能当此，故名”。明初，燕王朱棣起兵夺取皇位，神道设教，声称多次获得真武大帝的护佑，故而此后明朝历代皇帝都将真武大帝作为明朝的保护神予以崇奉。

图 5－22　玄天神宇碑记

玄天上帝的亲生父母，分别尊号“静乐天君明真大帝”“善胜太后琼真上仙”，民间俗称“圣父”“圣母”。道经上说，玄天上帝出家修道，不忘父母生身之恩，功成升仙后，特作《报恩经》（《玄天上帝说报父母恩重经》）以训世。至亲配封，以彰显玄天上帝之大孝。为此，道教徒一般要在供奉玄帝的大殿后面修建父母殿，奉祀圣父圣母。重视和弘扬孝文化，可视作道教与儒家文化交融之例证。

祭祀圣父圣母的场所，就在广场西面悬崖上的石窟。石窟高 2.2 米，深 2.5 米，宽近 3 米。石窟以及石门、供案、石像，皆就崖壁开凿而成。石门有门楣、门槛、门枢，开阖自如，叹为观止。石像上方有圣父圣母的榜题，圣父圣母居中，正襟端坐，左右各有金童玉女侍立。雕像系深浮雕，刀法细腻，造型精美，堪称古代石窟造像之精品。民间传说，当年工程标价“一斗石碴一斗钱”，可是待到完工结算，工匠才发现赔了本。由此可见石窟工程之艰巨，雕刻技艺之精细，可惜石窟造像毁于十年动乱。1988 年我们考察时，石门已不知去向，雕像头颅俱被砸毁，不过身躯尚在。如今，神像躯干也被人剔除净尽。

图 5-23　璇玑洞圣父圣母石龛

《玄天神宇碑记》刻于明嘉靖二十六年（1547），造龛刊像者是黄崖村的刘立心。碑记作者“东玹□子”可能是个道士，碑记落款“住持道人真玄、常松、圆喜”，则更明白无误是指璇玑道观的道士了。碑记称璇玑洞为“仙洞”，是修真养性和敬神礼神的佳地。如此看来，璇玑道观的出现有可能早于峰云观。碑记称真武大帝“非武者而不居，非大峰而不至”，有人将“大峰”二字落实为大峰山，又将大峰山与武当山联系起来，称张三丰曾云游来到大峰山云云，其实都是缺少历史依据的臆说，不能当真。

清朝咸丰同治之际，太谷学派北宗掌门人张积中来黄崖讲学期间，大峰山和璇玑洞是张氏师徒经常登临吟咏的胜地。吴义培是张积中表弟吴载勋的长公子，在他的诗集中，就收有《与朋辈登大峰山》等诗，诗中有胡东华、虞季通、李仁浦、吴子鹤、赵明庵、周习之、张唯村、薛奉三、王兼山、李积庭、虞叔渊、季升、刘荆山、阮季和诸人。[1] 张积中游大峰山没有诗文传世，但是根据我们三十多年前调查的民间口碑资料，张积中与璇玑洞主持道人李道昆常有往来。《白石山房遗集续编》附录《黄崖圣迹》，其中有白石山房、白石洞书房、璇玑洞、璇玑洞书屋的记载。璇玑洞被列为黄崖山寨的一处景观，至于璇玑洞书屋，应该就是璇玑道院的东书房，民间俗称的南书房。张积中曾说：

> 寓居黄崖之乡，吟待月之泉，坐璇玑之洞，右招白鹤，左引长松，上吸天光，下窥石髓，其中，洞洞玄玄，空空朗朗，日月之行，经乎昼夜，而洞中之幽自若也；星辰之转，周乎四时，而洞中之春自若也。子曰："知几其神乎。"神其几于道曰几，妙其机于人曰机，握其玑于天曰玑。暂游乎洞而乐玩其名，仰观乎天而潜窥其奥。所居近洞，即以名斋。执天之行，于焉读《易》，强志数语，终竟忘言。[2]

张积中还曾为璇玑洞书屋撰有几副联语，如：

> 甲子春回，尽大河以南，卿云西至；乾坤道启，望泰山而北，紫气东来。
>
> 斗柄初回，瞻日月光华，象为大有；黄崖再到，望山川葱郁，利在同人。
>
> 引大河以南，势趋叠石；揖泰山而北，啸入璇玑。

---

① 吴沓白：《黄崖案的回忆》，《山东近代史资料》第一分册，山东人民出版社 1957 年版，第 198 页。

② 〔清〕张积中：《白石山房文钞》卷二《璇玑洞额跋后》，《太谷学派遗书》第二辑（二）。

自是乾坤司阖辟；须知言行即枢机。

此外，张积中题《松门坐月图》，有诗句“夜来谈易璇玑洞，长忆对松松外峰”。又有《叠石涧现瀑》诗：“东山之山字黄崖，璇玑洞启屯蒙开。”张积中的师弟李光炘（龙川）题赠楹联：“玑转璇宫无漏洞；书传石屋没弦琴。”黄崖事变之后，张积中的弟子、孝里人朱渊《自济南旋里途中口占》：“天丧斯文已有年，璇玑洞里月光寒。”《再寄显甫》：“春转璇玑洞，云回叠石泉。”由这些诗句联语，我们发现在张积中及太谷学派那里，璇玑洞有非同一般的象征意义。《龙川夫子年谱》也说：“后张（积中）先生居黄崖，辟璇玑之洞，筑太玄之坛，陈祭器，开讲席，齐鲁之士莫不宗之。”[①] 璇玑洞和璇玑道观曾被张积中经营用作修道养性之地，是无可怀疑的了。

（三）云峰庵

云峰庵于大峰山山脊区的东偏，平缓的坡地上，华林如盖，芳草如茵，如今仅有遗址可供凭吊。在庵址的东面有一方大石硼，唤作升仙台，岩石上一前一后两只凹陷的脚印，人们传说是古代仙人羽化登仙留下的。古人有《题升仙台》诗云：“耸起云端几许寻，断岩绿树一望深。乘鸾人去今何在？只剩仙台挂壁岑。”[②] 这位乘鸾而去的仙人，相传就是道教大名鼎鼎的“回道人”吕洞宾。

有关云峰庵的兴废沿革，光绪《肥城县志》卷二《古迹》记载：

---

① 《太谷学派遗书》第一辑第三册。

② 光绪《肥城县志》卷二《古迹》。

云峰庵久废，台犹存。其地有泉，自石壁间出，其声泠泠然，似铜壶滴漏，古木千章，境殊幽胜。明天启年间，有羽士苏守智于此构庙，邑庠生王世法为之撰碑焉。

据明末王世法《创建泰山行宫记》，云峰庵在明末天启年间“已灭没不可复睹”。因此，天启年间大峰山道士苏守智“于此构庙”，应为重建，而非初创。重建后的云峰庵当然属于道观，而非佛教庙宇。

在大峰山地区，有个古老的故事在民间甚为流行，说的是，很久以前，云峰庵尼姑与大峰山西麓三教堂的和尚有私情，生了一个小孩。尼姑害怕被人发现，就把小孩放在瓦罐里，天亮前送到山洞藏起来，入夜再把孩子抱回庙来喂奶。有天晚上，尼姑哼着小调哄小孩入睡，那小调唱道：“爹住寺，娘住庵，可怜的儿啊你住罐。”这时恰好有个峰云观的道士打这经过，他听到屋内尼姑的小调，还以为她在骂道士（罐、观同音）呢，于是山中道士群起而攻之，把尼姑赶下山去。

这个民间传说或许能印证两个问题：其一，云峰庵原本是一处尼姑庵，废弃之后，才有明天启年间峰云观道士将其改建为道观；其二，云峰庵兴废的背后，可能隐藏着大峰山释道之争的一段尘封往事。

（四）天麻峪道观

天麻峪在大峰山北麓，地极幽绝，石奇泉洌，林木苍莽。据说，这里的土壤、水质、地温以及阳光透射度等自然条件最宜于天麻、人参等名贵药材生长，至今附近山村仍然盛传一个古老的神话故事，叫作“参娃落泪出天麻”，使天麻峪平添了一层神秘色彩。

天麻峪道观坐落在山峪中地势平衍处，现仅存遗址。据传北宋乾德二年（964），就有道士构庐于此，明代辟为祠祀“北七真人”的七真殿，以及祠祀天官、地官、水官的三官殿。三官，即天官紫微大帝、地官清虚大帝、水官洞阴大帝，分别执掌“赐福”“赦免”“解厄”，在道教中虽然不是最高级别的神祇，却与人们利害攸关，故而得到民间广泛的崇拜。

（五）三教堂

三教堂位于大峰山西麓。形制似塔，圆形攒尖顶，内阔 5 米，高 4 米，以供奉老子、孔子以及释迦牟尼而得名，显然是三教合流的产物。据三教堂题额，它于明嘉靖三十五年（1556）创建。而我们知道，三教合一的首倡者，正是嘉靖年间的福建人林兆恩。那么，大峰山三教堂无疑是我国最早的三教堂之一。

图 5－24　芦苇丛中的三教堂

图 5－25　三教堂内老子、孔子及释迦牟尼塑像

三教堂的北边有一处禅寺遗址；三教堂的南侧，林间遍布山泉，这些山泉各有其名，如压泉、石匣泉、核桃泉等，不一而足，当地人统称之曰“七十二泉”。

探讨三教堂的兴衰沿革，不能不重视三教堂林间的两块卧碑，因为这两块卧碑有着相当重要的历史文献价值。其中落款“大清乾隆三十一年岁次丙戌季秋谷旦”的碑文云：

古有大峰山之三教堂，由来旧矣，凡登临者，莫不栖息于斯，乃肥邑之胜境也。近来，风雨损坏，瓦崩榱折之□患，孰不目击而心伤乎？□□□□善人等募□四方，□起而更新，故有岚峪协心同力，共捐资财，庙貌重整，焕然改观，欣然乐悦，无一人不快乎。今工竣之后，众善士共议庙前之水，惟岚峪庄所治，是特许其庄日用，不许外庄搅扰。今勒碑志名流垂千古不朽矣。

三教堂的山泉引水工程现今尚有遗迹可寻。从前，石砌的水渠蜿蜒向南，通往山下的岚峪庄，供庄里人畜饮用，可谓是古代劳动人民利用自然、发展水利的佳作。

图5－26　三教堂泉井

岚峪，据上引《重修泰山行宫碑》，原名“懒峪”，盖因缺水而得名。传说燕阳秀到此，遥望大峰山岚霭升腾，梦而生井，泉出其间，所以改为岚峪。人们引山上“梦井”所得的大泉之水入村，解决了缺水的问题，从此该村人烟才多了起来。

另一块碑落款：“岚阳居士张金池撰文并书，中华民国二十六年岁次丁丑阳月上浣敬立。”岚阳，岚山之阳，即岚峪村。碑记全文如下：

此大峰山，肥境也，离城五十余里，陶山之阴。此山有五景，前有簸箕掌，后有天麻峪，左有璇玑洞、云峰庵，右有三教堂，即此地也。有崇山峻岭，清流激湍映带左右，流觞曲水列左其次。此地虽无茂林修竹，管弦之盛亦足以畅叙幽情。此处缺少住持，日久年远，神像颓败，垣墙倒塌，无人修补。今岚峪庄离此二里有余，乡长查王盛不忍坐视，邀集众等公议，募化资财，重修庙宇，垛塑圣像，彩画整齐，修筑垣墙，焕然一新。诸事告竣，于是修碑注名，以垂永久不朽云尔。

从前，三教堂有院墙保护，却无道士住持。读书人常来聚会游玩，故有所谓之“流觞曲水”和“管弦之盛”云云。

三教堂北边的禅寺毁弃已久，至于毁弃的背景和原因，“九亩地里耙和尚”的民间故事或许能提供一些线索。

传说很久以前，岚峪村有个少妇去北黄崖村走娘家，路过哑泉峪。三教堂的和尚心生歹念，把那少妇劫持到庙里，施暴之后，又割其舌，将一张狗皮裹在她身上，她由此变成了不能言语的“狗人”。

少妇的父兄得知此事，就去马峪（可能是指天麻峪）车伦寨，向山大王车伦诉冤，求车伦主持公道，惩办和尚。车伦不愿多管闲事，就说：“罢了吧。”爷们几个垂头丧气回到村里，村里一位老者说：“车伦大王是要我们耙了那些和尚。”

于是愤怒的村民冲进三教堂，捣毁寺院，将和尚们拖到三教堂西北山下的九亩地里，活埋于土中，地面上只露出一个个秃头。众人驱牛耙地，转眼间满地血肉模糊，和尚们都呜呼哀哉了。

这个故事，当然既不合情理，又缺少人道，推想其产生和流传的背景可能与释道之争且道教取胜有些关系。

类似故事在济南一带颇多也颇流行。大峰山西南的龙泉官庄，古时有座颇负盛名的龙泉寺，其废弃的原因，据传也与寺中和尚不法有关。人们说，龙泉寺的和尚在黑煞店（广里店）杀人越货，有一个书生叫李月和，进京赶考路经此地，险些丧命于和尚之手。李氏考中状元后回来报仇，将龙泉寺和尚全耙死了，至今当地还有民谚“金耙齿，银铃铛，龙泉寺耙和尚”云云。张夏镇车厢峪有一座历史悠久的四禅寺，当地传说该寺有地道，和尚利用地道地窖屡行不法，作恶多端，最后有个李布政前来查办，将和尚就地“耙死”，所以那里的土壤至今还呈红色。在历城柳埠，有“丈八地里耙和尚”的故事；槐荫彭庄旧有白鹤寺，有关白鹤寺的废弃，流传一个民间故事叫作“梓树叶告状耙和尚”；槐荫腊山余山寺的废弃，也有类似故事。这些故事情节虽然不尽相同，主题和主旨却大约一致，理应引起治民间文学、乡土文化者注意。

最后，需要补充说明的是，在长清西南角，道教确实后来居上。在道教兴起之前，这一带佛教相当盛行，故佛教文化底蕴也是相当深厚的。

北黄崖村的村北路旁，有一座至今保存尚好的石佛堂，它创建于唐开元二十五年（737），平面呈长方形，坐东朝西，石砌筑单开间，石板单檐悬山顶，四周用厚 12 厘米的石板立壁。室内东西北壁凿刻排列整齐的尖拱龛，龛内浮雕佛像，多数一佛，少数一佛二菩萨，或一佛二侍者，共计 89 尊。佛像均肉髻，披袈裟，结跏趺坐于须弥式莲台上，作禅定印。菩萨、侍者皆跣足立于莲台上。室门外两侧各浮雕天王像一尊。室内北部有“大唐开元廿五年石佛堂，青州临清县刘文槐妻任月颜曰后立”，“开元廿九年二月四日敬一佛二菩萨”，“开元廿九年五月四日韩落蓛敬立阿弥陀佛一躯，合家供养”题记。1914 年，北黄崖村村民徐登云、徐登林等修建保护室，以其覆盖石佛堂。现该佛堂庙已被列为济南市重点文物保护单位。

图 5－27　神石佛堂庙保护标识碑

偏僻山峪竟有唐代精美的佛教建筑和佛雕，说明当地在道教兴起之前，的确有过一段佛教兴盛的历史。

图 5－28　石佛堂护法力士浮雕

附录

大峰山石鱼石鼓记（方印）

陈子钦若读书大峰山，归则以山之佳胜为予告，且言所谓石鱼石鼓者。予闻之而骇，以为此山石也，何以振振然有鱼鼓声。

辛巳春，因策蹇往观焉。偕陈子山行而东，花木泉石，散步曲径，不暇玩也。疾走登陵上，少憩，陈子曰："里许可到其处。"行不盈百步，俯瞰深谷中，树杪参差，鸡犬之声彻耳。予曰："至矣乎?"陈子曰："然犹未也。"迤逦而北，忽失所见。又北，则为待月泉。东行，云峰庵之遗迹在焉。转而南，见芙蓉满山陂，悦目赏心，且行且止，盖忘其为崎岖径也。未几，再转而西，豁然开朗，峭壁起眼前，左右环列如屏，葱茏之柏，不基尺土，斜挂岩阿，真仙境也。门东出一道人，揖予而进，中有两洞，北列一穴，入视其地，仅回马。双峰连卷，照壁嵌空，不泉而流，粼粼于层峦之上，其一小山河乎。穿隙而过，嵚嵜玲珑，所得皆未曾有。

南则鱼鼓洞，高踞悬崖，去地可数十尺，石鱼石鼓在焉。度不能登，俾居者先试之。其人攀杙而上，按次以击，鼓之为声也逢逢，鱼之为声也铮铮，鼓不异而鱼若参以金声者。次日，又拉羽士王印月及其两徒往，一人司鼓，一人职鱼，予与陈子等在下听之。有顷，两音交宣，高下抑扬，谐律而和声，比初闻时则又钧天广乐矣。予情不自禁，解衣而上，及其半，力倦，喟然曰："恨三十年前不传亦不闻也。"

他日，特置一阶，乃得入洞。其高广如岑楼，穹隆其瘠，槎枒其壁，波委云属，如突如滴。洋洋乎，公输之所不能雕；郁郁乎，摩诘之所不能画。因求所谓石鱼石鼓者，见西壁之巅，凌空横出一石，形若榱题，非鱼也。登而击之，响满洞谷，即向之铮铮者，而其韵更宏以肆矣。时又仰顾层阿，无革鼓状。既而，击鱼者蹲伏，适有声振厉涤荡，自群磊中出。问之，则石鱼下星列四坎，广可容身，深可齐股。入其内而扣以足，夫是以逢逢其声，石鼓之云盖以此也。

异哉！凌空者非鱼而鱼其响，星列者非鼓而鼓其音。革与木殊才，故穷其制而为鱼与鼓，亦殊声。今均一岩石，而其声两肖之。且视鱼与鼓，又加过焉。造物之钟灵不测，固若斯哉！

吾肥八景，著于山者三：陶洞之景以清幽，牛山之景以叠翠，孝堂之景以夕照——是數者皆详载邑乘，脍炙人口，而大峰山之石鱼石鼓独泯泯无闻，以迄于今，岂山灵亦有幸有不幸欤？且夫孝堂夕照，与世之所传亦异。当夏秋晴明时，夕阳之侧，间有瑞云凝空，其上岩崖林木、祠宇人物皆具，盖孝堂一而幻为二，犹东渤之海市也。今之人类以山日相映、岚光耸翠当之，噫！误矣。夫石鱼石鼓既不传，而孝堂夕照传之，失其真，则虽传亦不传。非陈子读书大峰，则鱼鼓予固无因而识之，而孝堂一景亦终听其若见若隐也。山灵之著，岂偶然哉！

（光绪《肥城县志》卷二）

六、山寨相望，壁垒森严

长清的西南角，地处泰山山地与华北平原的接合部上，扼守着水陆交通大动脉的古济水（今黄河）和济右走廊；在地缘政治上，又处在长清、肥城、平阴三县之间；济右走廊土地肥沃，灌溉方便，物阜民丰，村镇相望。这一切决定了在过去的动乱岁月，长清西南角往往难免兵燹之祸，因此之故，这一带兴建了许多古山寨，真可谓是山寨相望，壁垒森严。

图6-1　大峰山东障寨南寨门

山寨当然都建在山上，居高临下，凭险据守。这些山寨，从性质上说，大致可以分为两类：一类是土匪占山为王，或者农民起义军以山头为根据地，筑寨抵御官军；一类是在地方政府和官军不能保障人民生命和财产安全的背景下，老百姓为避乱保命所筑。就长清西南角来说，这两类山寨都有。也有同一座山寨在某一时段为土匪巢穴，在另一时段则成为老百姓避难栖身之所，但是总体来说，早期山寨似乎以起义者或土匪占山为王者居多。比如牛山寨，据古代方志记载，它的创建者便是唐朝末年败退山东的黄巢农民起义军；再如马山寨，据20世纪60年代长清县城东北王宿铺杜氏祖茔出土的杜忱（元初著名文学家杜仁杰的父亲）墓志铭（现藏长清博物馆）记述，金末天下大乱，有山大王以马山寨为根据地，四下里打家劫舍；还有一处石小子寨，故老相传，乃明代或明代以前绿林好汉落草为寇之地。

到了近代，具体说在晚清咸丰同治年间，长清西南角的民众为躲避捻军，这些山寨一般都得到过维修或扩建，当然也有一些山寨是为御捻而新建的。

总之，本地区现存山寨大都与躲避捻军有关。

（一）清廷御捻之策和御捻山寨的兴建

捻军是太平天国运动中从皖北地区兴起的农民起义武装，他们采取流动的作战方针，“专以分合飘忽制胜，倏而分数十股，使官军彼此不能分顾；倏而合数万众，使官军仓猝不及支持；倏而遁窜数百里外，使官军跟寻无踪；倏而盘旋百十里中，使官军怀疑莫测”。针对捻军飘忽无常、避实击虚以及缺少火器、攻坚能力比较薄弱等特点，清政府采取的战略战术概括言之，不外乎堵、追二字。僧格林沁以追为主，也主张“筑长围以插捻马步”；曾国藩“变尾追之局为拦头之师”，其攻捻方略是“以静制动”；李鸿章则明确指出“制流贼之法，必先能堵后能剿也”，从而采取“扼地兜剿”的方针。

山东省堵截捻军深入山东腹地，要充分利用两道天然屏障，第一道屏障是纵贯南北的京杭大运河及运河大堤，它可以阻止捻军从豫皖一带经鲁西南进入山东内地；第二道屏障就是横亘齐鲁大地的长城岭，长城岭西起黄河东至黄海，长达千余里，原本就是山东中部的一道天然屏障，更何况岭上又有古齐长城可资凭借。

长清西南角位于大运河的东方、齐长城的西端。捻军只要突破了运河防线，兵锋就可以直抵长清西南角；如果再跨越济右走廊上的长城防线，那么就兵临省会济南城下了。因此，清政府十分重视长清西南角的防守。

御捻战争必须取得民间的有力支持和配合，在这一方面当务之急主要有两点：一是充分动员和利用基层社会力量，大办团练乡勇，作为政府正规武装的补充；一是实行坚壁清野之法，建筑圩寨，将民众和财产转移到圩寨中保存起来，使捻军野无所掠。

这正是长清西南角御捻山寨大规模兴建的背景，不过需要指出的是，长清西南角御捻山寨的大规模兴建，不在捻军初次过境之前，而是在捻军初次过境之后。

我们且将时间上溯到咸丰三年（1853），太平军北伐，捻军大举起义，清廷下令各省在籍绅士“自固里闾为敌忾同仇之计，所有劝谕捐资浚濠助寨各事，总宜各就地方情形妥为布置”[①]，长清知县积极响应，“办团共计阖境四十四里八百四十四庄村，分为十六团，各制枪炮旗帜，逐日操演，讲求战守之法，分往各要隘，防堵贼匪”[②]。

---

① 中国第一历史档案馆编：《清政府镇压太平天国档案史料》，社科文献出版社 1992 年版，第 180 页。

② 民国《长清县志》卷九《祠祀志上》附录《咸同年间历任知县督率团勇防匪事略》。

咸丰十年（1860）秋，淮北捻军七八万人兵分三路，深入山东的泰沂山系以南地区，“兖、沂、曹、济、泰各属二十六州县纷纷告警”，清廷大震，当年十一月二十二日发布上谕，命令“著就现有兵力，会合东省兵勇，将北路各要隘，严密布置，毋任匪踪阑入”[①]。当时，肥城廪生尹鸿扩（字恢亭）和曾任临朐训导的阴丰灏，奉团练大臣、户部大臣杜翻之命，负责总办肥城县团练。

咸丰十一年（1861）二月，赵浩然率捻军黑白旗各部，由东平戴庙渡过运河，直趋汶上、宁阳、泰安。与此同时，雷彦花旗捻军由江苏丰县经鲁西南，进入肥城、长清，兵锋直抵济南西郊的段店，然后回军围攻长清县城，南下泰安、汶上，转掠鲁南各州县。九月，张敏行捻军从东平分批渡过运河，进攻汶上、平阴、肥城、宁阳、泰安、莱芜。雷彦捻军也由苏北经郯城、峄县、滕县、邹县、曲阜、泗水、蒙阴，一路打到莱芜，与张敏行会师，十万大军向西绕道泰安、长清，然后经过济南郊外，向东直抵胶东半岛。

本年捻军数次经过肥城和长清，给两县带来重大的人员伤亡和财产损失。二月演马庄一战，肥城团练武装损失惨重，县民团总司令尹鸿扩战死，各乡民团团长阵亡者有十多人，百姓死难者更是不可胜计，甚至有全家灭门者，如义阳社团长、生员李履祉家人及雇工四十六人就全部罹难。[②]

至于长清，本年二月，山东巡抚清盛截留本要调赴武定等地的一千名官兵，改赴长清与肥城交界的五道岭进行防御[③]。长清县也组织各乡民团到肥城的四槐树等山口以及长清南部边境的长城和下巴等处分道截击。可是由于双方兵力相差悬殊，长清并没有能够御捻于县境之外，一年之间，

① 《清文宗实录》卷三三六。

② 光绪《肥城县志》卷九《人物上》。

③ 《清文宗实录》卷三四三。

两遭兵燹，团练战死者多达1200余人[①]，平民百姓被杀被掠者成千上万。史载，由于捻军初次过境，人们缺乏对付捻军的经验，为了保全身家性命，他们往往从水井的水面以上，向井壁横向开凿出洞穴，男女老幼潜入其中，衣服器物也匿藏其中。捻军侦知此事，所经之处，只要见到水井，就往井里投火薰烧，结果造成大量百姓死亡，死亡者往往以家庭、家族为单位，几十口甚至百余口无一活者。[②]

总之，咸丰十一年（1861）捻军初次过境，祸害惨重，教训惨痛。为了御捻避乱，在此之前，肥城、长清两县可能已经开始兴建山寨，但是大规模兴建山寨，则是在咸丰十一年之后。因为不论官方，还是民间，只有经过了捻军初次过境的惨痛，痛定思痛，才会高度重视筑寨自保，于是不惜动用大量人力物力兴筑圩寨。

（二）御捻山寨名录

在没有山险可依的平原地区，古人往往环绕村庄兴筑一圈土圩，土圩的外边一般要利用天然的河渠或者新开沟渠，引水为堑沟。在长清西南角，似乎只有孝里曾有自己的土圩。

孝里，又名水里铺，据孝里二村80多岁的老书记徐延亮先生回忆，孝里土圩可能没有北圩和西圩，因为北面的清水沟和西面的孝里洼（沼泽湿地，古湄湖的残余）实属天然屏障，不需要筑墙。南圩究竟怎样，他记不清了。东圩，他记忆中是高约2米的土墙。村中东西南北几条主要街巷的街头巷尾都置有闾门，按时启闭，如此一来，即便入侵者攻破土圩，要进

① 民国《长清县志》卷九《祠祀志上》及知县丁兆基撰《新建褒忠祠记》。

② 民国《长清县志》卷九《祠祀志上》附录《咸同年间历任知县督率团勇防匪事略》。

入每条街巷内部也非易事。东南西北四条大街交汇处，也就是十字街头，有一个叫作“抱厦”的建筑，是村中最重要的公共活动场地，由于杜、马、陈三个大姓最有话语权，故而至今当地仍流传这样的顺口溜：“不姓杜马陈，不能在抱厦充人。”或者“不姓杜马陈，不在抱厦底下拉呱”。大姓富贵人家，他们的宅邸一般坐落在有闾门的街道上。

孝里土圩是长清西南角已知的唯一土圩。土圩少见，是因为在平地上兴建土圩，工程量巨大，且又占用肥沃农田、宅基地以及有主坟冢，容易引发争议，形成阻力。更重要的是，土圩在易守难攻方面远不如山寨。所以，只要距离山险不是很远，人们宁愿多走几里十几里路，也会借助山险建筑山寨来避难的。这就是长清西南角山寨远比圩寨为多的原因了。

光绪《肥城县志》卷三《建置》有“堡寨”一目：

> 咸丰同治间，发捻各匪窜扰山东，钦派团练大臣督率各州县，晓谕乡民行坚壁清野法，因而在在有圩寨。同治六年寇平，山东肃清，圩寨亦多废堕矣，而当日之恃以无恐者，其旧迹犹可指数也。寨不胜录，录其著者。

县志载录的著名山寨共计九座，即牛山寨、陶山寨、幽栖寺寨、小泰山寨、凤山寨、黄崖山寨、石屋山寨、团山寨、寨山寨。其中前六座山寨都在肥城西北方向，即大峰山地区或者附近。县志作者还简要概括了这些山寨的一般情况和建筑特点：

牛山寨，即木阁寨，山足泉水不缺，故避乱者众焉。

陶山寨，以石为壁，据山之险，然苦无水，必预取水于山下。

幽栖寺寨（陶山西南麓），东西北三面借山为屏蔽，南面筑以石垒，有警则入守之。

图 6－2 陶山寨寨门（刘任力提供）

小泰山寨，以石筑东西墙，南北二面，因山之峭壁悬崖以为凭借。

凤山寨，在大峰山西北、南北凤凰村东的凤凰山上，山顶有石台，广二三亩许，土人于台之四周筑以石墙。

除此而外，在长清西南角，时属肥城乡村所兴建或修建的山寨，还有大峰山上的东障寨、岚峪寨，马岭村的马岭寨（位于马岭口北面的大山顶，大峰山东南方向），方峪村的鹁鸽寨等。

以上山寨都位于所谓的肥城“山后”地区，据光绪《肥城县志》卷十《杂志・余闻》，咸丰同治年间，“山后”地区办团练、修山寨的各乡民团团长中，以柳湄、唐铄二人最有名，可惜二人的具体籍贯和事迹，志书没有交代。

长清西南角时属长清县的乡村，其所新建或修建的山寨比较著名者，有大桥村在梯子山上修建的大桥寨，有石小子寨，有杜庄山寨，有马山山寨等。至于黄崖山寨，则介乎两县之间。

图 6－3　仰望鹁鸽寨

图 6－4　石小子寨建在峭壁上的寨墙

图 6－5　石小子寨部分寨区（傅光中摄于 2016 年 4 月）

长清西南角的这些山寨，如上所述，即便原本就已存在，其大规模修建也在咸丰十一年（1861）捻军首次过境之后。捻军最终失败，警报彻底解除，时在同治八年（1869）。从咸丰十一年到同治八年，在这将近十年的时间里，肥城、长清两县既要防范沿济右走廊北上的捻军，还要防范黄河以西的捻军以及宋景诗等各路农民起义军渡河东进。所以长清西南角山寨的修建和巩固，大约持续了将近十年的时间。

（三）大峰山东障寨

大峰山上的山寨，系清咸丰同治年间孝里东障一带村民为躲避捻军所筑，故名“东障寨”。山寨北侧下临天麻峪，故而此寨又名麻峪寨。山寨的东侧，古时有云峰庵，故而此寨又名云峰寨。

图 6－6　大峰山东障寨寨墙内侧

东障又写作东张，它是包括大街、四街、后楚、张营、金村六个自然村在内的一片区域，春秋战国时代齐国的战略重镇平阴邑就坐落于此。东障六村没有土圩建筑，捻军来袭，只能到附近山上建寨躲避。由于大峰山有东张的山林，山下又有张营、金村的田地，所以就择址大峰山来建设山寨。

当然，近二三十年以来，不少人将大峰山东障山寨叫作齐长城屯兵寨，将寨墙视作齐长城的城墙。这显然是错误的。因为只要沿着岚峪北山—压泉峪—阳干山齐长城遗址走一趟，你就会发现大峰山顶上的山寨建筑与齐长城，二者之间没有丝毫关系；从建筑工艺上考察，先秦时期也没有大峰山东障寨这样的建筑。

图 6－7　东障寨石屋攒尖顶

1999 年春，大峰山旅游景区开始规划和建设，当时我们就提醒有关方面，大峰山上的寨子是东障村民的御捻建筑，与齐长城毫无关系；虽为近代建筑，仍然具有重要的文物考古价值和旅游开发价值。

2000 年夏，齐长城文化全国学术研讨会在长清宾馆召开，中国社科院考古所叶小燕教授在大会发言时直言不讳地指出，自己在会议开幕前一天，应邀考察了大峰山，山上的寨子绝对不是什么齐长城屯兵寨，先秦时代不可能有这样的建筑。

2004年冬，山东省委宣传部、省旅游局等五部门组织全国三十家新闻媒体考察齐长城，行前某日，我在《工人日报》驻山东记者站见到了大峰山景区负责人赵雪凝经理，我们谈了对大峰山山寨的基本看法，并征求他的意见。赵雪凝沉思良久，说自己对于所谓“齐长城屯兵寨”的说法也是持怀疑态度的，为此他不再坚持邀请考察队登顶考察并宣传所谓的“齐长城屯兵寨”了。

图6-8　东障寨连排的石屋

有关大峰山东障寨的文献记载很少。同治三年（1864），张积中在大峰山东侧的黄崖山讲学，曾作诗《叠石涧现瀑》，有诗句云：“道峰石垒寻难穷。”[1] 按，道峰，大概是指道教名山的大峰山；石垒，可能就是指山上的石寨了。大峰山东障寨规模庞大，寨墙绵长，寨屋众多，因此才有“寻难穷”之感叹。

图 6-9　东障寨寨墙内侧（傅光中摄于 2016 年 2 月）

（四）黄崖山寨

黄崖山，位于大峰山的东偏北方向，因为此山的山半腰是高约数丈的黄色陡崖，故名黄崖山。又由于此山的形状颇似一只巨蝎，所以又名蝎子山。在黄崖山的西麓，有南、中、北三个黄崖村。黄崖山及三黄崖村深处

① 《白石山房诗抄》卷三。

群山之中，具体说，南有大峰山，北有梯子山，东有石小子山，西有羊栏（阳干）山，西北方向则有蟠龙山、凤凰山东西遥相对峙。蟠龙、凤凰两山之间是深阔数丈的卧虎沟。过了卧虎沟，向西北行走十里的路程，就是当地南北交通孔道的孝里铺。

图 6－10　黄崖峭壁

有清一代，黄崖山及三黄崖村位于济南府长清县与泰安府肥城县的交界处。北黄崖村地属长清县，而中、南两黄崖村则隶属于肥城县。从肥城县治到黄崖村，层峦叠嶂横亘其间，路途迂远。

群山围合，环境幽僻，距离交通干线却又不是很远；位于两县交界之处，属于典型的“两不管”之地，这样的地理环境和地缘政治决定了黄崖较少地方官吏的干扰，也决定了黄崖很早以前就被官僚士绅视为隐退躬耕或讲学修道的理想之地，顺治年间冀北人、刑部郎中刘允灿致仕后就卜居并老死于此①。

黄崖山巅原本有村民为避乱构筑的石寨，不过规模很小。咸丰六年（1856），太谷学派传人、江苏仪征张积中应中黄崖村秀才刘曜东之邀，举家迁来黄崖讲学。虽然后来张积中曾一度迁居青州和博山，然而在咸丰十一年（1861）又返回了黄崖，从此再也没有离开黄崖。这期间，他对黄崖山巅旧有的山寨进行大规模的扩建，经过多年的惨淡经营，终于把黄崖山寨建成“屋宇鳞次”的“俨然名镇”。

图 6－11　中黄崖村通往黄崖山寨的街道

黄崖山寨的大门在山顶的北侧，北向，门前有石砌的瓮城，城墙上有炮眼与望孔。自大门向南行约半里许，为二寨门，全石拱券式，左右有哨楼，上设炮台。过了二寨门，才算正式进入寨区。寨区由中峰寨区、东峰寨区、西峰寨区组成，总面积约有 6 万平方米，有石室 1200 余间。山寨的

① 光绪《肥城乡土志》卷五。

主体建筑祭祀堂位于中峰南侧，座北向南，为瓦木结构，倒凹字形锁皮式厦厅，东西长21.6米，南北长13.6米。两侧有庑10余间，以回廊相连。祭祀堂南又有咏归台，下临陡崖绝壁。

图6－12　黄崖山寨石墙

寨中还有太玄池、太玄坛、前院、后院、上斋室、下斋室、内膳房、外膳房、俎笾房、铜玉库、上更衣所、下更衣所、云阶、圆桥、水火房、一勺亭等建筑，如今俱已坍塌，仅剩残垣断壁的遗址。

《山东军兴纪略》卷二一记载，张积中除在山上建设大寨外，还在山麓建了三座小寨。所谓三座小寨，其实就是三黄崖村。张积中及其信徒平日多居于山下小寨，非常时刻才上山入住大寨。

如果我们将视野放大一些，就会发现群山环抱的黄崖山寨以及三黄崖

图 6－13　哑泉峪

村，其实又是一个规模更大的山寨，三黄崖村的田畴原野也在寨中。这个大山寨通往外界的几条道路都要经过形势险要的山口关隘，如石岗、黑风口、哑泉峪等，这些地方都是当年山寨重点设防之地，一般设置了栅栏或石卡，迄今哑泉峪南北两侧的悬崖峭壁上依然保留着当年安装木栅栏的硕大凿孔。《山东军兴纪略》还说，当初张积中“自筑大寨山颠，引河水环山麓”。似乎张积中曾利用横亘在黄崖河谷地中的齐长城堑沟，引黄崖河水进入堑沟，作为山寨防御的一道屏障。

同治五年（1866），黄崖山案爆发，黄崖山寨被官府平毁。

（五）梯子山山寨

梯子山位于黄崖山的东北方向，海拔 374 米，因虎牙嵘立，登山如攀梯，故名梯子山。梯子山上有齐长城遗址，山寨建筑在山颠。寨门朝西，寨墙环绕山颠，下临悬崖峭壁。寨内径长 200 米许，寨墙厚约 2 米，高约 5 米。居高临下，易守难攻。500 间石屋均随形就势而建，层次分明。除个别石屋外，房屋面积都较小，只有 10 平方米左右，高度大都在 1.8 米左右，门洞过梁石距地面仅有 1 米左右。

图 6－14　梯子山寨坍塌的石屋（胡德定摄）

图 6－15　梯子山寨仰望（胡德定摄）

在山寨南侧有两排一间挨着一间的石屋，石屋里留有烟熏火燎的痕迹。这些房间可能经常用火，应该是厨房。在山寨中部发现了两间更为高大宽敞的房间，房前为一片空场，或为练兵之处。

因为齐长城从山寨上经过，此寨的兴建是否与齐长城有关，尚待考证，不过就山寨现有建筑来看，显然不是先秦之物。

2014 年 10 月 19 日，我们采访北黄崖村老书记阮长东先生（时年 74 岁），他告诉我们说："梯子山上的寨子叫二寨，是相对于黄崖山大寨而言的。这个二寨，听说是北黄崖村人在闹长毛时修建的。""闹长毛"，指的正是捻军起义。看来，梯子山寨也建于御捻战争期间。至于是否为北黄崖村修建，却很值得怀疑。因为黄崖山寨为三黄崖村共同修建，北黄崖村按理说不会独自建寨。由是想起 1988 年 5 月南黄崖村徐君生先生接受我们的采访，他很肯定地指出，梯子山石寨是山北大桥村所建。从大桥村到北黄崖村，有条山路相通，这条山路翻过黑风口，经过北马峪，全长约有八里，如今整修成生产路，可通行拖拉机、农用车。我们认为大桥村修建梯子山山寨的可能性更大。

阮长东先生还告诉我们，当年人们上梯子山二寨避乱，他们要到梯子山东北的井峪取水。

（六）杜庄山寨

杜庄西山，在当地民间叫作狗头山，海拔 337 米。山上有占地 1.5 万平方米的大型石寨，寨墙、寨门、垛口、石屋等，至今保存依然完好。建寨所需石料均取材山上。

山寨建在南北两侧都是悬崖峭壁的东西走向的山脊梁骨上，寨墙的南北两端一直修到悬崖边上，整个山寨与悬崖浑成一体，雄伟壮观，气势磅礴。

图6-16 杜庄山寨文保标志碑

按照防守的需要，山寨自东向西依次建有三道寨墙：

第一道寨墙南北长约15米，高约3米，寨墙厚度1.2米，寨墙南部有供人出入的石门，寨墙内有石屋数间。这道寨墙正好横亘在山脊最窄、最险峻的地方，两侧是悬崖峭壁。

第二道寨墙南北长约20米，高约4米，厚0.6米，寨墙中部有供人出入的石门，寨墙内有石屋约20间。进入第二道寨墙，即进入山寨的腹地，这里有约1500平方米的宽阔场地。

第三道寨墙最气派，因西侧是较平缓的山顶，是重点防守部位，寨墙修建得高大、坚固。寨墙南北长110余米，高约6米，厚约1.5米。寨墙顶部有垛墙，垛墙高约1米，厚约0.6米，垛墙上还修有垛口、瞭望孔。寨墙与垛墙之间附设站台，站台高约1.5米，以方便卫兵登寨墙往来观察敌情。寨墙东侧有依墙而建的石屋，石屋相互毗连，保存较完好，大约有五六十间。寨墙上有一石门供人出入。

杜庄山寨是齐长城沿线规模最宏伟、设计最奇特、防御最严密、保存最完好的一处古城堡。关于这处城堡的性质和用途，有学者认为是古代齐国的屯兵寨，而《长清区各级文物保护单位一览表》则确定其为明清建筑。我们的意见是，即便这里原本有齐国屯兵寨，现存山寨也绝不是先秦的建筑，理由如下：

第一，从山寨布局来看，山寨主门在东，主体寨墙在西，显然主要是用来防御来自西面的敌人，也就是来自长城内侧的敌人。如此，与其说此寨是用来防备长城外侧的鲁国等外国，倒不如说是用来防备长城内侧的齐国。如果是齐国屯兵寨，防御的方向应为长城外，而不应在长城内。

图 6－17　杜庄山寨西墙外侧

第二，倘若是屯兵寨，那么为何将山寨西墙以西方圆数里的平坦高地弃之不顾?

第三，山寨所处的地理位置并不重要，为什么竟留下如此大规模的屯兵寨，何况屯兵于这样一座无水可汲的石山上，也是有违兵法的一般原则的。

第四，垒砌山寨的石头，看来大多不是天然石块，而是人工凿取的，寨区及附近，仍然残存大片采石场。以先秦的技术条件，很难设想能建造如此规模的石寨。另外，若是先秦建筑，时过两千多年，砌寨的石块就应同石砌长城上暴露在外的石块一样风化严重，而不应仍然棱角分明，加工痕迹明显。

总之，杜庄山寨不是先秦建筑是可以肯定的，甚至还可以推定它是御捻战争期间修建的，因为杜庄村中至今仍有个别老人（如李继文先生）知道山寨是由附近那几个村庄村民修筑的。

我国已故古建筑大家罗哲文先生曾于2000年6月8日实地考察了这座山寨，他说："齐长城一直是我非常关注的，这个城堡的准确时代还需要进一步研究，但不管它是什么时代，都非常有价值。这个工程非常了不起，工艺非常精，城墙规整如刀削，垛口也都非常整齐，山形、地势利用的非常好。对旅游开发来说，也是一个难得的好地方。"①

图6-18 杜庄山寨全貌

（七）牛山寨

牛山寨，又名木阁寨、穆柯寨，位于长清双泉与肥城搭界的牛山（主

① 李良森：《长清县风景名胜》，中国戏剧出版社2001年版，第149页。

峰海拔524米）之上，寨区占地300多亩，寨墙高2米至3米不等，总长3600多米，环绕三个山头。三座拱形寨门开在南寨墙和西寨墙上，以南寨门保存最好。寨中石碾、石臼及插旗杆的石窝，也都保留至今。由双泉镇去牛山寨，要取道刀山峪，有山路可以直达山寨。

此寨的最初兴建，可能与唐末黄巢起义军有关。光绪《肥城县志》卷一《方域》："俗传为黄巢负嵎所，然不可考。"在民间传说中，此寨又与杨家将故事里的穆桂英有些关系。

传说北宋的时候，牛山脚下的穆庄有个叫作穆羽的人，在朝中做官。奸臣王钦的侄子欲纳穆羽之女穆桂英为妾，穆家不从，为此屡遭王钦迫害，最后被逼无奈上了牛山，建寨自保。如今牛山寨上有方形的石台，传为穆桂英点将台；山里有条小河，名叫擒将河，相传为穆桂英生擒杨宗保处；山侧有条赤炼沟，相传是当年焦赞、孟良为救宗保而放火烧山处。

有关戏曲小说中穆桂英、穆柯寨的由来，泰山学者周郢先生曾著文《杨家将故事与泰山》①，予以详细考察，主要观点如下：

戏曲小说中的穆桂英与穆柯寨，分明是在山东。穆桂英与穆柯寨故事初见于万历刊《杨家将演义》："却说木阁寨中，号定天王，名木羽，有一女名木金花，又名木桂英……"后来木桂英演变为穆桂英，木阁寨演变为穆柯寨。关于此穆柯寨的所在，罗奋

图6－19　穆柯寨西寨门

① 参见张华松主编《济南文化论丛》第二辑，济南出版社2014年版。

删定本《杨家将演义》明确称其在“山东”。“山东穆柯寨”之说遂为后世小说戏曲所承袭。如豫剧《穆桂英挂帅》中：“穆桂英我家住在山东，穆柯大寨上有俺的门庭……”便是脍炙人口的唱段。

穆桂英其人不是历史人物，而是文学形象；其形象不是来自官书史册，而是源自民间传闻。具体来说，这一文学形象的产生，直接源于诸多宋元时期的山东（泰山）山寨女杰——是时女杰之魁首推杨四娘子（杨妙真），《宋史》卷四七六《李全传》载：“（红袄军杨）安儿妹四娘子狡狎善骑射，刘全收溃众，奉而统之，称曰姑姑。”与其同时，又有一“刘小姐”，《大金国志》卷二五：“贞祐四年（1216），是时两河既为战争所扰，山东群盗大起……有刘二祖者（按二祖为泰安州人），亦名盗也。其女刘小姐，亦聚众数万。”

这些山寨女英雄的传奇故事，成为山东民间竞相传唱的素材。如明人王象春《齐音》即有诗咏妙真寨故事云：“巨合河边问李全，妙真营寨尚依然。三分轻重归谁是？枪号梨花二十年。”经过百余年的不断铺张、渲染、增饰、丰富，山寨女杰的故事愈传愈广，越演越繁，形象也不断更新，最后以“木（穆）桂英”之名定型于民间记忆之中。在其身上，明显有着杨妙真、刘小姐等历史人物的影子（如军阵招亲为杨妙真事、父女相承为刘小姐事），兹举一显著例证：孔另境先生《中国小说史料》、常征先生《杨家将史事考》在论述杨家将枪法时，都曾列举梨花枪，按这一枪名实出杨四娘子所传，《宋史·李全传》述杨四娘子语曰：“二十年梨花枪，天下无敌手。”可见杨家将故事确曾纳入山寨女将的素材。

至于“穆柯寨”的原型，则可能来自泰山以西的牛山大寨。清代学者唐仲冕《游牛山小记》称其寨名为“木头塔”，光绪《肥城县志》则称其为“木阁砦”。而最早传述穆桂英故事的《杨家将演义》与《北宋志传》，也都将其寨称为“木阁寨”。与牛山大寨之名一字不差。因此，演义戏文中的穆桂英山寨，很可能是得名于牛山木阁寨。因寨阁名木，故早期穆桂英故事也是以“木”为姓氏。此虽为推测，但今牛山寨上点将台、擒将河、赤炼沟等众多的穆桂英遗迹及周边广为流传的杨家将故事，则可为这一推测提供口碑佐证。

图 6－20　穆柯寨水井

图 6－21　牛山木阁寨即穆柯寨寨墙

（八）山寨的经营与管理

光绪《肥城县志》卷三《建置·寨堡》附录的《西南乡团练议》，是一篇重要的团练文献，它是有关肥城县西南乡（平原地区）的，但是考虑到它出现比较早，且由官方批准施行，那么它对于肥城“山后”的大峰山一带，也具有同样重要的价值和意义。兹将全文抄录如下：

防寇之势，既筑堡寨矣，而守之者则人也。当日县官集绅士酌议，令合邑团练以期众志成城，有备无患。而惟邑之西南境，地近发捻，尤为急切。以故诸庄齐心相率从事，各有条约：一分团，二设正副团长，三查牌甲，四抽丁，五集费，六制器械，七练技，八筹口粮，九申纪律，十防流弊。

盖分团，先城厢，次市镇，次冲途，次大村，次小村。或一村自为一团，或数村合为一团，均从民便。

分团既定，然后设正副团长，必素行公正，夙服众望，公举之，以办一团之事。

团长既设正副，须查本团住户丁口产业，每十甲为一牌，将本户二十岁以上、五十岁以下者，或亲属，或雇工，悉登于册，其册一存团长处，一送官查核。至老幼妇女，不必登载。

牌甲既已查明，即可按户摊丁，大户不过三丁，小户一丁，十户为一轮，每轮每次各派一丁，以备操演、支更等事。周而复始，仍造册存团长处备查。倘有外匪突至，各丁均出抵御，不复计轮。

抽丁既有成数，便须按亩摊钱，除五亩以下免派外，五亩以上出钱若干，由团长正副及阖团公议，敷用而止，务须均平。其钱存团长处以充公费，仍将收支细数登簿备核。

团费既集，便须备制器械，如团丁五十名，应制鸟枪十杆，长枪二十五杆以护鸟枪，短刀十五把以护长枪，交相为资；更制大旗一杆，书明某村团练，小旗数面，书明某村团练；队鼓一面，锣一面，以备操演时闻鼓则进，闻锣则止。

器械既齐，须由本团延请教师操练技艺，一月之后，或按三八，或按二七，便齐集操演，并演习队伍，听候官临阅视。

练技既有定则，仍需筹及口粮，遇合操或官阅之日，酌给饭食，若遇寇则倍加给粮，其数由本团公议。

团练既有成规，纪律不严无以御众：团丁临操不到者罚；饮酒滋事者罚；聚赌者罚；斗殴伤轻者罚，伤重者送官；容留来历不明之人者送官；任性抗违不遵约束者送官。

由是法立弊生，不可不预为之防也。团长不许出入衙门，不许包揽词讼，不许恃众抗粮，不许恃众抗官，不许聚党寻衅、复仇争斗，不许恃大村欺压小村，不许恃大族欺压寒族，不许恃强力凌软弱。

以上条约便于遵守，其有未尽合者，仍由团长参酌，相时变通。如此，则众志成城，有备无患矣。

筑寨圩、办团联，是咸丰同治年间民间御捻的两大策略，二者之间密不可分，寨圩是御捻的依托，是为避乱而构成的临时性的聚落单位；团练是寨圩的守护者，是在官府指导下民间自发组成的准军事单位。民团的设置，或一村自为一团，或合数村为一团。圩寨的设置也大致如此。山寨的组织者和领导者，即所谓的寨主，一般来自大姓巨族，由乡绅担任。寨主的行动贯穿于修寨的全过程，包括选定寨址、筹集资金、募集人力、督促工程直到布置防守。圩寨的种种事务也大多由他们负责，有时专门设置公局负责办理。团练的团长一般也由寨主兼任，或者由寨主委任。团练的规模由组成团练的聚落的规模决定。同样，山寨规模大小，也取决于修寨者的经济情况和防守需要。

团练有严明的组织纪律，不仅有针对一般团员的律条，也有针对团长的款项。当然，山寨一般也有各自的寨规，用来约束寨民。如防范山火、进出寨门、饮用水源、牧放牲畜等事项，都有具体的寨规，所有寨民必须遵守。

山寨一般都设有负责山寨日常事务管理的公局，同时也有可能设有负责武备和训练的专职机构。由于文献不足征，除了黄崖寨，我们对于长清西南角的其他山寨的具体情况知之甚少。

黄崖山寨最初由三黄崖村修建，规模很小。然而由于有咸丰同治年间江苏仪征人张积中来此定居讲学，大规模扩建增修，黄崖山寨很快发展壮大，“俨然名镇”。以张积中为核心的知识分子是黄崖山寨的领导主体，外来的官绅及其眷属，还有张积中收留的来自四面八方的弟子，是山寨的重要组成人员。黄崖山寨外来人多，寨民构成复杂，这与寨民俱为清一色本地村民的一般山寨大不相同。虽然如此，黄崖山寨的内部管理、组织运作以及武备训练，对于我们认识一般山寨仍然有重要的参考价值。

黄崖山寨的寨主无疑就是张积中了。张积中在山下和山上各设置了一处公局，负责管理山寨日常事务；黄崖山寨职司习武操练及警备之事的机构是武备房。

张积中用军队编制组织他的寨民，教之以“军旅、技击”，“阴以兵法部署之，而众皆乐从”。[①] 由于张积中曾有在南方与雷以诚（字鹤皋）、钱江（字东平）办理团练的经历，所以黄崖山寨似乎比一般山寨更精于军旅之事。

三黄崖村原本就有自己的民团武装，由北黄崖村董连成出任团长。据说董氏武艺高强，他把守山寨大门，抗击清军的故事，至今仍在民间流传。

---

① 《虞初近志·张积中传》。

黄崖山寨规模太大，而三黄崖村团练人少势弱，护寨护村，不敷所用，因此，为了加强山寨的守备力量，张积中招徕了不少江湖豪侠甚至“盐枭”“盗贼”等作奸犯科者，还雇用附近乡村的民团来护寨。

泰安人汪宝树在同治五年（1866）黄崖惨案爆发前十数天，曾访问过黄崖山寨，他在《黄崖游记》中记载，访问过程中他曾问道：“山崖寥阔，如何守护?”山寨负责人之一的虞逊回答说：“本村人数不敷其半，全赖朱兄八百精锐，若朱兄不来，失所恃矣。”本村，指三黄崖村；朱兄，指肥城水里铺（今长清孝里）民团团长朱良峰（良甫）兄弟，朱氏兄弟统领的水里铺民团成为守护黄崖山寨的中坚力量。

为了增强山寨的抵抗力，避免因势分力单被各个击破，当时各地的寨堡一般都很注意相互之间联络、协同、配合，互为犄角，互相支援。孝里铺（水里铺）土圩坚固，民团规模大，战斗力比较强，所以能分出八百人来助守黄崖山寨。当然，当时也有不肯与黄崖山寨合作的团练。

《肥城县乡土志》载有《王宗淦传》，称：

> 张积中据黄崖寨谋不轨，宗淦出家资，练乡勇，备战守，积中党屡次诱引，终不从。至同治六年九月，积中将起事，先纵火焚宗淦宅。时阎文介抚山东，闻警，率大兵至平阴，闻黄崖附近村庄皆积中党，欲传令痛剿，宗淦单骑诣军，力白无从积中事，并进破寨策。阎公疑其伪，宗淦自拘家口五十余人为质，与弟廪生宗范率乡勇为前导，围寨破之。

王宗淦兄弟率领所部团练参与了围攻黄崖山寨的战役。另外，根据山东巡抚阎敬铭围攻黄崖山寨的奏折，当时的泰安团勇、肥城团勇分别由泰安知府（锡恩）、肥城知县（邓馨）率领，也都参与了围攻黄崖山寨的军事行动，协助官军围追堵截，这其中当然一定也包括今长清西南角各个圩寨和民团。

《肥城乡土志》没有交代王宗淦的里籍，我们推测他是东障人。理由一，不仅《肥城乡土志》，其他志书也都记载说，黄崖事变发生前，张积中手下人曾“掠归德、下巴、石岗等庄，纵火烧东张（障）”。黄崖山寨与东障关系不睦。理由二，在黄崖附近，除了孝里，值得张积中诱引的势力较大的团练武装，只有东障。理由三，东障寨在大峰山上，与黄崖寨毗邻，便于驰援，故张积中屡次“诱引”。理由四，王为东障大姓巨族。[①]

有关山寨武器，上引《西南乡团练议》，“如团丁五十名，应制鸟枪十杆，长枪二十五杆以护鸟枪，短刀十五把以护长枪，交相为资”。事实上，当时各山寨为提高战斗力，除了配置了鸟枪、长矛、短刀之外，还配置了台炮、抬枪等重型武器，当然也有最传统的弓箭和礌石。黄崖事变之后，山东省布政使丁宝桢从张积中的房间里捡到某年山寨收到的外地输送的武器装备清单，合计台炮 50 位，抬枪 100 杆，鸟枪 200 杆，刀 300 口，长矛 1900 根，箭杆 80 枝。朱季康博士推测说，“从清单所列装备计算，黄崖山寨在事件发生时，其武装人数至少逼近 3000 人，与一县之团练军力相当”[②]。显然，一般山寨的武备固然不能同黄崖山寨相比，但也配置一定数量的台炮、抬枪，应是可以肯定的。

（九）余论

晚清咸丰同治年间的长清西南角，借助天然之险兴建了许多山寨，极

① 2015 年 10 月初遇东障大街雅号“湄湖散人”的王守学，请他留意王宗淦籍贯的查访。守学君不辞辛劳，搜古碑，访耆老，结果证实王宗淦确为东障人。王宗淦、王宗范协助官军围剿黄崖山寨，事后担心遭到太谷学派报复，遂迁居肥城“山前”。

② 朱季康：《黄崖山事件与太谷学派研究》，苏州大学 2007 年博士研究生学位论文。

大牵制了捻军的行动，使捻军在应对清军和地方团练围追堵截时，很难及时得到所需的战斗人员、粮食马匹和武器装备的补给。捻军采取流动作战，缺少攻坚必需的重型武器，面对高处山颠的森严壁垒，无计可施，只能望山兴叹。

地方乡绅在规划、修筑、管理、保卫山寨的过程中发挥了关键作用，他们的权势也有明显扩张，影响的触角逐渐伸展到地方政治、军事和经济等各个领域。乡绅地位的提高和权势的扩大，深刻影响到日后长清地方社会的变迁。

七、黄崖社会与黄崖山案

清朝咸丰同治年间，太谷学派北宗掌门、江苏人张积中规划和经营长清黄崖山寨，进行社会改良实践，最终导致黄崖山案的发生。

（一）张积中北上山东卜居黄崖

张积中（1806—1866年），字石琴，行七，道号子中，号两溪，又号白石山人、黄崖夫子，黄崖乡民一般谓之张七先生。张积中之为人，美丰仪，善言论，喜事功，重力行。清道光十一年（1831），与表弟李光炘（1808—1885，字晴峰，号平山，道号子炘，又号龙川先生）联袂拜师游寓扬州的周星垣。周星垣号太谷，别号崆峒子，安徽石埭县人。周氏推崇宋儒周敦颐及朱、陆、二程，在论“格物致知”方面，接近于王阳明；又旁通释老术数，引佛教经典及老庄等道家学说，供其阐发言论，故能自辟门户，开创了太谷学派。周星垣死后三十二年，即咸丰六年（1856），张积中北上徙居山东。

关于张积中北上山东的背景和原因，传统说法有两种。一说张积中为躲避太平天国之乱，才由扬州迁居山东。《山东军兴纪略》卷二十一：“咸丰六年，江表大乱，积中徙家北行。”一说张积中陪同儿子张绍陵去山东候补知县。《肥城县志》卷一：“咸丰四年，兄积功知临清州，阖门死粤匪之难，积中以子绍陵为之嗣，遂徙家而北。”太平天国北伐军攻破临清州，张积中胞兄、临清知州张积功（字寄琴）阖家殉难。援例，张绍陵可以袭云骑尉，以候补知县需次济南。

以上两种说法谈到的背景和目的都是客观存在的，但不是全部，或者说不是最主要的。

《白石山房遗集续编》载录张积中黄崖山祭文，其中有这样几句话：

> 维我崆峒，肇始池阳。命我自南，迁道东邦。迁道于东，东土融融。大东悠扬，多士芃芃。

显然，他是肩负着传道“东邦”——山东省之使命的。谢逢源《龙川夫子年谱》说：“初，太谷既传道，乃申告之曰：‘汝等将来各有专责，子炘将来当传道于南；子中当还道于北。’”可见周太谷生前就有李光炘（子炘）、张积中（子中）分别传道南方、北方的安排。所以，张积中北上，李光炘赠诗送行，诗云：

> 濂洛五星坠，崆峒二曜明。斯人传绝学，吾道有中行。泗水金钟韵，东山木铎声。还将宣圣泽，留与鲁诸生。①

他这是在勉励师兄把老师周太谷真传的“绝学”——至圣先师文宣王孔子的学说传播到孔子老家的山东。

张积中来山东后，起初住在省城济南皇亭附近的姨表弟吴载勋（字慕渠）家。当时，南方有太平天国运动，北方有捻军起义，天下纷乱，兵燹连天，济南也不能保证万无一失，更何况济南喧嚣的环境，张积中又并不

---

① 〔清〕李光炘：《群玉山房诗续集·送石琴之山左》，《太谷学派遗书》第二辑（二）。

图7－1　书堂峪一角

喜欢。恰好此时他的儿女亲家秦云樵赁房正隐居于长清马山西，于是他就移居于书堂峪。书堂峪在长清马山的南边，肥城牛山北麓，今属长清双泉镇，过去则在肥城的辖域，康熙时的肥城名士栾条就曾隐读于此，并建山后书院。张积中在书堂峪新收的弟子中，有一位刘曜东，是黄崖山西麓中黄崖村的秀才。中黄崖刘氏为大户人家，始祖是顺治年间卜居于此的冀北人、刑部郎中刘允灿①。在刘曜东的执意邀请下，张积中又从书堂峪迁居黄崖。《肥城县志》卷一载：

> 肥城生员刘曜东者，世居中黄崖，见积中而大悦，执弟子礼焉，割宅以居积中，积中遂迁中黄崖。

中黄崖村与南、北黄崖村毗邻，三村都因村东的黄崖山而得名。黄崖山海拔426米，山的四周俱是黄褐色的陡崖峭壁，高有数丈，环绕如箍。三村的西南面是岱西道教名山大峰山，东北有梯子山，正西又有阳干（羊栏）山。三村所在山峪，原本就很封闭，僻静幽绝，明清两代又恰好位于济南府长清县与泰安府肥城县之间，北黄崖村隶属于长清县，中、南两村则在肥城的地界，是个典型的“两不管”之地，俨然“化外”。民间传说，

---

① 光绪《肥城县志》卷九《人物》：“刘允灿，本冀北人，以进士官刑部郎中。有才干，折狱明决。顺治十二年，虑囚山东，多所平反，民无冤屈。予告后卜居于黄崖庄，始占籍焉。”

当年张积中初到黄崖，见黄崖山宛如一只硕大的蝎子，蝎头、蝎眼、蝎钳、蝎肚、蝎尾，一应俱全，蝎尾伸向西南，就是如今所谓的九节锯齿岭，所以此山当地人又叫“蝎子山”。张积中登山举目北眺，见卧虎沟横亘在村北；黄崖山峪的北口，又有凤凰岭、蟠龙山峙立左右。出了山口西行十里，就是地当南北交通孔道的孝里铺。张积中感到这里风水好，也很神秘，就住了下来①。

两年之后，也就是咸丰八年（1858），张积中率领弟子迁居青州和博山讲学，十一年（1861）又返回黄崖定居，直到同治五年（1866）黄崖山案发生。这样算来，他在黄崖前后生活共计六七年之久。

在张积中来此之前，黄崖山巅就有村民为避乱而构筑的石寨，不过规模很小。张积中来此定居（尤其第二次定居）之后，对旧有山寨进行大规模的扩建，经年累月惨淡经营之后，高山之上屋宇鳞次，俨然名镇。

图7－2　黄崖山寨石屋废墟

（二）黄崖山寨人员构成和组织管理

《清朝野史大观》等稗史野乘都记载说，自张积中独家移住黄崖后，“从之而去者，渐积至八千余家”。所谓八千余家，显然系虚夸之辞。《肥城县志》称有数十上百家，却是比较可信的。《小三吾亭随笔》记载，“士

① 张华松：《长清黄崖山惨案补记》，《阅尽人间》（《山东省志丛刊》）1992年第1期。

大夫宦游山东者，高积中行，又惊其才，往往依之，齐鲁诸生争贽为礼，而奸民鬻盐劫掠为盗者，亦著籍称弟子”。又《天根文钞》记载，“乡人与山东官吏宾客妻孥环居之，远迩巨室亦闻而往焉，于是黄崖有富名”。[①]

张积中是山寨的寨主，其高足弟子都是山寨的主要组织者和领导者。高足弟子可考者，有吴载勋（私淑弟子，曾住山寨）、张静娟（字蓉裳）、李素心、赵建、赵伟堂、赵宽（鸣岐）、赵成（伯言，肥城人）、刘曜东、刘荆山（刘曜东之兄）、张唯村、张光远、朱瀛、朱渊（玉川）、朱濂（莲峰）、虞思农、虞作恭（伯允）、虞叔渊、虞叔彦、虞叔申、虞叔美、虞从哲（或作作哲，季升）、虞季通、张奎（春崖）、王显甫、司冠平、张洸汉、张铃阁等。其中不少人为同胞兄弟，或者来自同一家族宗族，他们在山寨一般也聚族而居。

山寨的基本寨民是三黄崖村民，当然也有来自附近乡村，甚至来自外县、外府的。凡是参加山寨的，不见得都能成为张积中的弟子，但是张积中招收弟子，的确不分贫富、贵贱、老幼、男女，故而其弟子中不乏所谓的“奸民”“悍骜”。张积中收留弟子成分颇杂，之所以如此，大概一是出于现实的需要，具体说，他要搜罗各种奇才异能之士为山寨所用，尤其是山寨“率文弱辈，度非募强悍不足守，援巡盐棍徒入其教”，黄崖因此遂有“逋逃薮”之称；二是出于传统儒家的教化理念。张积中承袭了传统文化中的人性本善说，认为“忠信笃敬，蛮貊可行”，皆可“明礼义以导之”[②]，对于山寨中的“盐匪”“盗贼”，也“欲以德化之，使胥归于正”[③]。

---

① 转引自《山东近代史资料（第一分册）》，山东人民出版社 1961 年版。以下凡转引此书，出处俱略。

② 《白石山房文钞》卷一《与秦云樵书》，《太谷学派遗书》第二辑（一）。

③ 《清稗类钞·讼狱类·黄崖诬反案》。

山寨有一套规章制度。如，“其法平等，无贵贱皆弟子”；凡入寨者，须至公局“通名”登记；是否收留为弟子，须俟山寨首领“面试验定”；寨民皆袒右臂以为标志，私产的二分之一上缴山寨公有；禁止恋色、吝财（控制物欲和性欲）；“比屋毋许相过朝晡饔馈丰腆”①。对于违犯寨规寨章的一般寨民，以说服开导和批评教育为主，以期悔过自新；对于屡教不改者，则逐出山寨。除了一般的寨规寨章外，山寨可能还有一套学规学章，由于是为山寨的中坚力量知识分子设置的，所以显得格外严格。尹承源《黄崖山访问记》记王元平的话说：“张七（积中）先生的学规很严，平常不准弟子随意出山。”出山了，也要按期返回。《清朝野史大观》等书记载，积中一弟子新婚三日便要由济南返回黄崖，新妇不解，那弟子如实说，“赴黄崖听张七先生讲书”，又补充说“张先生约束严，不可不往”。

山寨有诸多设施和机构，门弟子各司其职。这些设施和机构主要有：

祭祀堂，又名圣人堂，张积中称“九间棚”。这是山寨宗教与学术活动的主要场所，张积中祭天祭孔讲学授道于此。

公局，负责山寨日常事务，设山上山下两处，山上公局为三间茅草房，两旁有小号舍十余间，皆办公之所。

文学房，《山东军兴纪略》载：“其自远初来者，舍之文学房，令高弟吴某、赵伟堂、刘曜东等转相授受，授读所刊《指南针》，五日一听讲，乡农不能诵习，任其去留。”《指南针》为语录体，是初学者的入门读物。文学房是一般寨民的学堂。

武备房，职司习武操练及警备之事。史载，张积中在黄崖，用军队编制组织他的寨民，教之以“军旅、技击”，“阴以兵法部署之，而众皆乐从”。

---

① 《山东军兴纪略》卷二一。

图 7－3　传说中的张积中演兵场

医药局，黄崖山寨、肥城孝里铺、长清下巴各设一处，施药治病。

《白石山房遗稿》中有一篇题作《示诸子》的文章，是张积中外出讲学前留给门弟子的诫文，文中有“诸子居山，各共尔事”之语。由此推知，在上列山寨的诸多设施和机构中，门弟子是各司其职的。

（三）山寨的经济建设

黄崖山寨的经费来源，首先依靠入教弟子的捐献。卢冀野《酒边集》之《太谷学记》（南京大学图书馆特藏室）：“在黄崖居民不下数十家，倾家财以献，不敢或私。”《山东军兴纪略》：“从其教者，倾家荡产，挟资往赴，入山依处，不下百数十家。”至于捐献的内情，史阙有间，不过我们从太谷学派南宗的文献中可以得知一些梗概。

谢逢源《龙川夫子年谱》记载，同治十二年李光炘在海陵组织门弟子“考龙门”，所谓“考龙门”，是说弟子只有考过“龙门”，才有可能“超贤关入圣域”，功德圆满。“考龙门”的前提是缴纳一定数目的“龙门功德赀”：

> 师晓大众曰：“汝等愿出龙门功德赀，须自定数目、期限，如约呈缴，或数歉一厘，限逾一刻，俱不收录。汝等不必问我作何用，我亦不问汝赀从何来，虽鬻产弃子，亦弗恤也。”于是人人发愿……①

但是仅仅依靠弟子的捐献，不足以解决山寨日常所需和长期发展，故而还需要广开财源，在这一方面，张积中有一套自己的主张与实践。

太谷学派一向主张以养民为本，“富而后教”。早在南方，张积中讲学便“本儒家、道家，旁及陶（朱公）、白（圭）治生之术，论《易》财成天地之道，广《大学》末章生财之义”。讲学黄崖期间，更是反复强调之，曰：“《易》称‘后以财成天地之道’。‘何以聚人，曰财’。此群圣发微之秘者，非世儒所能晓也。”② 张积中在《示四记诸子书》中又说：“四记之设，资以利用……予以学导诸子，而纳诸子于利，岂予之心？然由此而从者门人可以得万钟之养。”③

陶朱（范蠡）、白圭都是战国时代的大商人，精于“治生之术”，也就是经商致富的策略和技巧。张积中将陶、白的“治生之术”运用于山寨的经济建设，就是开展商贸活动，赢利所得，均归山寨公有，以供山寨所需。《肥城县志》等书记载，山寨在省会济南和黄河沿线商业口岸如肥城孝里铺（今属长清）、东阿滑口、利津铁门关、海丰埕子口，在山东半岛东西

---

① 〔清〕谢逢源：《龙川夫子年谱》同治十二年癸酉，《太谷学派遗书》第一辑（三）。

② 《虞初近志·张积中传》。

③ 《白石山房文钞》卷四《示四记诸子并示兴亨》，《太谷学派遗书》第二辑（一）。

陆路大通道上的重镇安丘、潍县，以及沿鲁苏孔道，开设许多的市肆店铺，包括杂货店、钞店、盐店，取“泰运通”“泰来”“泰祥”“泰亨”等名号。张积中经营生意也颇得要领，坐守黄崖，“千里间指麾使令，奉若神明”。

在古代中国，“公田—授田”制是知识分子改良社会的理想土地制度。张积中也有类似主张。他曾通过游幕山东的友人王兰甫，向时任山东巡抚张亮基条陈，建议将徐州一带因黄河北迁后出现的大量无主淤地收为官有，然后“人授百亩”，“民领官田，既获而后，每亩纳租，上者三十，中者二十，下者十钱”。[①] 从传世文献和口碑资料来看，因为三黄崖村村民都加入了山寨，他们的田产仿佛也都变为山寨公有。不过，就目前资料看，黄崖山寨似乎没有成规模地购置田地。

张积中还仿效东汉末年在四川搞原始共产主义的五斗米道首领张鲁，在黄崖附近举办了一些公益事业。比如，张积中通医术，他指导山寨制作各种丹药、丸药、散药，通过各处医药局施舍给百姓治病。他在黄崖附近开设饭庄，免费提供饭食。《宜园笔记》记载，有一次，将军耆善因事路过长清某村客店，进过午餐，店主不受饭钱，说“张七先生已付清矣”。《山东军兴纪略》记载，咸丰十一年（1861）八月，捻军进入肥城长清两县境，乡民纷纷入山避乱，积中“山上设粥，山下设汤，来者皆得饮食”。山寨诸如此类的义举，固然可以赢得广大民众的支持，但是也加重了统治者的猜忌和敌视。

（四）山寨的学术与宗教生活

太谷学派是道禅化了的宋学，“圣功”“王道”是其学说的两个最重要

---

① 《白石山房文钞》卷一《徐州屯田说》，《太谷学派遗书》第二辑（一）。

的组成部分。“圣功”指人修养身心的功夫，“王道”指人在社会上的功用。张积中黄崖讲学传道的内容大抵也不出这一对范畴，“多以性理教人”。强调“儒者通性命之理，将以致诸实用，临大事不能有济，此迂儒，弗知性命者也，儒者固当达事变”。他的《示及门诸子》一文可谓是他黄崖讲学的纲要。文中，他告诫弟子们要谨言慎行，修身养性，提高自己的精神成就，说：“夫言行者，君子之枢机也，可弗慎诸!”继之劝励门弟子要有“当仁不让”的社会责任心，“为天地立心，为生民立命，为往圣继绝学，为季世开太平，诚则克当也”。要以由衷的诚敬之情，通过多种途径去完成之，“有以德行进，以言语进，以政事进，以文学进，持其一，皆可以进德也”。功德积累到一定程度，其心不被形役，精神自能独立于物质的躯壳之外，长存于宇宙了。

据民国年间太谷学派弟子张德广《归群宝籍目录》著录，张积中著述共有十九种，即《张氏遗书》《张氏内注》《白石山房文集》《白石山房丛钞》《白石山房诗集》《白石山房语录》《所见录》《所得闻录》《尚书批注》《四书批注》《楞严经释义》《老子批注》《庄子批注》《关尹子释义》《参同契批注》《浅碧山房词选》《黄崖太夫子遗著》《春秋左传批注残本》《璇玑洞书屋玄同集》。以上著述，多为张积中在黄崖讲学期间所著。

太谷学派创立伊始，就带有浓重的宗教色彩与道会门式的民间结社性质。周星垣讲学扬州，曾因传闻他会练气、辟谷、符咒、役鬼、隐形等法术，被两江总督百龄逮捕入狱。张积中讲学黄崖，承袭了太谷衣钵。卢冀野《酒边集》之《太谷学记》（南京大学图书馆特藏室）：

积中本世家子弟，美丰仪，言论娓娓，颇足动人。讲学内容，《论语》《孟子》《大学衍义》《近思录》，辅以《周易参同契》《道教大全》《仙灵宝箓》《云霄指掌》诸书。风角占候阴阳，辄有奇验。

张积中在神化早已过世的周星垣的同时，他本人也“以神自畜，不轻觌人”，一般人是难得一睹其风采，一闻其声咳的。他的两位女弟子也神气十足，“专屋列居，进谒者泥首九拜”。积中每月逢五逢十讲学，一般心口递受，不形诸文字，故而“世莫得闻”其讲学的真谛。祭天祭孔都于深夜在祭祀堂举行，穿戴古衣冠，升降礼节极为繁缛，两女弟子盛妆挟剑而侍，香烛之光，数十里之外可见。民间至今仍盛传张七先生或张七圣人能呼风唤雨、撒豆成兵。正因为神道设教，高深莫测，所以张积中在一般乡民心目中尊同圣人，而在统治者眼中却不啻“夷名于黄巾白莲”的“妖人”了。

图7－4　黄崖山寨瓮城（王乐洲摄）

（五）张积中在山东的人脉

张积中的宗族亲戚中出了许多举人进士，官至封疆大吏者也不乏其人。

张积中在南方所交游的人员中，不少是当世显达、一时知名之士，如马远林、周韬甫、钱东平、吴雪江、杨蕉隐。张积中北上山东传道之前，曾于1837、1846、1852、1853年四度游历山东，在山东已经建立了很广的人脉。定居黄崖之后，他同外界也保持着广泛而密切的联系，频繁往来于博山、淄川、益都、济南、长清、肥城、泰安、汶阳等地，在各阶层联络了不少人。兹略举他与刘德培、吴载勋的过从关系，以见一斑。

刘德培，淄川城东纸坊庄人，道光二十九年（1849）补博士弟子员，县试又名列前茅，后执教于私塾。咸丰十一年（1861），因呈文抗漕被捕，在押赴济南途中逃脱，藏匿于博山、淄川交界的东坪司冠平家。司冠平是张积中的弟子，史称此时张积中正下榻于司冠平家。张积中自称会星相术，声称司冠平、刘德培皆有帝王将相之相，与他们约定“日后同起事”。从此，刘德培等人领导的对清政府的经济斗争，就转变为以“兴汉复刘”“平清平满”为宗旨的政治斗争。

正因为张、刘之间有如此非同寻常的关系，所以当淄川“风声渐大”，时为济南知府的吴载勋无奈，只得例行公事，派张积中之子张绍陵（时为候补知县）前往淄川“查办”。张绍陵以查无实据，“饰词禀复”。后来，吴载勋又亲赴淄川，面谕刘改邪归正，并录作门生，赏六品顶戴。①

吴载勋，字慕渠，安徽歙县人，既是张积中的姨表弟，又是张积中的私淑弟子。咸丰二年至同治元年，吴载勋历任文登、武城、淄川、泰安、历城五县知县，济宁直隶州知州及济南府知府。他在任上行“亲民之政”，治绩显著，深得户部侍郎杜翻和山东巡抚清盛、谭廷襄等人的赏识。张积中对吴载勋也青睐有加，其在《吴慕渠五十寿赠言》中，称许吴“台鼎之任，有厚望焉”，“身居廊庙，而志在江湖”②。而吴载勋也不负所望，《山

① 《淄川县志》卷九《三续兵事》及路大荒藏本《刘逆纪略》。

② 《白石山房文钞》卷二《吴慕渠五十寿赠言》，《太谷学派遗书》第二辑（二）。

东军兴纪略》记载，“吴某方宰历城，为署巡抚清盛所昵，骤跻首府，吹枯嘘生，咳唾可怖，而推崇积中不容口，于是官僚缘某师事积中者寖多”。吴载勋的孙子吴吝白在《黄崖案的回忆》中也说：“张积中在黄崖讲学，是先祖在济南府任内替他揄扬的缘故。”吴载勋还多次往游山寨，因刘德培案卸任济南知府之后，更长期定居黄崖，成为山寨的领袖之一。

张积中在山东政界的朋友，有籍可考者还有秦云樵、徐子信等。秦氏时为范县知县，与积中既是至交，又是儿女亲家。徐氏为积中“总角之交”。徐任青州知府，于咸丰八年夏邀请积中游青州，作四松园雅集，三四同志聚谈学问，论儒佛之同异。[①]

要之，黄崖山寨不是孤立的，与世隔绝的。其势力的触角已延伸到当时山东地方社会的各阶层各领域，而这也正是清政府觳觫不安的。

（六）黄崖山案的起因

张积中虽然出生在一个“宗族亲戚科第簪缨”之家，但他对清朝黑暗腐朽的社会现状是失望和不满的。他曾将自己所处的咸丰、同治两朝视为季世，以为清朝快完了[②]。他不满清朝现实政治，然而原则上又反对刀光剑影的暴力斗争。他将当时伴随战争而来的社会动荡、人民流亡、田园荒芜视为太平天国等农民起义所造成，深恶痛绝的态度在《白石山房文钞》卷二《寄杨蕉隐书》中表露无遗。

既然不满于现状，又不赞同以暴力改变现状，那么，“如何借得吴刚斧，修出当头月一轮”（张积中女弟子李素心语）呢？如何救天下于末世，

---

① 《白石山房文钞》卷二《松园讲学图序》，《太谷学派遗书》二辑（一）。

② 吴吝白：《黄崖案的回忆》，《山东近代史资料》第一分册，山东人民出版社 1957 年版。

解黎民于倒悬呢？想来唯有改良了。

然而受时代与阶级的局限，张积中不能也不可能像后来的维新派那样，以欧美社会为改良中国社会的参照系，也就只得回过头来从历代儒家所标榜的上古“大同”社会寻找济世的妙方良药。他说：“变者时也，不变者道也。”[①]“三代而下，圣人之心法荡然，而治世之迹犹存也。”[②] 他要弘扬“圣人之心法”，循圣人“治世之迹”，重新构建三代而上的大同社会。黄崖山寨便是他这一重建过程的起点——他要以政教合一的领袖威仪，以治天下之道治理他的山寨，以此谋求一个公平合理、安定富庶的社会共同体的出现。刘蕙孙先生在《太谷学派政治思想探略》一文中说：

> 张石琴在黄崖讲学时聚族而居的寨子的组织，也是一种土地共有，且耕且读，类似村社的共同体。他们又一直把“桃源”作为学人共同向往的理想境界。“桃源”是什么呢？不正是“春秋靡王税”的村社吗？即此可见他们根本所追求的是什么。[③]

在当时背景下，作为一名有社会担当而又不肯通过科举进入仕途的知识分子，张积中似乎只有这一条路可走了。但是他的救世拯民的乌托邦理想显然格格不容于现实。民国年间的卢冀野，其在《酒边集》之《太谷学记》一文（南京大学图书馆特藏室）中慨乎言之：

> 此派（太谷学派）最可痛恨之事，亦其所以招诬谤之由者何？黄崖之狱也。然于是可见当时势力焉：若祭祀堂之制度，泰运等肆之设

① 《白石山房文钞》卷二《吴慕渠五十寿赠言》，《太谷学派遗书》第二辑（一）。

② 《白石山房文钞》卷二《松园讲学图序》，《太谷学派遗书》第二辑（一）。

③ 《刘鹗及老残游记资料》，四川人民出版社 1985 年版，第 493 页。

置，文学、武备房之组织，俨然以治天下之道治其砦也。

咸丰同治之际，天下扰攘，河决鱼烂，清廷统治摇摇欲坠，各地大办团练，大建圩寨，地方社会兴起，张积中借风云之际会，在黄崖进行君师合一、政教合一、亦学亦农亦商亦兵的社会改良、社会改造之试验，“俨然以治天下之道治其砦”，其结局如何，也是可以预料的。

（七）山案的经过和结局

同治四年（1865）九月，潍县人王小花收拾行装，要举家迁往黄崖，引起知县靳昱的怀疑。山东巡抚阎敬铭闻报，派候补知县徐禧去黄崖察看。徐禧到了黄崖张积中家中，见四壁皆是图书，与张积中交谈，见积中容貌辞气粹如，没有任何异常。

次年九月，益都县捕获纠众谋乱的县民冀宗华，冀氏声称自己是张积中的弟子。事报省府，布政使丁宝桢派长清知县陈恩寿入山查办，其随从竟被寨民追杀。当时，巡抚阎敬铭正驻节东平，防御捻军突破运河防线东进，而流言蜚语中已有捻军流窜到河西，乃黄崖山寨勾引而来的说法。阎敬铭于是一方面进兵黄崖，一方面令吴载勋致书张积中，督促张积中入省自白。积中在复信中坦言自己并不认识王小花、冀宗华，与其二人没有任何牵连，更没有丁点谋逆之心，然而承认自己招收弟子，“交不择人”，“其间虽多良善，亦有悍骜”。至于当时山寨的情形和他个人的处境，信中说：

兄知大祸临门，一身不免，亟欲束身司败，并不望雪我沉冤。奈及门桀骜之士遂邀不逞之徒，劫我主盟，苟全性命，禁之不得，逆之不能。又有匪徒籍我之名，四出焚掠。数日以来，踯躅山隅，闷损无似。及大兵临境，兄欲出而剖白，无如伊等汹汹不断，不肯束手待毙，遂致有所杀伤，与兄平日本衷寔大相纰缪，祸已至此，无可言说。本欲引剑自决，无如及门在外者甚多，闻予冤死，定不甘心，一旦逞彼凶顽，则各处生灵俱遭涂炭。

图7－5　五眼井

拒不出山。很明显，矛盾激化，形势严重，张积中已经失去了对山寨的有效控制。

到了九月底，阎敬铭督率马步兵勇一万两千多人，已经对整个黄崖山寨形成合围之势，孝里境内的太平、黄花园、东西辛庄、孝里铺、胡（虎）林坡、常家庄，归德南境的翟庄、张家庄，孝里与双泉搭界的石小子山，双泉乡的满井峪、傅家庄（南北傅庄）、段家店（段店）、尹庄、王家庄、五眼井村等环绕黄崖山区的所有重要村庄和交通要道，都驻满了清军。

从十月一日开始，各路清军开始向黄崖山寨逼近，山寨派人守住入山的关卡，结果被清兵的大炮轰开，刘曜东被打死。清军进占黄崖村，村里的人早都搬上山寨。于是清兵“断其大井汲道”，所谓“大井”，即南黄崖村北首的仙人井。这是一口老井，雨季井水经常涌溢漫流于外，过去三黄崖村用水全靠此井。清兵控制了仙人井，断了山寨的用水，妄图以围困的方式迫使山寨投降。可是五天中，竟无一人出寨。

十月六日（阳历11月1日）黎明前，清兵从东西两面强攻山寨，互有死伤。山寨第一道大门失陷之后，张积中带着二百多名眷属亲信，坐在铺满火药的祭祀堂里。当二寨门失守的消息传来，张积中用手中的火香点燃了火药，与众人同归于尽。当时天已大亮，正值西风，巨大的黑色烟柱腾空而起，向东一直飘到马山上空，都没有散开。

这次事变，山寨有两千多人被杀，也有不少人慌不择路，坠落悬崖而死。事变发生之次年，张积中的弟子朱渊（字玉川）秘密返回黄崖山，将死难男、女尸骨分别掩埋在祭祀堂南侧的两个大坑中。

图 7－6　祭祀堂遗址

清兵占领山寨以后，烧杀奸淫，长清知县陈恩寿忙着善后，做了很多好事，然后弃官而去。他的儿子陈冕后来高中状元，世人以为是陈恩寿行善积德的结果。

图 7－7　男枯骨冢碑

附录一

黄崖山祭文（张积中）

於穆羲皇，非降自天，降自东邦。维此东邦，实降羲皇。于穆列圣，光显于东。乃君乃臣，为天下宗。东方曰生，生物曰仁。瞻彼岱宗，挹此黄流，为天地根。为天地根，道义之门。嗟予小子，多戾困愚，勉柔何敢自弃。维我崆峒，肇始池阳。命我自南，迁道东邦。迁道于东，东土融融。大东悠扬，多士芃芃。念我列圣，赫赫明明。实降鉴兹，于昭其神。厥象昭回，厥土氤氲。祀我列圣，笾豆斯陈。礼以青圭，乐尚龙门。圭璧其纯，大音希声。神之酹我，佑我后人。

（《太谷学派遗书》第一辑第二册《白石山房遗集续编》）

附录二

长清黄崖山惨案补记（张华松）

1957 年 5 月 1 日，为搜集史料，尹承源先生受济南史学分会的委派，实地访问了黄崖山，并著有《黄崖山访问记》一文（见《山东近代史资料》第一分册，第 194 页）。1988 年 5 月 26 日，笔者访问黄崖山，并不避续貂之嫌，将访问考察所得，掇拾成篇，以期能补尹文之不足。

图7－8　王绪和（右一）访问黄崖村民

（1987年摄）

我访问的对象主要是徐君生先生。徐先生祖籍南黄崖村，时年69岁。山寨案发时，他的祖父及伯祖都遭遇此变。为此，徐先生对山寨之事也颇知悉。下面就是徐先生的谈话。

这一带都称张积中为“张七先生”。张七初来黄崖，看见黄崖西北，左有盘龙山，右有凤凰山，两山之间有一道深深的卧虎沟，就说黄崖是个好地方。张七刚开始住在中黄崖村的刘甲世家里。中黄刘家是大族，祖先刘允灿做过大官。刘家的地，东至石小子，西至石岭子，都免税。张七在刘家住了一段时间就去了博山，后来又回来了，在黄崖山上大兴土木，修建山寨。为什么他看中了黄崖山而不是这里的其他山呢？这是因为黄崖山形状很像个蝎子。蝎头朝北，就是甲峪的南山；蝎头两侧各有一个小洞，这就是蝎子眼；蝎头向西北伸出的堂子山就是左钳，向东北伸出的磨台山就是右钳。黄崖山的主峰是蝎子肚。主峰向西南伸出的锯齿岭，就是蝎子尾，正好是九节。张七很神秘，就看中了这座神秘的山。再一个原因是山险，而且上面本来就有石寨，只是规模不大。

张七铺了上山的路，骡子拉着车子可以一直到祭祀堂。祭祀堂在主峰的南部，又名九间棚。有些人也叫它是“朝房”，其实“朝房”这一名称是阎敬铭强加的，意思是想证明张七有造反坐朝廷的意图。这是诬陷。但是张七在祭祀堂祭祀时确实穿戴明朝的衣冠。

张七每月逢五逢十还在祭祀堂讲学。除讲学外，他还联络了不少进士、举人。他与和尚、道士的关系也不错。大峰山璇玑洞住持道人李道昆就与张七常有往来。张七的书屋也以“璇玑”命名。山寨二门里有和尚洞子，也就是个小寺院，里面的和尚叫党元。党元在山案发生前的三个月就不声不响地下山了。难道他听到什么消息了吗？我不清楚。

图7－9　中黄崖村刘氏谱堂（王守学提供）

有些人也问我：张七是否买过田地？我说，他没有，但开了许多店铺。他的饭店，穷人可以免费吃饭。张七还办了不少药店，下巴就有一处，穷人吃药也不要钱。他在这一带山上发现了上百种草可以入药，“六月雪”就是其中的一种。山寨头门内有施药室，原来还有一盘碾子，是用来加工草药的。他制造的药，有丹有丸有散。不仅他本人通医术，他手下有些人也懂。听我祖父讲，那时有个叫赵二胖子的，曾做过三任宁海州，后来弃官不干了，拜张七为师，在南黄崖村建公馆，为老百姓看病。

张七还主张植树，我祖父讲，小孩送一棵榆树苗上山，张七就给两个小钱作报偿。

黄崖山的主峰又名中峰，其两侧，还有一东峰，一西峰。东西两峰上面有许多寨子，寨民聚族而居。西峰，主要是赵、虞两姓，多是文人。东峰，主要是吴姓，武士居多。这些武士一般来自青莱登东三府，当时叫他们是“响马”。为了护山，张七还办团练，北黄崖村的董连成就当过团长，主持练武的事。南黄崖村的村长叫王砦，有田四十亩，他雇了一个外地来的长工，姓张。张，力大无比，专为团练扛大旗，所以人们都叫他“张大旗”。张家今有十多户。

张七先生并不反清。他是想建立一个陶渊明式的桃花园，没有压迫与剥削。他在山上的活动没有完全展开就中途夭折了。为什么朝廷要剿灭山寨？有人说，冀宗华是张七的徒弟，他被捕后说张七要闹事，于是大兵就洗了山。其实，冀宗华虽然先后来黄崖两次，但张七根本没有收留他为弟子，原因是“冀”与“鸡”同音，鸡是蝎子的克星，不吉利。

张七先生被杀，与他支持人民吃越境盐有关。过去，中、南两黄崖村属于肥城县。官府规定，中、南两黄崖村的人，必得买肥城孝里铺的盐。北黄崖村属于长清县，因而要买长清下巴的盐。老百姓不这样做，而当时买越境盐是犯法的。当时的盐商多是山西人，他们随意抬高盐价，并雇了一些巡盐随意地打人。张七看不惯，他手下的人也打了盐商、巡盐。盐商实际上是官商，所以张七也就得罪了官府。

张七的被杀还有别的原因，详情我也不太清楚。只听说后来事情闹大了，南凤凰庄有个韩秀才通过东障王家来劝张七自首，张七说：“讲学何罪之有?”拒不出山。于是清兵进攻黄崖，声称“黄崖都是贼，山上多美女”。张七手下人与清兵在青龙口、卧虎沟等地展开血战。清兵攻陷了山寨头门，接着攻打二门。守门将是朱家鳌，下巴人，他姑母就是北黄崖村人。他力大无比。二门陷落时，他直接向山右蝎子眼下的那条山峪冲去。清兵用竹枪刺他，他拔了一棵树当武器，终于冲出了重围。他的名声及事迹，在这一带很流行。

在二门被攻陷之前，张七就带领二百多人坐在祭祀堂里，地上铺满了火药。当二门陷落的消息传来，他就用药香点燃了火药，他自己连同那二百多人全给炸死了。听我祖父说，当时正值西风，黑烟腾空东去，烟团到马山还没有散去。当时我祖父才七岁，他与他的二十二口家人全被清兵囚禁在东峰的两间石屋子里。我祖父逃下山，跑到五眼井我大姑奶奶家，她家不肯收留，又跑到王庄二姑奶奶家，藏了起来。过了些日子，全家人都回到村里，才发现房子及东西全给烧掉了。黄崖人忘不了阎敬铭这小子。

这次事变，山上山下死了成千上万的人。我八岁那年，有位黄先生清明时节来黄崖上坟，这附近官庄王家、西辛朱家、岚峪张家、孝里陈家，都有人陪同前来。这些人家恐怕与太谷学派有联系。又听说刘鹗还曾为陈家写过条幅。

（《阅尽人间》，《山东省志丛刊》1992 年第 1 期）

八、《老残游记》：黄崖的哭泣

刘鹗在《老残游记》的“自叙”中说：“吾人生今之时，有身世之感情，有家国之感情，有社会之感情，有种教之感情。其感情愈深者，其哭泣愈痛。此鸿都百炼生所以有《老残游记》之作也。”为张积中（石琴）及黄崖殉难者哭泣、申冤，是《老残游记》创作的重要动机之一。

（一）太谷学派为黄崖山案平反的努力

黄崖山案是中国近代史上的一大“冤案”。山案发生后不久，就有人暗中替张积中鸣冤叫屈。比如，泰安县西南乡东高淤村汪宝树（字谢阶，号东溪，光绪六年进士），山案发生前十余日，曾与友人同游黄崖山寨，山案发生以后，他撰写《无题诗》四首，以隐讳的文字替张积中叫屈鸣冤，其中有诗句云：“衰草生愁翻恨白，残花著泪化魂红。”后来他又为《无题诗》自序自注，在“自序”中说：“吊黄崖也。当日因此受有嫌疑，不敢明言，故以无题隐之。今南省友人多知其冤，始敢明言其事。”稍后有武定府利津县人李佐贤（字竹朋，官至福建汀州知府），直接把黄崖山寨比作桃花源，他在《焚桃源新乐府》中大声疾呼：

民言入桃源，初意思避乱，谁知避乱翻蒙乱，有何罪，不可绾。不争不斗不抗违，竟从叛逆一例看。旁观侧目呼奇冤，千秋谁断此疑案！

在清末民初成书的稗史笔记中，如徐珂编撰《清稗类钞》、胡寄尘辑《虞初近志》、何家琪撰《天根文钞》、小横香室主人撰《清朝野史大观》等，也都认为黄崖案是冤案。《清稗类钞》还引述汪康年（1860—1911，字穰卿，浙江钱塘人，光绪间进士，张之洞幕僚）的一段文字，说当年围剿黄崖的三位王姓清朝将官（王正起、王成谦、王心安），为了伪造黄崖谋反的证据，不惜杀人灭口。《天根文钞》附录前人凭吊黄崖的诗作《自题黄崖文后》："阳谷春来血不干，年年花鸟总无欢。挑灯夜纪黄崖狱，多少冤魂泣笔端。"又有《过肥城黄崖山二首》，其一曰："今日枫树林，昔日桃源宅。何处白莲开，恐有沈经历。"其二曰："未尽谷阴雪，已无过客嗟。春风吹不到，自化满崖花。"慨叹冤狱昭雪之遥遥无期。

张积中黄崖讲学，原本就带有一些民间结社的性质，内幕不甚为外界所知。山案发生后，学派中人更是讳莫如深，学派内容也秘不示人，兼之官方文献肆意歪曲，混淆视听，所以"久而久之，一家学派，一变而为容成素女，再变而为符水罡咒；甚至晚末弟子，惑于人言，转以师说为隐秘，传闻为可喜，亦从而附会之，太谷学派之谜，遂日深一日"[①]，乃至世人因官书"邪教"二字，望文生义，遂生造出了太谷教、大成教、大学教、泰州教、黄门、骷髅白骨教等离奇古怪的名目。

当初张积中北上山东传道，太谷学派就形成了南北两系。张积中为北宗，他的师弟、同时也是表弟的李光炘（龙川）则为南宗。不过在张积中讲学黄崖期间，留在南方的李光炘，其从游弟子亦只有数人而已。山案发生前，李光炘正在黄崖助讲，经张积中劝说，才匆忙逃去，走避江北，往来于扬州、泰州，秘密讲学传道。"故就学派系统言，承太谷者石琴，续太

① 刘厚滋：《张石琴与太谷学派》，《辅仁学志》1930年第九卷第一期油印本。

谷绪者龙川。”[1]

由上述背景，我们就不难了解，替黄崖山案平反昭雪，不惟事关张积中个人的荣辱，也事关整个太谷学派的生存和发展。北宗弟子大多殉难黄崖，孑遗星散，到了李光炘去世之前，仅有吴载勋（慕渠）、虞作恭（伯允）、虞作哲（季升）、赵宽（鸣岐）、赵成（伯言）等数人先后投奔南宗。[2] 在李光炘看来，黄崖山案平反昭雪的工作主要是靠太谷学派南宗去做了。

光绪九年（1883），李光炘首座大弟子黄葆年（锡朋）中进士，并在济南同北宗弟子朱渊（玉川）、朱濂（莲峰）、赵成（伯言）等人相见。黄葆年在《赠黄崖学者并序》中记其事云：“朱君玉川、莲峰兄弟暨赵君伯言，皆长清人，黄崖旧学人也，得叶、吴两君书，知予在济南，步行来访，接谈甚洽，予感而赋赠。”诗中有“党锢于今铸铁成，凄凉犹见鲁诸生”[3]。

光绪十一年（1885），李光炘临终有遗命曰：“数定锡朋明年当赴山左，承嗣北宗。将来道运之兴，由北而南，南隐北显，自古而然。”[4] 黄葆年中进士并任官山东，在李光炘看来，这为学派重振和山案平反带来了转机。

黄葆年果然不辱师命，其仕宦山东期间（1886—1902），积极推动南北合宗，先后在朝城、莱阳、福山、泗水等县任上，多次邀集学派南北两系弟子聚会，山东俨然再次成为太谷学派的中心。南北派弟子活动频繁，为张积中平反，为太谷学派正名，一定是活动的主旨所在。尤其值得一提的

---

① 刘厚滋：《张石琴与太谷学派》，《辅仁学志》1930 年第九卷第一期油印本。

② 《龙川夫子年谱》光绪十年，《太谷学派遗书》第一辑（三）。

③ 《归群草堂诗集》卷一，《太谷学派遗书》第二辑（二）。

④ 〔清〕谢逢源：《龙川夫子年谱》光绪十一年乙酉，《太谷学派遗书》第一辑（三）。

是，光绪二十四年戊戌（1898）十月初六，张积中死难32年祭日，黄葆年还亲自率领南北弟子前往黄崖秘密祭祀张积中，朱渊作为黄崖孑遗的领袖，撰写祭文[①]，从此，南北弟子每年十月祭祀张积中，成为常例。[②] 同年，黄葆年、蒋文田（字子明，号龙溪，江苏泰州人，李光炘弟子）还对张积中遗著进行了整理校对。戊戌年，太谷学派动作频繁，其间的历史大背景当然与光绪亲政、维新变法、政治环境改善有直接的关系。可惜百日维新，昙花一现，一切复归于旧，昭雪平反又要有待时日了。

图8－1　蒋文田、李龙川、黄葆年像（自左向右）

① 朱渊《养蒙堂遗集》卷一，载见《太谷学派遗书》第一辑（五）。祭文曰："吾夫子归道山，已三十有二年矣。小子不能继志述事，虽百死而无可赎也。况值痛心疾首之日，往往过而忘焉，罪又何所极止也。然吾夫子犹不忍弃之也，默诱其衷，而使之来滕来福，相随而供祀事焉，如天之恩，奚由而报于万一哉！兹谨与……等虔修祭品，恭祀夫子，吾夫子尚其发我之聋乎？尚其警我之聩乎？尚其鉴而享之乎？"

② 朱渊《养蒙堂遗集》卷二《致虞季升书》："伏思十月之祭，举行已三年矣，南方同学无一次不虔带祭品，先期而来，以供祀事。"载见《太谷学派遗书》第一辑（五）。

光绪二十六年（1900）义和团运动爆发，八国联军入侵，东南各省互保，清廷权威一落千丈，地方上的政治与军事权力进一步扩张。次年，清廷宣布实行新政，政治环境又趋于宽松。在这一背景下，光绪二十八年壬寅（1902），黄葆年辞官从山东返回江苏。当时，李光炘弟子毛庆蕃（字实君，光绪十五年进士）正在上海担任江南制造局总办，他邀请黄葆年和蒋文田来上海，召集南北学人举行愚园之会。刘鹗《题愚园雅集图抚本后并序》记此会之缘起，曰：

> 泰山颓，梁木坏，龙川夫子上升于丙戌之冬；三年心丧毕阕，弟子东西南北，漂泊于天各一方，历十有七年。岁在壬寅，黄先生希平由山东解组至海陵而与蒋先生子明会，相携来沪上。予亦因事自至北京。程子绍周闻两先生聿至，自杭州来迓。毛实君适总理江南制造局事，为东道主人焉。迩时同学之来会者，凡十余人。①

愚园之会是太谷学派发展史上具有里程碑意义的一次盛会，会后议定南北合宗，由黄葆年、蒋文田同为山长，在苏州设归群草堂，开门讲学，从此太谷学派进入了新的发展时期，为张积中平反昭雪的步伐也明显加快了。

光绪三十年（1904）十二月，杨士骧（字萍石，号莲府）出任山东巡抚。杨士骧为安徽泗州（今江苏盱眙）人，流寓淮安，与刘鹗有同乡之谊（刘鹗一家从其父刘成忠开始就移居淮安）。杨士骧的兄长杨士晟，字蔚霞，是黄葆年的弟子，参与愚园之会，是太谷学派的重要成员。杨士骧主政山东，让太谷学派看到了平反黄崖山案的希望。

---

① 《铁云诗存》，齐鲁书社 1980 年版，第 19～20 页。

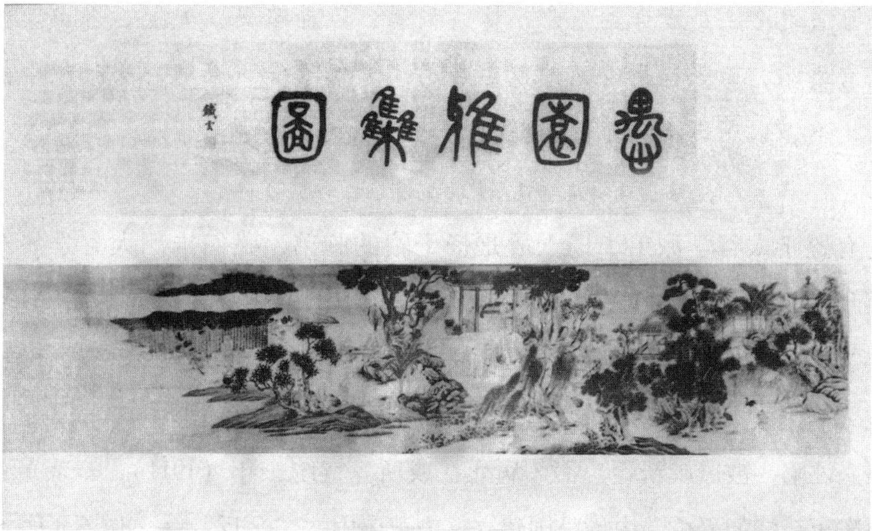

图 8－2　愚园雅集图

光绪三十一年（1905），清廷开始所谓的“预备立宪”，政治环境更趋宽松。当年二月，刘鹗在上海公开印行周太谷、张积中遗墨。五月，四川华阳县人乔树楠（字茂轩）自天津南下苏州，由挚友刘鹗引见，拜师黄葆年。按乔氏时任御史，其为人“规划精详，遇事能见其大”（张之洞评语），也是个勇于担当的人物。很有可能在这次拜师期间，黄葆年、刘鹗等人将吁请昭雪之事委托身居言路的乔氏去办理。

光绪三十二年（1906），乔树楠果然呈奏了吁请昭雪的奏疏，称张积中“乃以白发儒生，空山讲学，生被诛夷之惨，死蒙叛逆之名”。清廷为此要山东巡抚杨士骧确查具复。据杨士骧幕僚徐沅《檐醉杂记》记载，徐沅替杨士骧拟稿复奏，略云：

> 张积中雅负物望，阎敬铭亦深知之，屡经派员招致，积中自信无他，初亦拟奋身自表，而山中徒众以死挚留，不得自出。相持既久，疑忌交乘，限迫就歼，被兵而伤亡者至于无算，于是张积中几被黄崖

匪首之名。是案详细情形，博访周咨，隐曲略具，大抵黄崖山实有抗官之举，而张积中委无悖逆之形。……拟恳准照原奏雪除张积中叛逆之名，以顺舆情，而伸幽抑。①

有鉴于太谷学派弟子杨士晟是杨士骧的胞弟，我们推测太谷学派对杨士骧预先也做了一些工作。杨士骧也深知黄崖山案实系“冤案”，只因兹事体大，牵涉面又很广，最终竟将幕僚已拟就的奏稿压了下来，没有呈奏。

光绪三十三年（1907），杨士骧调离山东。三十四年（1908），刘鹗遭袁世凯等人诬陷，被遣戍新疆，不久病死在戍所。宣统三年（1911），辛亥革命爆发。次年，清朝灭亡，中华民国建立。为黄崖山案“平反”一事遂不了了之。

（二）《老残游记》中的桃花山实指黄崖山

图 8－3　刘鹗

光绪六年（1880），刘鹗正式拜李光炘为师，时年仅有二十四岁，老师授记其为“超贤入圣”，可见器重。李光炘生前，还有“将来天下，二巳传道”的话。所谓“二巳”，是指生于乙巳年（道光二十五年）的黄葆年和生于丁巳年（咸丰七年）的刘鹗。而且老师还为两位高足分别指明了努力的方向——“圣功大纲，不外教养两途”，黄葆年“以教天下为己任”，刘鹗“以养天下为己任”，一力于内，一力于外，“各竭心

① 《山东近代史资料》第一分册，山东人民出版社 1957 年版，第 199 页页下注文引。

力，互相扶掖为之”。[①] 可见期许之殷。从此，刘鹗有志于圣贤，慨然以弘扬太谷之学，接续古今道脉为己任。

光绪十四年（1888），刘鹗以同知衔投效河督吴大澄幕中，襄赞河务。郑州黄河决口合龙后，又受命主持测绘河南、山东、直隶三省黄河，并赴山东查抄山东黄河历年泛滥以及治河等文献资料，在赴济南途中，“于（黄河）沿路州县，设法借其志乘翻阅，颇思采择河干、古迹、轶事，或金石、名胜等事，以备销差时顾问”[②]。光绪十六年（1890），刘鹗经山东巡抚张曜咨调办理山东河务，充任黄河下游提调官。刘鹗在济南断断续续共住了五年多，这期间考察了黄河下游沿线各地，可能也趁便走访凭吊了距离黄河仅有二十里远的黄崖山，只是因为事属秘密，走访黄崖山的情况，在他的传世文字中并没有明确记载，但是通过他的小说《老残游记》，我们确信他是去过黄崖山的。

众所周知，《老残游记》以主人公老残（刘鹗的化身）的游踪为线索展开故事情节，但是从第八回开始，竟然硬是把老残抛在一边，而用了整整五个回目写申子平奉兄长武城知县申东造之命前去平阴县桃花山访求江湖侠士刘仁甫的经历。

关于桃花山的具体所在，小说第七回老残向申东造推荐刘仁甫，说：“此人姓刘，号仁甫，即是此地平阴县人，家在平阴县西南桃花山里面。”桃花山为平阴县西南之一山。老残又向申子平指示如何取道前往桃花山，说：“昔年是从省城顺黄河到平阴县，出平阴县向西南三十里地，就到了山脚下了。”平阴县西南三十里，已过了黄河，平原阔野连蕞尔小丘都不得一见，哪来什么深山大涧呢？可见所谓桃花山，不在今平阴一带。

---

① 参见《刘鹗及老残游记资料》，四川人民出版社 1985 年版，第 299～300 页。

② 〔清〕刘鹗：《上河南郑工局禀》，见《刘鹗及老残游记资料》，四川人民出版社 1985 年版，第 107 页。

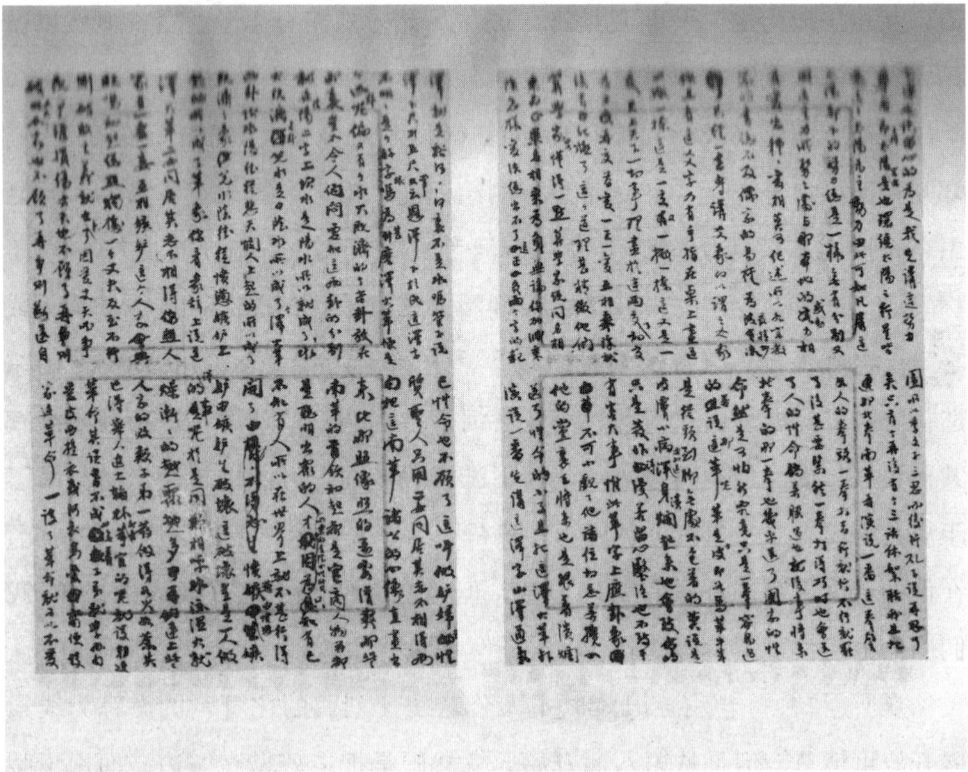

图8－4　《老残游记》第十一回手迹

那么桃花山在哪里呢？小说第六回写道，在曹州府城一家旅店，申东造请老残吃火锅涮山鸡片。申东造说：“这鸡出在肥城县桃花山里头的。这山里松树极多，这山鸡专好吃松花松实，所以有点清香，俗名叫作‘松花鸡’。”明说桃花山在肥城县，不在平阴县。而我们知道，黄崖山在清代恰好就在肥城县的辖地之内，因此我们推测《老残游记》中的桃花山是黄崖山的虚写。

（三）山川地理与进山之路

《老残游记》写道：申子平到了平阴县城，在县里要了一匹马骑着，几个车夫推着两辆小车载着行李跟随，“不过一个早晨，已经到了桃花山脚下”的一个村庄。小说里所谓的平阴县城，应该是指古平阴城。古平阴城在今长清孝里东障，先秦时为齐国西陲重镇，明清时期称作“东障”，隶属肥城县，由大街、三街等几个自然村组成。至于小说中所谓的桃花山脚下的小村庄，应该是指孝里镇境内的胡林坡（亦写作“虎林坡”）。由东障至胡林坡，十里路程，骑马一个早晨可以轻松到达。

小说继续写道，因进山的路难走，申子平就向村里人家雇了一只小驴，将马打发回平阴城。村南的沙河，“有一里多宽，却都是沙，惟有中间一线河身，土人架了一个板桥，不过数丈长的光景”。“过了沙河，即是东峪。原来这山从南面迤逦北来，中间龙脉起伏，一时虽看不到，只是这左右两条大峪，就是两批长岭，冈峦重沓，到此相交。除中峰不计外，左边一条大溪河，叫东峪；右边一条大溪河，叫西峪。两峪里的水，在前面相会，并成一溪，左环右转，弯了三弯，才出溪口。出口后，就是刚才所过的那条沙河了。”

作者这里交代的正是黄崖一带的山川形势，“这山从南面迤逦北来，中间龙脉起伏，一时虽看不到”，显然是指黄崖山。黄崖山由中峰和东西二峰构成，由于山脉起伏，自胡林坡向东南看去，的确是“看不到”主峰的。黄崖山东西各有一条山峪，就是小说所说的东峪、西峪，而中峰隔峪遥遥相对的东西“两批长岭”，则分别指东边的石小子山和西边的阳干山（又名大西山）。石小子山向西北方向伸出的余脉，俗名盘龙山；阳干山向东北伸出的余脉，俗名凤凰山。盘龙山与凤凰山相交的山口，就是胡林坡村南进黄崖的山口。东西山峪相会的河流，便是黄崖河，它穿过山口之后向西流去，汇入清水沟。

长清境内最大的两条河流皆以“沙河”名之，即南大沙河和北大沙河。南北两条大沙河是黄河的两条重要支流。刘鹗当年往来考察测绘黄河，对于南北大沙河想必是熟悉的，所以写小说时就把沙河的名称及其河道的情状移到这里来写了。

小说又写道：

> 子平进了山口，抬头看时，只见不远前面就是一片高山，像架屏风似的，迎面竖起，土石相间，树木丛杂。却当大雪之后，石是青的，雪是白的，树上枝条是黄的，又有许多松柏是绿的，一丛一丛，如画上点的苔一样。骑着驴，玩着山景，实在快乐得极，思想做两句诗，描摹这个景象。正在凝神，只听壳铎一声，觉得腿胫里一软，身子一摇，竟滚下山涧去了。

《老残游记》描写风景，不是出于虚构幻想，而是通过精细观察，根据实情实景写出来的，这基本是胡适以来《老残游记》研究者的共同观点。小说在此所写的“一片高山”，显然是指大峰山。大峰山位于三黄崖村西南，从胡林坡看，在正南方向。大峰山海拔376米，林壑幽深，石奇泉洌，是泰山以西的道教名山，张积中讲学黄崖期间，门弟子经常游览题咏于此。小说称此山“石是青的”，而事实上，大峰山岩溶地貌发达，崖壁确是青色的，这与黄崖山迥然有异。

小说又写道，“这路虽非羊肠小道，然忽而上高，忽而下低，石头路径”。先前老残只顾看山景，失足跌落沟涧，好在那沟涧尚不甚深。走了一段路之后，又“走到一条横涧跟前，原是本山的一支小瀑布，流归溪河的。瀑布冬天虽然干了，那冲的一条山沟，尚有两丈多深，约有二丈多宽。当面隔住，一边是陡山，一边是深峪，更无别处好绕”。“子平下来，牵了驴，依着走到前面看时，原来转过大石，靠里有人架了一条石桥。只是此桥仅有两条石柱，每条不过一尺一二寸宽，两柱又不紧相黏靠，当中还罅着几寸宽一个空当儿，石上又有一层冰，滑溜滑溜的。”总之，这段文字极言路途之难行。

现在由胡林坡去黄崖的乡间道路，平坦笔直，路面业已硬化。但在几十年前，尚且还如小说所言，上下要经过好几条深涧沟壑，如北沟、石龙沟、卧虎沟等，沟壁坡度多在45度以上，往来的确不易。值得注意的是，小说称一条横涧是因“本山的一支小瀑布”冲刷形成的，这亦并非出于虚构，因为在张积中及其门弟子的黄崖遗文中，经常出现“叠石涧飞瀑”，如《白石山房诗钞》就收有张积中同治三年（1864）八月所作的《叠石涧观瀑》。

小说又用浓墨重彩述说申子平一行夜遇猛虎的故事。这个故事显然是因卧虎沟的地名而杜撰出来的。说那老虎从西山岭转眼间窜上了东山岭，这也与卧虎沟两侧的地形地势吻合。

刘鹗之子刘大绅在《关于〈老残游记〉》一文中说，小说第八回目原本作“桃花山下遇狐”，商务印书馆《绣像小说》刊登该书时，改“狐”为“虎”，且“删改文字”。我们以为这有两种可能，一种可能系作者笔下误，也就是说作者本意是“遇虎”误作“遇狐”，否则小说关于申子平遇虎的精彩文字便没有了着落。另一个可能性或许更大，就是回目中的“桃花山下遇狐”，实指桃花山庄中遇狐（详下），而非途中遇狐。总之小说途中遇虎的故事，与地名卧虎沟是有一定关系的。

小说第七回，老残指示申子平说：“进山就不能坐车，最好带个小驴子：到那平坦的地方，就骑驴；稍微危险些，就下来走两步。进山去有两条大路。西峪里走进有十几里的光景。”小说中的申子平显然是取道西峪进山的，也就是从胡林坡进山的。取东峪进山之一路，便是从大桥村向南，过黑风口，至北黄崖村。这一条山路经过最近几十年不断修整，已经能够通行拖拉机等农用车了，故当地村民谓之“生产路”。黄崖山案发生过程中，据说黑风口是双方激烈争夺的一个重要关卡。

综上所述，小说中申子平上山的经历占了整整一回，所描写的山水形势与黄崖山一带的实况若合符节，如果刘鹗没有亲自去过黄崖山，是绝对写不出这样的文字的。

（四）村落与居舍

小说写道，申子平一行“转过一个石嘴，忽见前面一片灯光，约有许多房子，大家喊道：‘好了，好了！前面到了集镇了！’只此一声，人人精神震动。不但人行，脚下觉得轻了许多，即驴子亦不似从前畏难苟安的行动。那消片刻工夫，已到灯光之下。原来并不是个集镇，只有几家人家，住在这山坡之上。因山有高下，故看出如层楼叠榭一般”。

图8－5　南黄崖村“南楼”

南黄崖村所在的山峪，南高北低，夜间自北向南远看村舍民居，确有层楼叠榭一般的观感。南黄崖村王永泉老人的祖宅由几个院落组成，因所处地势高亢，房屋高大，宛如高楼，所以从前胡林庄以南的人都称王家祖宅为“南楼”。

张积中来黄崖讲学之前，黄崖虽然不像《清稗类钞》等书所说的那样，“素无居民”，然而住户不是很多，且“俗尚穴居”①，确属事实。张积中移居黄崖，尤其在咸丰十一年第二次移居黄崖之后，有许多人追随张积中来黄崖学习或避乱，当地居民数量才有了迅猛增长。不过《清稗类钞》《清朝野史大观》《虞初近志》等书所谓“渐积之八千余家”，显然属于虚夸之辞，不足采信。《山东军兴纪略》“数百十家”，《肥城县志》以及时任

① 汪宝树：《岁事编摘要·黄崖游记》，《山东近代史资料》第一分册，第156页。新中国成立前后，三黄崖村尚有人住窑洞。当地人称窑洞为“土屋”，遗迹至今犹存。

章丘知县蒋庆第《友竹草堂随笔》“来归者数十百家”“从者数十百家”的说法，还是比较可靠的。那么，三村原有居民加上外来移民约有几百户人家，为何在小说中却写成孤零零的“几家人家”呢？

首先，我们要注意，按照小说所言，黄崖西峪的住户，断不止“几家人家”。小说第七回老残向申东造推荐刘仁甫时，说：“西峪里走进有十几里的光景，有座关帝庙。那庙里的道士与刘仁甫常相往来的。你到庙里打听，就知道详细了。那山里关帝庙有两处：集东一个，集西一个。这是集西的一个关帝庙。”第八回玙姑对申子平说：“刘（仁甫）先生当初就住这集东边的，现已搬到柏树峪去了。”第九回黄龙子对申子平说：“刘仁甫今天晚上检点行李，大约明日午牌时候，可以到集上关帝庙。你明天用过早饭动身，正好相遇了。”第十二回记“申子平一觉醒来，红日已经满窗”，洗漱用饭，“又坐了一刻，辞了玙姑，径奔山集上。看那集上，人烟稠密，店面虽不多，两边摆地摊，售卖农家器具及乡下日用物件，不一而足。问了乡人，才寻着了关帝庙。果然刘仁甫已到”。从以上四段文字，我们看到，山集距离玙姑家并不远，且“人烟稠密”，证明小说桃花山西峪并非只有“几家人家”。

其次，关帝庙、山集也有所本。中黄崖村北有关帝庙，至今犹存。村中旧时南北大街有集市。这些与小说描写的情形基本契合。

最后，小说将玙姑等“几家人家”从三黄崖村中分离出来，显然是出于营造神秘奇幻氛围的需要。

以上所谈为村落，下面来看民居。

稽考文献，张积中咸丰六年（1856）初来黄崖，开始几年借住在中黄崖村的刘曜东家。穷乡僻壤，居住简陋，用张积中的话说，正是“乱山杂沓，木石与居”①；“乱石堆垣，黄茆盖屋”②。咸丰八年（1858），张积中

① 《白石山房文钞》卷二《寄杨蕉隐书》，《太谷学派遗书》第二辑（一）。

② 《白石山房文钞》卷二《期云馆诗画屏序》，《太谷学派遗书》第二辑（一）。

一度迁居青州，九年（1859）又迁居博山，十一年（1861）才返回黄崖。当时，正当捻军首次大举进军山东之际，省城济南等地的官绅携家眷迁居黄崖避难者，人数猛增。为此，张积中在黄崖山上山下大动土木搞建设，直到六年之后山案发生。

图8－6　关帝庙

《肥城县志》记载："黄崖地颇荒僻，自积中居之，大兴土木，屋宇鳞次。"这些次第兴起的建筑和景观，《白石山房遗集续编》所录《黄崖圣迹》有名录，分别唤作：太玄门、太玄池、太玄坛、重檐、九间棚、前院、后院、上斋室、下斋室、内膳房、外膳房、俎笾房、铜玉库、上更衣所、下更衣所、云阶、圆桥、水火房、竹圃、外廊、内廊、天根、月窟、咏归台、采药径、一勺亭、多竹翔云、东泉、西泉，白石山房、白石洞书房、璇玑洞、璇玑洞书屋、叠石涧、养正泉、遵问馆、报本堂、思义轩。其中，九间棚就是祭祀堂，它与天根、月窟、咏归台、采药径、上斋室、上更衣所等，都位于山上的大寨，璇玑洞在大峰山东麓，璇玑洞书屋在璇玑洞道观（真武殿）。其余建筑和景观似乎多在山下村中。

如今，登山必经的中黄崖村街道两旁，仍然隐藏着不少败落的深宅大院，虽然已是房倒屋塌之后的残垣断壁，但是规模、格局和建筑工艺绝非一般村舍所能比。巨大的马槽和硕大的石臼弃置在墙角，见证着昔日村庄的繁盛。可惜这一切在以往并不被人们注意。

图 8－7　中黄崖村古建筑

图 8－8　石臼

因山案猝发，建设中断，许多工程并未完工。汪宝树在吊黄崖的《无题诗》中说“画梁春燕辞新垒，枯树寒鸦噪夕阳”“几家庭院几楼台，金谷平泉化作灰”。自注说：“诸人避地于此，为时未久，所造园亭屋宇，尚多未成。”2014 年 10 月 19 日，我们访问黄崖，中黄崖村书记李希林先生指着残垣断壁向我们介绍说：“据传，张七要在此建行宫，工程没有完，就出事了。”

图 8－9　中黄崖村张积中故居局部

有了以上交代，再来看小说有关西峰柱史、玙姑一家居舍的描写，应该也是有所依据，而非出于凭空虚构。

小说写申子平一行投宿山庄：

当时走近一家，外面系虎皮石砌的墙，一个墙门，里面房子看来不少，大约总有十几间的光景。于是车夫上前扣门……原来这家，进了墙门，就是一平五间房子，门在中间，门前台阶约十余级。……原来这是个朝西的大门。众人进得房来，是三间敞屋，两头各有一间，隔断了的。这敞屋北头是个炕，南头空着，将车子同驴安置南头，一众五人，安置在炕上。然后老者问了子平名姓，道："请客人里边坐。"于是过了穿堂，就是台阶。上去有块平地，都是栽的花木，映着月色，异常幽秀。且有一阵阵幽香，清沁肺腑。向北乃是三间朝南的精舍，一转俱是回廊，用带皮杉木做的阑柱。进得房来，上面挂了四盏纸灯，斑竹扎的，甚为灵巧。两间敞着，一间隔断，做个房间的样子。

小说又写玙姑的居室：

进了榻旁小门，仿佛回廊似的，却有窗轩，地下驾空铺的木板。向北一转，又向东一转，朝北朝东俱有玻璃窗。北窗看着离山很近，一片峭壁，穿空而上，朝下看，像甚深似的……又朝向北一转，便是一个洞门。这洞不过有两间房大，朝外半截窗台，上面安着窗户，其余三面俱斩平雪白，顶是圆的，像城门洞的样子。

以上两段文字，起码有三点值得注意：

其一，建筑规模与建筑形式。小说中西峰柱史的宅邸，院墙大门西向，两进院落，十多间房屋，"三间朝南的精舍，一转俱是回廊，用带皮杉木做的阑柱"。由西峰柱史到玙姑的洞房，也有连廊相通。回廊和连廊，在山东传统民居中是没有的。事变前，泰安人汪宝树访问黄崖，先到村中公局"通名下榻"，次日拜晤张积中，然后登山游览山寨。他在《游记》中写道："山颠有公局，覆以茅，凡三楹，旁小号舍十余间，皆办公之所，通以回廊。南省多雨，回廊所以避雨，寨中首事多南人，故其规模如此。外有屋两楹，张积中之室也，时为山水冲坏，方命工修治。"山上积中住屋紧挨公局，公局三间与两旁小号舍十余间，俱“通以回廊”。张积中等人平日住在山下村中，房舍建筑也应该有回廊、连廊。上引《黄崖圣迹》的外廊、内廊，或许就是指村中的建筑。那么，小说中有关西峰柱史宅邸的文字，很大程度上是对张积中黄崖居所的真实写照。

其二，玙姑的住屋是一处“洞房”，有两间房大，顶是圆的，前面带有窗户。这大概是作者根据黄崖本地人“俗尚穴居”的民俗事项，想象虚构的。

其三，院中有花圃，虽然已是隆冬时节，花木仍然异常幽秀。张积中在黄崖期间，在住所庭园栽植许多花草，“每日命仆课婢，浇花薙草，摘叶移根，种千种花，辨千种性”。所植之花卉，有茉莉、芭蕉、紫蓼、鸡冠、凤儿、玉簪、野菊、牵牛、盆桂、夜来香等，甚至还凿池种莲，六月大雨，池水平崖，“不啻莲花世界”①。

小说山庄夜话的几回文字中，我们认为有几个细节也不可轻易放过。如第九回，玙姑以茶款待子平，说：

> 茶叶也无甚出奇，不过本山上出的野茶，所以味是厚的。却亏了这水，是汲的东山顶上的泉。泉水的味，愈高愈美。又是用松花作柴，沙瓶煎的。三合其美，所以好了。

而事实上，黄崖村东山确有一眼山泉。它位于黄崖山中峰西侧的老虎嘴下，山寨的西墙之外。泉水自岩隙中渗出，汇入人工开凿的两个小水池，清澈甘洌。当年，清兵夺占了山下的大井，继之又攀越危崖峭壁控制了这处小泉。②

① 《白石山房文钞》卷二《黄崖消夏漫记》，《太谷学派遗书》第二辑（一）。

② 黄少香《黄崖胜迹》提到三处泉子，即东泉、西泉、养正泉。养正泉为山下大井，也就是俗称的仙人井。西泉大概是指大峰山东麓璇玑洞庙观下的山泉，而东泉则无疑是指黄崖山上这处泉子了。

依然是第九回，黄龙子一出场，就向玙姑要笋吃。玙姑说："前些时到想挖去的，偶然忘记，被滕六公占去了。龙叔要吃，自去找滕六公商量罢。"在北方山区能吃上当地生产的冬笋，即便不无可能，也是极稀罕的事。但是在张积中讲学的黄崖，却不足为奇。因为张积中及其手下不少是南方人，他们利用仙人井的泉水，栽植竹木，俨然成林，使黄崖平添了一道风景，即《黄崖圣迹》所谓的"多竹翔云"。

总之，小说中桃花山下的山庄与居舍，影射黄崖村和张积中居所，是无可怀疑的。

（五）小说人物原型

《老残游记》基本是刘鹗以1890年自己在山东的游历为背景而写的一部自传。按理说，为了不割裂小说故事的完整性和连贯性，作者完全可以让老残继续他的游历，去桃花山走一趟，没必要"半路杀出一个申子平"来。作者之所以将老残（即刘鹗本人）置身事外，一是不欲外界知道自己曾秘密探访过黄崖；二是因为西峰柱史、黄龙子、玙姑等所影射的太谷学人均已作古，老残不可能与他们有直接的接触和对话；三是以申子平的见闻来写，阐明太谷学派的政治态度和学术观点，可以更显客观公允。

既然如此，那么申子平以及他的兄长申东造，当然就是纯粹出于虚构的人物。他们的姓名，容易使人联想到这样一层含义，即"申诉自能平反""申诉而再造东邦"。

申子平桃花山寻访的刘仁甫，其人物原型，刘鹗之子刘大绅先生认为实有其人，"惟姓是而名非"，并说他是候补官，刘鹗寓居济南城内鷃鹉庙街时，“对门而居者也”①，而蒋逸雪先生则认为“游记中所称之刘仁甫，系影射侠客‘大刀王五’”②。我们则根据各种迹象，以为刘仁甫的原型可能是黄崖山寨中的某位重要成员。

按照小说第七回老残对申东造所说的话，刘仁甫家住桃花山中，武艺高强，“是讲武功的巨擘”，曾入过镖局。他原本有心为国家做事，只是生不逢时，才“种了几亩田，聊以度日”，“情愿埋名隐姓，做个农夫”。由于是老残的旧交，且又重“交情义气”，所以老残才向申东造推荐了他。

小说又写道，老残在聊城碰到一个由直隶返回南方路过此地的金二哥，现场草拟了一封信，要金二哥顺路捎给“刘大哥”刘仁甫，并作揖说：“恕不远送了。山里朋友见着都替我问好。”那金二接了信，便上车远去了。刘厚泽先生注意小说里的这些“闪烁其词”的文字，说：

> 刘仁甫是“种了几亩田，聊以度日”和在“齐豫两省，随便游行”的一个侠士，金二又是什么人？何以会认识他呢？直隶省范围很大，究竟是从哪里来的呢？既称为“山里的朋友”，显然不止一个人，那这些又是什么人呢？这些都说明，太谷学派的政治面貌在当时确是可疑的。③

第八回，申子平初见玙姑，说明来意，玙姑说：“刘先生当初就住这集东边的，现已搬到柏树峪去了。”又说：“（柏树峪）在集西，有三十多里

---

① 刘大绅：《关于〈老残游记〉》，《刘鹗及老残游记资料》，四川人民出版社 1985 年版，第 394 ~ 395 页。

② 蒋逸雪：《刘鹗年谱》，齐鲁书社 1980 年版，第 7 页。

③ 刘厚泽：《刘鹗与〈老残游记〉》，《刘鹗及老残游记资料》，四川人民出版社 1985 年版，第 19 页。

的光景。那边路比这边更僻，愈加不好走了。”第九回黄龙子说：“柏树峪地方，路极险峻，很不好走，又有这场大雪，路影看不清楚，跌下去有性命之忧。”第十回黄龙子说：“刘仁甫却是个好人，然其病在过真，处山林有余，处城市恐不能久。”

从以上的交代可以知道刘仁甫曾住在桃花山，后来迁居离桃花山不远的柏树峪，其人虽是个农夫，却精通武艺，行侠仗义，就是玙姑也都很敬重他，称他先生。那么此人究竟影射谁呢？我们认为就是朱瀛兄弟。

汪宝树游黄崖时，陪同他的是虞逊（字叔渊）以及水里铺（孝里铺）团长朱良峰之五弟、六弟。汪在游记中记载，当他登上山寨，见山寨范围十分辽阔，问道：“何以守？”虞逊笑曰：“本村人数不敷其半，全赖朱兄八百精锐。若朱兄不来，失所恃矣。”朱良峰，在汪氏悼念黄崖的《无题诗》自注中，写作“朱良甫”。朱良甫，名瀛，他和胞弟朱渊（字玉川）、堂弟朱濂（字莲峰），俱来自肥城县孝里铺（又名水里铺，今属长清）朱氏家族，且都是张积中的弟子，是黄崖山寨武装力量的主要领导者，也是山寨的重要领导成员。黄崖事变，朱瀛殉难。朱渊和朱濂因在外地，幸免于难。山案发生之次年，朱渊秘密返回黄崖，“时兵火之余，讹言繁兴，孑遗星散”，“独椎心泣血，奋造黄崖之巅，尽殓被难遗骸，分别男女，瘗于山上，树碣志之生平，矢志绍述，始终不渝”。[①]

由于风声鹤唳，形势紧张，朱渊、朱濂同其他黄崖孑遗一样，在事变发生之后的一二十年间，只能隐姓埋名，流亡四方，游学南北。光绪九年癸未（1883）朱渊、朱濂等北宗孑遗在济南与南宗弟子黄葆年首次相见，《养蒙堂遗集》卷二载朱渊《上黄先生书》：

伏思癸未之岁，始得亲承颜色而领训言。历年以来，先生望我之

① 张德广：《养蒙堂遗集后记》，《太谷学派遗书》第一辑（五）。

深，忧我之切，既期其有成，又虑其不成，或婉言以讽，或法语直告，惓惓于予小子者，何若是之情挚而意笃也。[①]

可见在此之前，黄葆年就与朱渊有书信往来，黄葆年对朱渊也寄予很高期望。朱渊力主南北合宗，以重振黄崖事业自期，其在给同学王显甫的信中说：

往事犹前日，惊心岁暮天。至人终不死，好月定重圆。春转璇玑洞，云回叠石泉。前途须努力，勿仅叹衰年。[②]

可能也正是在与黄葆年初次相会之后，朱渊与朱濂回归故里，置养蒙堂于岚峪村的张述明家，“授黄崖难裔子弟学。……盖继黄崖太夫子之后授学北方者惟先生”。及门弟子甚众，以张哲（述作）最知名。[③]

光绪二十四年（1898），黄葆年亲往黄崖山，邀南北派弟子于十月初六——张积中死难32年祭日，秘密祭奠张积中及其殉难弟子。朱渊作为黄崖孑遗领袖，尽东道之谊，并亲撰祭文。[④]

有了以上交代，我们可以肯定地说，小说中的刘仁甫，必是影射朱良甫无疑。首先，刘仁甫与朱良甫，名字本身就有可比性。其次，朱良甫出身农民，作为孝里铺八百团练的团长，他和他的兄弟都是习武之人，“是讲武功的巨擘”。他们率领八百团练保卫山寨，也有镖局被雇佣的性质。这些都与刘仁甫的身份十分吻合。

---

① 《太谷学派遗书》第一辑（五）。

② 〔清〕朱渊：《养蒙堂遗集》卷四《再寄显甫》，《太谷学派遗书》第一辑（五）。

③ 张德广：《养蒙堂遗集后记》，《太谷学派遗书》第一辑（五）。

④ 见《养蒙堂遗集》卷一，《太谷学派遗书》第一辑（五）。

在刘仁甫身上，似乎还有朱渊、朱濂的身影。朱渊（玉川）、朱濂（莲峰），作为黄崖孑遗领袖，为人处世，重情义，有担当，颇有江湖侠义之风。兄弟二人“凿井而饮，耕田而食”，以“葛天氏之民”而自况[①]，这与小说中的刘仁甫也很相似。

刘鹗1890年、1891年密访黄崖之时，有可能邀请已在岚峪开堂讲学的朱渊、朱濂来黄崖相会。岚峪在黄崖西南，有崎岖难行的羊肠小道相通，倘若我们不拘泥于小说中柏树峪距桃花山庄三十多里的文字，那么我们说柏树峪实指岚峪，也是可以说得通的。

在小说中，玙姑的父亲“西峰柱史”始终没有露面。他是一个先知者，申子平来桃花山的前两天，就已预知申子平的到来。按“西峰”，泰山西峰也，显然是指位于泰山西侧的黄崖山。“柱史”，出典于老子为周柱下史。“西峰柱史”意即泰山西峰的隐者，其影射张积中无疑。玙姑向子平说：“敝姓涂氏。家父在碧霞宫上值，五日一班。合计半月在家，半月在宫。”已故著名学者徐北文先生指出：

> 按所谓“涂氏”乃影射涂山氏。古籍载禹妻涂山氏乃九尾狐所化（见《吴越春秋》）；而泰山民间神话有泰山老奶奶管辖八万四千狐狸之说（泰山狐皆老奶奶侍卫也）。玙姑之父既在碧霞元君宫轮值上班，正明指其为老奶奶手下之狐精也。[②]

小说作者将张积中写成狐精，并无不敬之意，因为在我国原始图腾崇拜中，九尾狐是迎合天人之际会的王者的象征，同时又宜家宜室，子孙昌

---

① 〔清〕黄葆年：《庚子浴佛日赠朱莲峰六十寿》，《太谷学派遗书》第二辑（二）；〔清〕蒋文田：《赠朱玉川先生》，《太谷学派遗书》第二辑（四）。

② 自牧主编：《日记杂志》，中国文史出版社2005年版，第34页。

盛；在魏晋南北朝志怪、隋唐传奇以及《聊斋志异》等明清小说中，都有大量的狐仙故事，狐是聪慧、正义、宽容、儒雅的化身，又往往是善良无辜的受害者。[①]

刘鹗迷信并善谈怪异，蒋逸雪先生认为这与太谷学派开山祖师周太谷有关，他说："太谷教义，刘氏渐染既深，影响其言行极巨。力避故常，侈谈诡异，显由太谷索隐行怪启之。"[②] 刘鹗之子刘大绅曾撰文《〈老残游记〉作者所语之异事》[③]，追记刘鹗异事十五则，其第十、十一两则都是有关狐仙的故事。刘鹗在淮安的故居有狐穴，有楼，狐居其上称"大仙楼"。从刘鹗开始，刘家还有朔、望日以酒、卵祭祀狐仙的做法。总之，源远流长的狐仙崇拜信仰，以及太谷学派"侈谈诡异"的传统，对刘鹗都有深刻的影响。

西峰柱史，既如上述，明指泰山老奶奶麾下的狐精，那么西峰柱史之女玙姑，自然就是狐仙了。徐北文先生说："写玙姑神态，应受《聊斋志异》所写狐女影响。至于写玙姑与黄龙子大谈性理宗教，又受《阅微草堂(笔记)》假托狐鬼以批判宋儒的手法之影响也。"[④] 西峰柱史既然影射张积中，那么玙姑又是影射谁呢？

张积中黄崖讲学，有两个有名的女弟子，一个姓李名素心，也写作素馨；一个姓张名静娟，别号蓉裳。二人在山寨的地位都很高，"专屋列居，进谒者泥首九拜，如见积中"[⑤]，山案发生时，二人皆从殉。小说中玙姑的原型，必为其中的某一人。

---

① 详见李永祥先生《说狐》，《济南教育学院学报》2001 年第 6 期。

② 蒋逸雪：《刘鹗年谱》，齐鲁书社 1980 年版，第 10 页。

③ 参见刘德隆《刘鹗散论》，云南人民出版社 1998 年版。

④ 自牧主编：《日记杂志》，中国文史出版社 2005 年版，第 34 页。

⑤ 《山东军兴纪略》卷二一。

2004年，济南出版社出版严薇青先生校注《老残游记》，严先生在《再版后记》中说：

> 1982年，我在山东《柳泉》第二期上发表《〈老残游记〉札记》，据张积中的《白石山房遗稿》（未刊稿），认为第八回中所写的桃花山，可能就是当年张积中讲学、后来被清政府剿洗的黄崖山；而第九回中的玙姑，可能写的是张积中的女弟子、李龙川的侄女李素心，或其他太谷学派中的女门人，而不是作者笔下虚构的人物。1983年12月日本清末小说研究会年刊《清末小说研究》（中文版）发表了盛成先生（北京外语学院教授，曾译《老残游记》为法文，在国外出版）《关于〈老残游记〉》一文，也说"玙姑即李素心"，并说明李素心小名仲玙，她是李龙川的三弟李光燮（敏斋）的女儿，叔伯辈都叫她"玙姑"（引者按：这基本上和书中玙姑的自我介绍相同），后随张积中殉难于黄崖山。盛文发表后，蒙刘蕙孙先生以就盛文内容所作的某些订正和补充示见，指出玙姑即李素心，实为李龙川二弟李光荣（南园）之女，李敏斋为其叔父；当时家中人称她为"玙姑""四姑""细姑"或"素姑"。因根据当地乡音，玙、四、细、素读音不分，皆读为心纽。使我假设玙姑即李素心的想法得到进一步的证实。

日人樽本照雄在《〈老残游记〉中的人物塑造的问题——关于玙姑》一文说："根据盛成的论文（《关于〈老残游记〉》，刊登在《清末小说研究》1983年中文版——引者注），李素心是李光炘之弟、李光燮之兄李光荣（号南园）的女儿。"又在《附注》中说："后来，盛成承认了我的疑问，又寄来一份更正的家谱。根据这份家谱，则将伯玙和仲玙改为李光荣之子。这样一来，仲玙便有可能是素心。严薇青一语破的。"小说玙姑的人物原型是李龙川的侄女、张积中的高足李素心，应是确定无疑的了。李素心，小名仲玙，家中人称她为“玙姑”“四姑”“细姑”“素姑”。“四”“细”音近，四姑即细姑，细姑者，小姑也。至于素姑，大概由其大名素心而来。

小说玙姑向申子平介绍自己说：“小名伯玙，家姊叫伯璠，故叔伯辈皆自小喊惯的。”伯璠在小说中没有露面，推测其人物原型应是张静娟。

当年在黄崖隐居避乱的人群中，有不少官绅女眷。张静娟在黄崖村的居室雅号“期云馆”。咸丰七年（1857）冬，张积中作《〈期云馆诗画屏〉序》，文中云：“静娟其有所感乎，其作诗画屏也。其间所列，若蕊春、翘仙、秋蘅、素心，则故旧也；若少云、西华、灵隐、藕卿，则新相与也。由南及北，共经患难者，惟一永言。”[①] 同治三年（1864）八月，张积中游览黄崖叠石涧，作《叠石涧观瀑，示蕊春、素心、蓉裳、永言并示子鹤》。以上提到的这些女眷，可能一如蓉裳（张静娟）和素心，也都是张积中的女弟子。小说中，玙姑介绍被她请来共同演奏古乐的桑家姐妹扈姑、胜姑，说：“都住在我们这紧邻，平常最相得的。”看来桑家姐妹的原型，只能从张静娟、李素心在黄崖的女伴中去寻找。

最后谈小说人物黄龙子的原型。刘鹗之子刘大绅先生说：“黄龙子初无用意，后则影射黄归群先生。”[②] 小说第二十回又写一个“长须过腹”的老者，号青龙子，“是个隐士，但行踪无定，不易觅寻”，去年住灵岩山，现住泰山之阴的玄珠洞，手上有一种能使人起死回生的神药，唤作“返魂香”。续集第一回，德慧生问道：“你昨日说的那青龙子，是个何等样人？”老残道：“听说是周耳先生的学生。这周耳先生号柱史，原是个隐君子，住在西岳华山里头人迹不到的地方，学生甚多。但是周耳先生不甚到人间来。

① 《白石山房文钞》卷二《〈期云馆诗画屏〉序》，《太谷学派遗书》第二辑（一）。

② 刘大绅：《关于〈老残游记〉》，《刘鹗及老残游记资料》，四川人民出版社 1985 年版，第 395 页。

凡学他的人，往往转相传授，其中误会意旨的地方，不计其数。惟这青龙子等兄弟数人，是亲炙周耳先生的，所以与众不同。我曾经与黄龙子盘桓多日，故能得其梗概。”慧生道：“我也久闻他们的大名，据说决非寻常炼气士的蹊径，学问都极渊博的。也不拘拘专言道教，于儒教、佛教，亦都精通。”老残又引述黄龙子的话：“因为我是己巳年生的，青龙子是乙巳年生的，赤龙子是丁巳年生的，当年朋友随便呼唤着玩儿，不知不觉日子久了，人家也这么呼唤。”刘大绅先生指出，小说作者刘鹗是以“赤龙子喻自己，青龙子喻蒋龙溪先生”①，因为黄、蒋、刘分别生于己巳年、乙巳年、丁巳年。

这虽然看似有理，却也有说不通的地方。因为三龙子都是隐君子周耳先生的学生，周耳显然是指周星垣，而不可能别指他人。三人亲炙周耳，都是得到周耳真传的，“决非寻常炼气士的蹊径，学问都极渊博的”，其中以青龙子最年长。青龙子作为一个隐士，行踪无定，住过灵岩山（在张积中遗著中，常以“灵岩”代指黄崖），住过玄珠洞，总之在泰山一带活动。因此，其所影射的，与其说是李龙川的弟子蒋龙溪，倒不如说是李龙川的师兄张积中。

在三龙子中，老残说自己“曾经与黄龙子盘桓多日”，那么，黄龙子必定是刘鹗的老师李龙川。

由此，我们回头来看小说申子平桃花山庄所遇到的黄龙子，玙姑说，这黄龙子“常来此地闲谈”，“也是个不衫不履的人，与家父最为相契”。再看小说黄龙子出场一节的描写：“只见那人已经进来，着了一件深蓝布百衲大棉袄，科头，不束带亦不着马褂，有五十来岁光景，面如渥丹，须髯漆黑。”按，张积中五十二岁移居黄崖讲学，直到六十二岁遇难。李龙川

---

① 刘大绅：《关于〈老残游记〉》，《刘鹗及老残游记资料》，四川人民出版社 1985 年版，第 395 页。

小张积中二岁，张积中黄崖讲学期间，李龙川恰好五十来岁光景。李龙川不止一次来黄崖，黄崖山案发生前，他还在黄崖，经张积中规劝，才离开黄崖，回到南方。小说中的黄龙子非李龙川莫属。严薇青先生在《老残游记》“再版后记”中说：

> 我在《〈老残游记〉札记》中根据旧说，认为第九回中的黄龙子是影射太谷学派再传弟子黄归群。最近盛成及刘蕙孙两先生均以为是指李光炘，即李龙川。蕙孙先生并补充指出：李龙川生于清嘉庆十三年（1808）戊辰，属龙；戊又属土，在五行中属黄色，故书中称为黄龙子。这对我和我以前的旧说提出了纠正。①

可见，以黄龙子影射李龙川，也是无可怀疑的。

（六）为学派代言

刘鹗作为太谷学派的第三代传人，他要通过《老残游记》为学派代言，反映和阐明学派的学说和主张，这在申子平游桃花山的几回中有最集中的体现，诚如盛成先生所言：“《老残游记》中的‘山中问答’八至十一篇，乃此书之中心、脊椎，乃刘鹗《自序》中‘有力哭泣’之主题。”

1. 三教同异之辨

太谷学派导源于宋儒河图洛书、太极、易象诸说，推崇周敦颐及朱、陆、二程，在论“格物致知”方面，颇接近于王阳明。又旁通释老二家，著述与讲学往往援引佛教经典及老庄等道家学说，供其阐发言论，既不仅仅限于宋儒，也不是讲三教合一。不过，由于学派自创建伊始，就重视心

① 严薇青校注：《老残游记》，济南出版社 2004 年版，第 241 页。

口传授，外界对该学派宗旨所知甚少，误解尤多。黄崖难后，一般人更以邪教视之。因此，刘鹗著作《老残游记》，要借黄龙子和玙姑之口，破除世人对于太谷学派的误解和批评，阐明太谷学派既非三教合流，更非旁门左道的邪教。

玙姑称引黄龙子“常说，儒、释、道三教，譬如三个铺面挂了三个招牌，其实都是卖的杂货，柴米油盐都是有的，不过儒家的铺子大些，佛、道的铺子小些，皆是无所不包的。又说，凡道总分两层：一个叫道面子，一个叫道里子。道里子都是同的，道面子就各有分别了。”玙姑论三教同异，说：“其同处在诱人为善，引人处于大公。人人好公，则天下太平；人人营私，则天下大乱。惟儒教公到极处。若佛、道两教，就有了偏心。”

2. 对宋儒天理人欲之辨的批判

太谷学派肯定人欲，但也强调以理制欲。周太谷《周氏遗书》卷四说：“人之生也，岂能无欲乎？无欲故有寂灭之患。”张积中《随所得录》说：“人欲中自有天理。”李龙川在《龙川弟子记》中说：“天理不远乎人情，人情乖则天理灭也。凡夫溺情欲、紊三纲，二氏断情欲、绝三纲。圣人不断情欲而不为情欲所牵，不绝三纲而不为三纲所累。”但是，从李龙川开始，讲学论艺，似乎已经不那么推崇宋儒了。①

小说中的玙姑，是一个具有林下风范的奇女子，她不受旧礼教束缚，超尘脱俗，从根本上否定宋儒的“天理”“人欲”之辨，并且还以身说法，证明宋儒自欺欺人。她对子平说：“只是儒教可惜失传已久，汉儒拘守章句，反遗大旨；到了唐朝，直没人提及。韩昌黎是个通文不通道的角色，胡说乱道。后世学儒的人，觉得孔、孟的道理太费事，不如弄两句辟佛、老的口头禅，就算是圣人之徒，岂不省事。弄的朱夫子也出不了这个范围，只好据韩昌黎的《原道》去改孔子的《论语》，却把孔、孟的儒教被宋儒

---

① 严薇青校注：《老残游记》，济南出版社 2004 年版，第 7 页。

弄的小而又小，以至于绝了！若宋儒之种种欺人，口难罄述。然宋儒固多不是，然尚有是处；若今之学宋儒者，直乡愿而已，孔、孟所深恶而痛绝者也！”

3. 反对“乱臣贼子”

太谷学派对于清朝的腐朽统治是心存不满的，学派早期大师如张积中、李光炘，他们的举动有时的确有些异常，有些可疑，诚如刘鹗之孙刘蕙孙所言“不免带有秀才造反的意味”，左右摇摆，进退失据，举棋不定。[①] 但是他们终究没有走得太远，没有公开树立旗号与清廷作对。

刘鹗为师伯张积中伸冤，为黄崖山案昭雪，必须强调和申明太谷学派一贯的政治立场和政治态度，那就是拥护清朝、反对“乱臣贼子”，因此他就借黄龙子的“预言”，痛斥“北拳南革”，说：“还有一个秘诀，我尽数奉告，请牢牢记住，将来就不至入那北拳南革的大劫数了。北拳以有鬼神为作用，南革以无鬼神为作用。说有鬼神，就可以装妖作怪，鼓惑乡愚，其志不过如此而已。若说无鬼神，其作用就很多了。第一条，说无鬼就可以不敬祖宗，为他家庭革命的根原；说无神则无阴谴、无天刑，一切违背天理的事都可以做得，又可以掀动破败子弟的兴头。他却必须住在租界或外国，以骋他反背国法的手段。必须痛诋人说有鬼神的，以骋他反背天理的手段。必须说叛臣贼子是豪杰、忠臣良吏为奴性，以骋他反背人情的手段。大都皆有辩才，以文其说。就如那妒妇破坏人家，他却也有一番堂堂正正的道理说出来，可知道家也却被他破了。南革诸君的议论也有惊采绝艳的处所，可知道世道却被他搅坏了。总之，这种乱党，其在上海、日本的容易辨别，其在北京及通都大邑的难以辨别。但牢牢记住：事事托鬼神便是北拳党人，力辟无鬼神的便是南革党人。若遇此等人，敬而远之，以

---

① 刘蕙孙：《太谷学派政治思想探略》，《刘鹗及老残游记资料》，四川人民出版社1985年版，第596页。

免杀身之祸，要紧，要紧！”

4. 世界大同的理想

太谷学派以仁义为政治伦理的基础，主张“万物皆我胞与”，以救度全人类为旨归。他们并不反对和排斥西方文明，如李龙川就曾说：“华人工辞章，西人习技巧，皆圣人之道也。”又说：“夷人敬天之说，可以辅中国教化之不逮。”[①] 他们对于中国文明的复兴、世界大同理想的实现，也是抱有信心的，故而刘鹗在小说中借黄龙子之口，说：“此二乱党（北拳南革），皆所以酿劫运，亦皆所以开文明也。北拳之乱，所以渐渐逼出甲辰之变法；南革之乱，所以逼出甲寅之变法。甲寅之后文明大著，中外之猜嫌，满汉之疑忌，尽皆销灭。魏真人《参同契》所说，‘元年乃芽滋’，指甲辰而言。辰属土，万物生于土，故甲辰以后为文明芽滋之世，如木之拆甲，如笋之解箨。其实满目所见者，皆木甲竹箨也，而真苞已隐藏其中矣。十年之间，箨甲渐解，至甲寅而齐。寅属木，为花萼之象。甲寅以后为文明华敷之世，虽灿烂可观，尚不足与他国齐趋并驾。直至甲子，为文明结实之世，可以自立矣。然后由欧洲新文明进而复我三皇五帝旧文明，进于大同之世矣。然此事尚远，非三五十年事也。”

（七）桃花山的隐喻

东晋大诗人陶渊明的《桃花源记》是世人耳熟能详的，文中记载说，东晋太元年间，有一个武陵人以捕鱼为业。有一次，他撑船溯流而上，走了很远，忽然进入一片落英缤纷的桃花林。林尽水源处，便得一山，山有小口，仿佛若有光。渔人舍船上岸，通过狭窄的山口，又走了几十步，顿时豁然开朗，但见土地平旷，屋舍俨然，有良田美池桑竹之属。阡陌交通，

---

① 《龙川弟子记》。

鸡犬之声相闻。往来劳作的男女，衣着不类当时当地人的衣着。老人孩子，也都怡然自乐。大家都热情地邀请渔人到家中做客，杀鸡宰羊，用可口的酒食来款待他。他们说他们的祖先因躲避秦朝战乱，带着老婆孩子与众乡亲来此绝境，世代过着与世隔绝的生活。他们不知今处何世，“不知有汉，无论魏晋”。数日后，渔人告辞，此中人对其语云：“不足为外人道也。”

陶渊明笔下的世外桃源，没有人世间的喧闹、倾轧、机心、不公和苦难，人们天性纯真，热情好客，享受着和平宁静、自由平等、欢乐幸福的农耕生活。这当然纯出虚构，是作者政治理想与美好情趣的寄托而已。不过，千百年来，“桃源”理想早已深入人心。太谷学派作为晚清的一个民间儒学流派，“桃源”是他们梦寐以求的理想世界，我们且看刘鹗师兄黄葆年于癸丑年（1913）上巳日所作之《说梦》：

泽雷宴息，野马絪缊，乃适乐土，乃游化城。无怀何著，葛天何亲，如逢其故，如遇其新。其天无翳，其地无尘，其国无禁，其民无争。水抱其和，山环其清，财阜其气，愠解其心。生生其象，品物流行，蔼蔼其言，欢乐俱陈。其善其信，其恭其温，便欲移居，相期结邻。忽焉一觉，蘧然一身，桃源回首，何处问津。①

我们更要注意的是，“桃源”在太谷学派那里是具有精神皈依意义的：

三教圣人入道正途，必先自外龙门入。外龙门下有暗溪，乘槎得渡至桃源，水曲山回，别有天地，为天人交界之处，乃三教道人眷属所居，每历一月，天上则一日，人间则一年，四时和煦如春。有大蚌吐珠光，以开合卜昼夜。地多桃树，花开一度，计岁一周，花落结实，

① 〔清〕黄葆年：《归群草堂诗集》，《太谷学派遗书》第二辑（二）。

恰符人数，迨熟陨地，人乃摄取食之，一枚饱可经岁。风俗庞厚，各安其天居。人有婚嫁生育之庆，无诈夺疾病之苦。道心坚定者，安居修习，应运生人世，自知所往，以全功行。或偷安昏惰，昧却前因，数尽而终，散入诸趣。此会住桃源者，应得八百家，招隐有人，各成村落。过此则为内龙门，门内弱水三千，轻不泛羽，飞凫而渡，方得登普陀、谒道祖。普陀山后，烈焰弥天，更非蹑风火双轮，不能上须弥、参佛祖。须弥既过，望见卷阿，桐生高冈，凤鸣丹旭，是为圣祖所居之地，彝伦井然，如丝瓜络，非履中蹈和，不能动步，学人至此，则有麒麟接引，送入圣境。亦有由海上蓬莱飞凫得渡，径入内龙门者，盖终南之别径也。①

在太谷学派那里，“桃源”是天国的最低层次，为皈依儒道释三家的道人（得道者）以及眷属所居，只能容纳八百家。八百之数，也不是随便得来。李龙川曾说：“孔门弟子三千，崆峒门下亦有三千，吾门当成就八百人，以应李八百之数；入圣境者，当得十八人，以应十八子之数。”② 也就是说，凡是得李龙川真传的弟子，死后起码可以与家眷同住天国世界的桃源。

因此，在太谷学派中，“桃源”是出现频率很高的一个词汇。学派举行谒师礼，老师会根据新弟子的德行和才能，赐以简短的训言，以示期勉。训言大抵皆四字，常用者有四种，其中一种就是“同入桃源”。“桃源”还是学派中人最常用的口头禅，如“须努力勤修，俾身后能入桃源”。刘厚

① 〔清〕谢逢源：《龙川夫子年谱》同治十二年癸酉，《太谷学派遗书》第一辑（三）。

② 〔清〕谢逢源：《龙川夫子年谱》光绪十一年乙酉，《太谷学派遗书》第一辑（三）。

滋先生说：“究其立名本意，则桃源取意于桃花源，为天民之境。”[①] 而张积中黄崖山寨正是“桃源”理想付诸实践的结果。他“遂欲以庶人之身，自民间从事教养，潜移默化，平几分怨气，养几许生机，志虽未竟，黄崖盛日，固俨然武陵源也”[②]。刘先生又说：“张石琴在黄崖讲学时聚族而居的寨子的组织，也是一种土地共有，且耕且读，类似村社的共同体。他们又一直把‘桃源’作为学人共同向往的理想境界。‘桃源’是什么呢？不正是‘春秋靡王税’的村社吗？即此可见他们根本所追求的是什么。”[③]

张积中在黄崖，曾“结疏篱兮数尺，种桃子兮千株”[④]，故而黄崖桃树成林，此即张积中诗中所谓的“咏归台上天风吹，三月四月桃花肥”[⑤]。张积中居黄崖期间，还曾撰有《题秦云樵武陵春色图并序》，云“用以奉赠此中人语”[⑥]。黄崖山案发生后，依然有人将黄崖比作桃花源。上文提到李佐贤追悼黄崖曾作《焚桃源新乐府》，《天根文钞》附录前人凭吊黄崖，亦有“今日枫树林，昔日桃源宅”的诗句。

明了这一点，我们就不难理解为什么刘鹗在小说中用“桃花山”指代黄崖山了，而在小说本身，亦有几处文字出典于《桃花源记》。第九回黄龙子对申子平说：“此鄙人之游戏笔墨耳，公直当《桃花源记》读可矣。”第十回“子平看窗台上有几本书，取来一看，面子上题了四个大字，曰

① 刘厚滋：《张石琴与太谷学派》，《辅仁杂志》1930 年第九卷第一期。

② 刘厚滋：《张石琴与太谷学派》，《辅仁杂志》1930 年第九卷第一期。

③ 刘蕙孙：《太谷学派政治思想探略》，《刘鹗及老残游记资料》，四川人民出版社 1985 年版，第 493 页。

④ 《白石山房文钞》卷一《桃花赋》，《太谷学派遗书》第二辑（一）。

⑤ 《白石山房诗钞》卷三《登一夕亭》，《太谷学派遗书》第二辑（一）。按，今黄崖祭祀堂附近仍遗有数株老桃树。

⑥ 载见《白石山房诗钞》卷二，《太谷学派遗书》第二辑（一）。

‘此中人语’”。

至于小说中桃花山庄的生存环境和生活方式，也是作者根据当年黄崖山寨的实况和自己对于桃源社会的理想，敷衍成篇的——环境极好，山明水秀，雪月生辉，林木繁茂，曲径通幽，芳草鲜美，物产丰富；野生动物，也通人性，并不凶残，虎豹豺狼，只是吓唬吓唬人；人的房屋，朴素实用，陈设也雅致得体，饮食清淡可口，延年益寿；山里人生活闲适安逸，注意娱乐，弹琴鼓瑟，精通各种乐器，琴曲和弹法，也是尘世所无，非外人所知；山里人对外来人态度友善，提倡真率，男女社交公开，对不同意见，以理服人，论辩时动之以情，晓之以理。[①] 总之，这是人与自然、人与人、人身与心灵相处和谐的社会，是臻于一种自由、和平、宁谧的仙境。

（八）余论

本文讨论太谷学派对黄崖山案平反的努力，我们发现刘鹗确是一个很关键的人物。我们考论刘鹗《老残游记》申子平游桃花山的几回文字（第八回至第十二回），更可以确信《老残游记》是刘鹗替张积中翻案张目的苦心孤诣之作。或者说，刘鹗是借小说的形式阐述太谷学派一贯的政治态度和学术主张，申明太谷学派一向反对“乱臣贼子”，为张积中平反制造舆论。

据刘蕙孙《铁云先生年谱长编》，《老残游记》前十三回完成于光绪二十九年（1903），也就是愚园之会的次年。谋求为张积中“平反”，是愚园之会的一个重要议题，我们推测当时与会同仁可能已将此事托付给了刘鹗去主持，这有许多理由：刘鹗是当时太谷学派长老辈分中最年富力强者；

① 参见王同书《太谷学派与欧洲乌托邦》，《花丛》2012 年秋季刊。

刘鹗长期做官济南，对山寨事比较知悉；刘鹗人脉甚广，与朝中勋戚权贵多有往来；刘鹗为人勇于做事，最有担当。正因受命在身，所以刘鹗便在愚园之会的次年开始撰写《老残游记》。

刘鹗在《老残游记》第十三回原评中有文云："野史者，补正史之缺也。名可托诸子虚，事须征诸实在。"作为一部具有自传体性质的现实主义政治小说，《老残游记》为我们全面深入研究太谷学派和张积中黄崖山寨提供了难得的资料。

九、泰西抗战的坚强堡垒

1937 年 12 月，因国民党山东省政府主席兼第三集团军总指挥韩复榘消极抗战，日军第十师团几乎兵不血刃就进占了省会济南，然后兵分两路侵入长清县境内，所到之处，烧杀抢掠，奸污妇女，无恶不作。面对日寇的暴行，勇敢的长清人民在中国共产党的领导下，组建抗日武装，创建大峰山根据地，进行长期艰苦卓绝的武装斗争，为全民族抗战的胜利，做出了巨大牺牲和不朽贡献。

图 9 – 1　大峰山革命根据地纪念馆

（一）马湾起义与大峰山抗日根据地的创立

1938 年 1 月初，中共长清临时支部在大峰山以北十余里的南坦山阎家楼村正式成立。支部隶属中共鲁西北特委领导，确定当前任务，一是发展党员，壮大党的队伍；二是建立抗日武装，开展抗日游击战争。2 月初，在张耀南、魏金三等人领导下，长清人民于大峰山以东十余里的马湾庙（马山西麓）起义，正式成立抗日游击队。

图 9－2　马湾庙旧址

张耀南（1901—1974），名星寿，以字行，出生于长清张夏纸坊村的一个地主家庭。1920 年考入曲阜省立第二师范学校。1925 年，怀抱教育救国、实业救国的理想，回家捐出财产、变卖田地，兴办农民义学和农民生产合作社。1928 年 7 月，领导了有二千多农民参加的抗捐抗税斗争，并被推选为县农民协会筹备委员会主任。当年，出任长清县立第一小学教员，次年被全校师生推选为校长，直至抗战爆发。1937 年 10 月，张耀南加入中国共产党领导的“中华民族抗日先锋队”，是月任长清县各界人民抗敌后援会会长。他积极联络进步学生，组织抗日武装力量。不久，经魏金三、夏页文介绍，他携带几条枪及部分捐款来到南坦山阎家楼，同党组织取得了联系，从此加入了革命队伍。

图 9－3　张耀南像

图 9－4　魏金三像

魏金三（1913—1942），名福品，别名魏晋，以字行，出生于长清县归德镇南坦山阎家楼村一个贫农家庭。1931 年考入县立初级中学。1934 年中学毕业后，在乡村小学任教。1936 年初，考入公费的济南警察学校。1937 年 4 月，加入中国共产党。七七事变后，发起成立“长清县各界人民抗敌后援会”，开展抗战宣传和支前募捐活动。1937 年 12 月，根据中共山东省委关于“在全省加快抗日武装起义”的指示，把长清县抗日活动中心由县城转移到南坦山阎家楼村。1938 年 1 月，与万晓塘、冯乐进、袁振等人在阎家楼成立中共长清县临时支部，任支部委员。

马湾起义，队伍主要由青年学生和教员以及中华民族抗日先锋队队员组成，最初仅有 60 多个人，20 多条枪。为了打开局面，张、魏等人在大峰山东北的崮头镇县立第八小学，与该校校长孟琴轩一起召集附近各乡、村长会议，阐明抗日游击队的性质和宗旨，强调大敌当前，抗日守土，人人有责；号召发动民众，有人出人，有枪出枪，有钱出钱，积极参军参战。

由于得到民众的理解和支持，游击队较快壮大起来。

2月下旬，经驻聊城的上级党组织决定，长清游击队被编为山东西区人民抗敌自卫团第四大队，冯晓云任大队长，袁振任指导员，张耀南任参谋长。下辖三个中队，魏金三为中队长。第四大队党支部是当时自卫团中唯一的党组织。

5月上旬，中共中央委派郭洪涛带领到山东工作的干部到达泰西地区，传达党中央、毛泽东关于建立山东抗日根据地的指示精神，并组建中共泰西区特委，决定山东西区人民抗敌自卫团分别到泰（安）肥（城）山区、平（东平）阿（东阿）山区、大峰山区开辟根据地，进行游击战。

于是，王晋亭、袁振、王毅、李文甫、徐麟村等率领自卫团第四、十一、十七大队开赴大峰山区，创建大峰山抗日根据地。

大峰山地区东依泰山，西临黄河，是长清、肥城、平阴三县交界之地，津浦铁路、济兖公路、长肥公路、长平公路皆从境内或旁侧经过，瞰制东西，控扼南北，战略地位十分重要。自卫团三个大队进驻大峰山不久，经上级指示，被编为山东省第六区游击司令部第十支队独立营，下辖三个连。为扩大队伍，时任营部副官的张耀南受命负责招兵买马，组建一个新的连队。由于张耀南在长清执教十余年，号称弟子三千，在长清当地具有广泛的社会影响力和号召力，所以振臂一呼，响应者云集景从，两月之内，就组建了一支由100余人和一挺机枪组成的连队。

6月初，在中共泰西特委书记段君毅的主持下，中共长清县委在大峰山前的岚峪村正式成立，万晓塘任书记，冯乐进、魏金三任委员。不久，魏金三任书记。大峰山抗日根据地建设进入一个新时期。在此前后，大峰山地区党组织还派人到平阴县毛铺、兴隆镇一带开展工作。7月，

图9－5　万晓塘像

长肥平三边区委建立，为次年平阿山区抗日根据地的形成奠定了基础。

与此同时，为了加强对党政军干部的培养训练，中共长清县委和大峰山独立营还选派二十多名干部到河北省南宫县，参加八路军一二九师东进纵队举办的抗日军政干部培训班，学习游击战术，以及如何建立根据地、开展群众工作。训练班结业后，参训人员返回大峰山，成为抗日根据地的领导骨干。

（二）下巴伏击战和大峰山保卫战

1938 年 6 月，山东省第六区游击司令部第十支队决定在孝里铺建立十支队前方交通站，负责与大峰山地区各部队的联络，刺探黄河沿岸以及长平公路敌情。8 月 2 日，大峰山独立营接到情报，称 7 日将有一部日军从平阴经孝里前往济南。当时独立营主力不在大峰山，留守部队只有六七十人，营长汪毅不肯放过这天赐的良机，决定在长平公路两侧选择有利地形伏击敌人。

汪毅带领几人沿长平公路，经石岗、黄花园、下巴、马甲山、水坡庄，一直踏看到双乳山，发现孝里以北下巴附近的杨家沟最适宜打伏击。杨家沟东西长约 120 米，深 2 米多，公路从沟底经过，南侧沟上沿长有茂密的蓖麻，蓖麻的后面是高过人头的玉米地和高粱地，地里有一块地势较高的坟地，再往南不远有一座小山。地形和环境，既有利于隐蔽，也有利于撤退。

7 日拂晓前，汪毅带领 25 名伏击队员从独立营营部所在地岚峪出发，赶到下巴，破坏了距杨家沟西南约 1000 米的孟家道口的公路大石桥，然后派 7 名带长枪的战士依托坟包负责掩护，其余战士则在杨家沟南沿庄稼地里一字排开，分散隐蔽，做好战斗准备。

约 8 点钟左右，日军抵达大石桥，抓民夫抢修石桥。10 点钟左右，日军的两辆吉普车、四辆卡车以及 400 人左右的队伍陆续进入设伏阵地，汪毅手枪响过，战士们将准备好的手榴弹一齐投向敌阵。霎时间，爆炸声响

图 9－6　下巴战斗纪念碑

成一片，烟尘弥漫，敌人被炸得晕头转向，血肉横飞。待敌人回过神来，我伏击队员早已迅速撤离战场，消失在一望无际的青纱帐中。

下巴伏击战不足半小时，我军仅伤亡两人，毙敌96人，炸毁汽车两辆。当时，鲁西党组织发了捷报，题为“下巴街展开血战，手榴弹大显神威”。大峰山抗日根据地首战告捷，极大地鼓舞了部队士气和人民群众的抗日热情，对于巩固和发展抗日根据地具有重要意义。

1938年秋，山东省第六区第十支队机枪营在营长刘致远的带领下，开赴大峰山地区，鲁西区党委决定将独立营与机枪营合编为第二团，刘致远任团长，金维国、张耀南任副团长。11月，日军进犯聊城，十支队二团奉命由刘致远团长率领一营、三营（十支队二团主力）驰援，留守的二营其实仅有一个连的建制，大峰山根据地兵力空虚。

当时，国民党山东省政府第一专署专员郁仁智驻中共长清十一区（国民党肥城八区）五眼井村。五眼井村在大峰山东南数里的山峪中，国民党认为大峰山地区在他们的辖区之内，故而早有据为己有的企图。11月20日，郁仁智派两个加强连进驻黄崖和岚峪，命令大峰山留守部队向他们缴械。我二营营长曹鸿胜、政委张潭给他们宣讲国共合作和抗日民族统一战线的政策，希望能和平解决争端，然而他们自恃人多势众，盛气凌人，必欲鸠占鹊巢而后快。敌我力量悬殊，为了稳住敌人，寻找战机，二营将营部从南黄崖村北头的关帝庙中搬出，让给郁部的一个加强连做连部，然后在关帝庙内设宴款待郁部。午后时分，正当加强连聚餐之际，二营战士将一挺机枪架设在关帝庙的大门口，早已埋伏的战士将一排手榴弹扔向院中，当场炸死炸伤对方十多人，其他人见状，乖乖缴械投降。我军共缴获对方150 支步枪以及其他军用物资。

当晚，二营又趁黑偷袭岚峪，乘其不备，解决了对方哨兵，将郁部的另一个加强连也全部缴械。

郁仁智虽然连失两连，但是其驻五眼井的兵力仍是二营的数倍。为防止对方反扑，二营连夜向泰西人民抗敌自卫团告急，请求支援。当夜，郁仁智派一姓李副官来黄崖，声称这是一次“误会”，要求放回两个连的被俘官兵，以便伺机反扑。二营官兵识破对方阴谋，一方面设宴款待李副官，一方面做好战斗准备，等待援军到来。22 日拂晓，自卫团三个营赶赴五眼井周边的吕仙村、关王殿、黄鹂泉村一带，二营迂回至五眼井北侧，与自卫团南北夹击，郁仁智率部从五眼井、王庄、红庙仓惶逃至肥城演马庄。

图 9－7　大峰山革命遗址标识碑

大峰山抗日根据地自创建伊始，就十分重视民族抗日统一战线的建设，团结一切可以团结的力量共同抗日。比如，1938 年 8 月大峰山根据地抗日武装就曾协助国民党武装冯寿彭、萧健九部在大峰山西侧的东障与广里之间伏击日军，并取得胜利。但是对于侵犯我抗日根据地的国民党顽固派，则根据我党“人不犯我，我不犯人；人若犯我，我必犯人”的原则，予以坚决回击。大峰山保卫战就是一例。此役对于巩固和发展大峰山抗日根据地，稳定泰西抗战局面，具有重要意义。

（三）创建民主政府

1938 年 12 月下旬，山东西区人民抗敌自卫团、十支队东进梯队、大峰山独立营、十七支队齐聚大峰山区，根据中共中央、八路军总部的命令，在大峰山黄崖村改编为八路军山东纵队第六支队，下辖三个团、一个独立团、一个特务营，兵力近 5000 人。随后，司令员刘海涛、政委张北华等率部进入平阴、东阿山区，在大寨村建立了平阴县第一支抗日武装——第六支队平阿基干大队。与此同时，袁仲贤率领山东纵队第六支队两个连，进入长清十区扩军，队伍迅速壮大到 1300 余人。1939 年春，长清县委决定成立大峰山武装工作团，张耀南任团长，进入黄河以西发动群众，筹集枪支，发展武装。在张耀南的领导和组织下，黄河以西各区普遍组建起了区、乡、村抗日自卫队。1939 年 6 月，工作团改编为长清县独立营，张耀南任营长。在大峰山抗日根据地不断发展的形势鼓舞下，长清全境各类抗日武装日益发展壮大，到 1939 年 1 月，各区都已建立了武工队。县委从各区抽调武工队员组成三个中队和一个手枪队，到县内各地开展抗战宣传和锄奸斗争。

3 月，陈光、罗荣桓率一一五师师部及主力一部，以东进支队的名义挺进泰西地区。在东平县常庄召开的泰西地区抗日积极分子大会上，罗荣桓传达了中共中央六届六中全会精神和北方局关于创建泰西抗日根据地的指示，提出依托泰（安）肥（城）山区、大峰山区、平阿山区，向四周发展，使泰西与周围各抗日根据地连成一片的战略构想。为解决一一五师军需经费，泰西地委发动各县募捐。长清县委号召全县人民“有钱出钱，有人出人”，根据地群众积极响应，所筹银元数量居泰西各县之首。

5 月 5 日，罗荣桓在泰西地区干部会议上明确指出，在坚持党的领导下壮大人民抗日武装，进行武装斗争的同时，还要争取泰西地区行政上的统一，大力推动抗日民主政权建设，巩固扩大抗日根据地。

早在 1938 年秋，中共长清县委为推进抗日政权建设，在大峰山峰云观举办了为期 25 天的民政训练班，参训者近百人，主要为小学教员、进步知识分子和开明士绅，学习教材主要有《抗日救国十大纲领》、《论持久战》、统一战线政策、政权建设等内容。学员结业后，成为建立抗日政权、开展群众工作的骨干力量。当年 10 月，长清县抗日动员委员会在黄河以西的赵官镇成立，张耀南任主任，下设办公室、组织部、宣传部，县属 12 个区各自建立区动委会，为抗日民主政权的建立奠定了坚实的基础。

图 9－8　民政训练班举办地——大峰山峰云观

图9－9　长清县抗日民主政府办公地旧址——双泉房庄

1939年3月，长清县抗日军政干部学校开班，半月一期，每期50余人，共举办10余期，为建立各级抗日政权做好组织准备。6月12日，各区、乡60余名代表齐集大峰山东北不远的崮头镇县立高级小学，举行长清县抗日民主政府成立大会，大会推选张耀南（本年1月已被接纳为中共特别党员）为县长。抗日民主政府设秘书室、一科（民政科）、二科（财政科）、三科（文教科），后来又增设建设科、司法科、粮秣科、手枪队。与此同时，12个区的抗日区公所也在积极建设中。

长清县抗日民主政府是泰西第一个抗日民主政府。县政府领导大峰山根据地人民的各项抗日工作，发展生产，改善人民生活，积极为部队筹集粮款，发动群众参军参战，被泰西地委授予“抗日模范县”称号。

（四）平息红枪会暴乱

1940年3月，时值春荒，泰西地委在肥城县王台村召开各县县委书记会议，作出了“开展减租减息、增资借粮斗争”的决定，以解决贫苦农民缺粮断炊之急。长清县委根据会议精神，决定由各级农救会领导开展向地主借粮的运动。当时，一次性向大峰山西南的方峪村一户财主借粮竟达几万公斤。借粮运动解决了贫苦农民生活困难的问题，激发了广大群众的抗日积极性，密切了党群关系。随着运动的深入，对于一些顽固不肯借粮的地主进行了斗争。

图 9－10　方峪古村街道

1940 年春夏之交，日伪军对大峰山根据地进行大规模的“扫荡”和“围剿”，并策动和操纵封建会道门暴乱。6 月 21 日（农历五月十六日）晚，南北坦山十几个村的干部群众为了阻止日伪军借助山神庙设置据点，准备拆除山神庙；又为阻止日伪军通行汽车，准备拆毁杨庄以东的大桥。日军向施工群众发射炮弹，施工被迫停止。北坦山南赵庄劣绅朱存祯在日伪军的扶持下，以保护山神庙、保护大桥为名，成立了长（清）肥（城）平（阴）红枪会总团部，纠结 600 余人，朱自任总司令。朱存祯挑选彪悍暴徒，黄布裹头，光着脊梁，扛着大旗，抬着号称“龙头铡”“虎头铡”“狗头铡”的铡刀，带着炮队、钢枪队、红缨枪队，到各乡村“扫荡”。所到之处，鸣枪示众，杀鸡或杀人祭旗，强迫各乡村设坛，建红枪会团部，以抵制抗日政府，破坏抗日战争。暴乱很快波及全县，日伪军乘势在季庄、北黄崖、四台寺等处安设了据点，严重威胁到大峰山抗日根据地的安全。

在此背景下，长清县党政军机关和主力部队被迫转移到河西地区。7月初，长清县独立营一连在连长孔步健、指导员田化一的率领下东渡黄河，接应二连、三连，途经涧东村（今归德前平、后平），遭到敌人袭击和围攻，被迫向东转移到卧牛山上。此时，附近各据点日伪军和红枪会徒近千人陆续赶至卧牛山下，在大炮、机枪的掩护下，轮番发起进攻，均被我军打退。战斗持续了一整天，入夜后，山下火光四起，枪声大作，敌人从四面八方向山上发起更疯狂的进攻。我军面对百倍于我的敌人，临危不惧，手榴弹和子弹已经打光，就用石头打击敌人。敌我力量悬殊，为保存有生力量，一连大部分战士突出重围，负责掩护的战士则边打边撤，最后退至山东坡悬崖边的豁口处，已无路可退，大家只好砸毁枪支，跳下山崖。是役，共有37名战士光荣牺牲。

图9－11　卧牛山远景

为了打击红枪会的嚣张气焰，7 月 29 日，泰西军分区部队包围了坦山红枪会团部，击毙近百名冥顽不化的红枪会暴徒。在军事反击的同时，我党开始重视对红枪会的政治瓦解工作。主要策略是：第一，为取得群众和各界人士的谅解，公开承认前段时间借粮等方面的工作出现偏差；第二，加大政治攻势，揭露敌人阴谋，宣传党的政策，唤醒民众，动摇红枪会的社会基础；第三，组织各乡村共产党员、抗日工作人员拿起红缨枪，打入红枪会团部，控制红枪会，改造红枪会。至年底，绝大部分红枪会组织被乡、村党支部控制，设在坦山的红枪会总团和朱存祯已被孤立。

图 9－12　卧牛山寨核心区（傅光中摄于 2016 年 4 月）

长清十一区（今孝里一带）时为伪属肥城第八区，伪区长张鹤泉是个臭名昭著的汉奸。红枪会暴乱之后，张鹤泉亲自兼任该区红枪会团部总团长，强令各乡村建立红枪会组织，疯狂破坏抗日工作。9 月底，十一区区委书记范辉带领县自卫团短枪队由黄河西插入东障，捉获并枪决了张鹤泉，消息传出，各乡村红枪会纷纷投诚悔过，自动解散了红枪会团部。1941 年

2 月 27 日，泰西军分区司令员刘贤权率基干营在县独立营和县自卫团的配合下，攻打并摧毁了北坦山红枪会总团部，朱存祯逃跑，团副以下 200 余人被俘，其中绝大部分人经教育后被释放。5 月中旬，时已躲到长清县城的朱存祯在日伪的威逼下，潜往大峰山东北的崮头，妄图依托尚存的崮头红枪会团部，纠结旧部，东山再起。当月 15 日，朱存祯带领近百名红枪会徒到马东一带骚扰，被我军击毙。至此，历时 11 个月的红枪会暴乱遂告平息。

（五）战胜困难，坚持抗战

1941 年至 1942 年，同全国其他抗日根据地一样，大峰山根据地也进入最困难的时期。大峰山根据地军民顽强地进行“反扫荡”“反蚕食”“反封锁”斗争，为保卫大峰山抗日根据地做出了重大的牺牲和贡献。

1941 年 5 月下旬，长清县十区队与“扫荡”黄河西部的日军独立第六混成旅遭遇，战士们勇敢迎敌，击毙日军少将土屋兵驻旅团长。这是泰西抗日军民击毙的日军最高指挥官，也是山东抗日军民击毙的 4 名日军将级军官之一。八路军总司令朱德、副总司令彭德怀特通令嘉奖。《解放日报》于 7 月 10 日、《大众日报》于 7 月 19 日分别刊登了这一喜讯。

当年 7 月，日伪军万余人对泰西抗日根据地进行“大扫荡”。泰西军分区司令员刘贤权率部突出重围，转移到大峰山区。至 9 月，整个泰西地区仅存大峰山区一块根据地。泰西行署将长清县以黄河为界一分为二，河东称峰山县，河西为长清县。尹笠夫任峰山县委书记，张澄秋任县长。

1941 年，峰山县旱灾严重，麦季无收，秋苗旱死，有些地区的百姓靠野菜、树皮果腹。县委、县政府全力以赴抓救灾，机关部队人员的口粮一减再减，他们带头吃野菜、树叶、玉米芯，节粮赈灾，与根据地群众共渡难关。抗日民主根据地各级政府运用组合的方式提高农业劳动生产率，对农民抵御战争和自然灾害的侵害起到了积极作用。为减轻根据地的压力，峰山县委认真贯彻上级指示，精兵简政，紧缩机构和人员编制，对党政军干部统一编队，县大队撤销连排建制。

进入1942年，大峰山抗日根据地形势继续恶化，日伪军多次对大峰山区进行“扫荡”。为了指导大峰山根据地“反扫荡”斗争，当年3月31日，泰西地委副书记王晋亭来到大峰山，在岚峪村召开泰安（泰西）、肥城、宁阳、峰山等县县委书记会议，传达冀鲁豫边区党委工作会议精神和组织会议精神，部署根据地对敌斗争的策略和方针。4月1日，会议结束时，突遭石岗、孝堂山据点日伪军包围，王晋亭突围时头部中弹牺牲。随后，日伪在大峰山根据地周边的三官庙、苾村铺、小屯、段家店、关王庙等地设据点，甚至深入根据地核心腹地，再度在北黄崖村设置据点。入秋，日伪军切断了大峰山区、泰肥山区、泰山山区抗日根据地之间的联系，峰山县大队在这些地区的活动受到前所未有的限制。为了适应困难的斗争局面，峰山县委、县大队决定化整为零，开展小部队活动，与敌人“换防”，深入敌占区，采取“你打你的，我打我的，打得赢就打，打不赢就走”的游击战术，以便更有效地打击敌人，保护自己。与此同时，向敌人展开强大的政治攻势，争取、瓦解日伪军。泰西地区的斗争形势开始好转，大峰山根据地大部恢复。

1943年后，世界反法西斯战争取得一系列重大胜利，中国共产党领导的人民抗日力量也渡过了严重困难时期，开始对日军发起攻势作战。9月，日军调集第三十二、三十五、五十九师团和骑兵第五旅团共3万余人，在伪第二方面军孙良诚部的配合下，对冀鲁豫边区进行“大扫荡”。为袭击和牵制敌人，峰山县大队三连攻克济南近郊的七贤庄等据点，缴获大批枪支弹药。

9月，泰西地委、军分区成立泰西地区工作委员会。工作委员会组织泰西（黄河东）各县向日伪发动了强大的秋季攻势。9月，军分区一团以黄河西根据地为依托，采取大进大退的方式，连克河西几个敌据点后，开赴平阿山区，以军事打击与政治攻势相结合，先后拔除毛铺、南栾湾等10余处敌伪据点，打开了平阿山区的局面。10月，峰山县委、县大队全力配合泰西军分区一团，在长（清）平（阴）公路发动军事进攻，相继攻克广里、孝堂山、东障、辛庄等据点，使党在这些地区的工作迅速得以恢复。

1944年，泰西区抗日军民在地委领导下，向敌伪连续发起了春季、夏季、秋季、冬季等多次攻势，频繁打击日伪军。在春季攻势中，峰山县大队配合军分区一团三营，先后攻克或迫退了四台寺、小屯、黄崖等多处日伪据点，基本恢复了大峰山区抗日根据地。

1944年秋，峰山县大队在主力部队配合下又攻克了日军安设六年之久的石岗、广里据点，消除了日军对大峰山区根据地的威胁。泰运军分区主力在黄河以西地区发起攻势作战，歼日伪3000余人，平阿、大峰、泰肥各山区抗日根据地完全恢复，泰西区抗日根据地连成一片。1945年8月21日，峰山县大队攻取峰山县城（即长清县城），峰山全县光复。

图9－13　八路军拔除济南附近日寇据点

抗战胜利，峰山全县沸腾。峰山县委、县政府、县大队在石麟山下召开军民大会，隆重庆祝。抗战十四年，全县军民依托大峰山根据地，英勇抗击强敌，历经大小数百次战斗，击毙日军250余人、伪军560余人；重伤日军310余人、伪军1300余人；俘日军6名、伪军1300余名；炸毁日军火车4列、汽车20辆，摧毁据点、碉堡60余处（多数据点攻克二三次），战绩卓著。长清优秀儿女有580余人在各抗日战场英勇捐躯。

大峰山和长清县为抗战付出了巨大牺牲，做出了巨大贡献。

图9－14　大峰山革命英雄纪念碑

十、马山历史文化旅游资源的调查

马山位于长清城南偏东20公里，主峰海拔512.3米，南北走向，绵亘十余里，系马山镇与双泉镇之界山，是长清境内与灵岩、五峰并驾齐驱的名山，旅游资源丰富，历史文化底蕴深厚。现在仅就马山人文旅游资源钩沉发微，为马山开发提供参考。

图10－1　马山侧影

（一）马山得名之由来

马山本名“格马山”，讹作“隔马山”。《左传》记载，鲁襄公十八年（前555）十一月初一日，以晋国为首的诸侯联军攻克齐国的防门重地（今长清区孝里镇广里村西北），进占平阴邑（故址在今孝里镇东张一带），然后沿着如今孝里经义合、土屋至崮头的山涧谷地尾追溃退的齐军。当时，齐军负责殿后的是阉人夙沙卫，为了阻挡追兵，他将战车拴成一排堵塞道路。大夫殖绰、郭最曰：“子殿国师，齐之辱也。子姑先乎！”二人认为阉人夙沙卫殿后是齐国的耻辱，便让夙沙卫先走。夙沙卫为此怀恨在心，就在小路的狭隘处杀掉几匹战马，堵住隘口，挡住去路，这样一来，负责殿后的殖绰、郭最就被追上来的晋军给俘虏了。

夙沙卫杀马塞路的隘口，在今天马山与归德两镇交境的石门。嘉庆《平阴县志》卷二：

> 周鲁襄公十八年，晋侯伐齐，齐侯御诸平阴，堑防门而守之广里，登巫山以望晋师，遂由石门道夜遁。按，巫山即今孝里铺之孝堂山，尚有碑记可考。其东山内有赴济南古路，两山对峙，曰石门。

石门，又名大石门。民国《长清县志》卷十六：

> 汉卢区土屋庄之东南云头山西有土屋至崮头之要路，名曰大石门。此地东西石崖，削壁千尺，有峡道宽丈余，长约里许。

马山与石门近在咫尺，隔河相望，后人由此称此山为“格马山”。“格马”者，杀马也。《魏书·地形志》记载，山茌县“有咸山、祇山、格马山”。北魏山茌县治在今长清张夏，其辖地大致相当于今马山以东的长清东部。又，北魏郦道元《水经注·济水》云：“（汉宾谷）水出南格马山宾溪谷，北经卢县故城北、陈敦戍南，西北流，与中川水合，谓之格马口。”是知格马山一名至迟北魏的时候就已经出现了。与此同时，格马山也简称“马山”。《水经注·汶水》云：“汶水又西，沟水注之，水出东北马山，西南流经棘亭南……”所谓沟水，即今肥城北境的康王河。

迨及唐宋，格马山又写作“隔马山”。唐宪宗元和年间（806—820），李吉甫著《元和郡县图志》，该书卷十“齐州·长清县”条云：

> 隔马山，在县东南三十五里。《左传》曰，晋侯伐齐，齐师遁，夙沙卫杀马于隘以塞道，后因为隔马山。

北宋徽宗大观三年（1109）东平陈彦元《隔马神君庙记》云：

> 卢城圯涧中，得唐中和二年义昌军节度押衙、国子祭酒兼御史大夫李公瞻作庙县中时石刻，载齐师为晋所败，杀马隘道，晋师不得过，谓以是得名（隔马山）。字当为格，而今谓隔马，疑与《左传》不合。①

此后，因“杀马隔道”而得名隔马山，遂成定说，如元于钦《齐乘》卷一、清顾祖禹《读史方舆纪要》卷三十一以及道光《长清县志》卷一引《旧志》等，皆主此说。

由此可见，格马山讹称“隔马山”，仍以《左传》夙沙卫杀马于隘为本事，倒也距离历史事实不远。然而陈彦元《隔马神君庙记》又说：“里

① 《元好问全集》卷三四《东游略记》引。

俗相传，景德中，契丹寇兖、郓，山之神阴障戎马，使不得南，以是得名。”这表明北宋之时，“隔马山”得名又出现了新说，由这个后起的新说，使得人们在解释隔马山得名缘起时，开始抛弃《左传》的本事，而只就“隔马”的字面上做文章了——“谓山势高峻，马不能过，故有隔马之称”①。

图 10－2　马山壁立千仞

前引《水经注·汶水》，知北魏时格马山已经开始简称“马山”，由此也可以推测，唐宋以后隔马山也可省作“马山”。

马山得名还有一说。民国《长清县志》说：“因此山形势似马，故又称曰马山。”并引晚清光绪年间邑人庸敬子《游马山记》云：“盖山之大势，入山之处如马尾，修庙之处如马脊，车辙峰如马项，南首西向者如马头，因知山之命名以此，而峰高隔马、杀马塞道之说，皆不足信矣。”就现存文献看，以马山的形状来解释马山的得名，应当不会早于清朝中叶，因为道光《长清县志》中并不见这一说法。然而，我们推测这一说法在民间起源可能比较早。因为这一说法直白形象，对于乡间普通百姓来说，更容易被认同和接受，于是后来尤其在最近一百多年间，竟然大为流行，乃至马山得名的真义几乎湮没不彰。

但是，“形势似马”一说，毕竟是根据山势想象出来的，事实上总有不似马匹之处，比如有马耳、马鬃、马脊、马尾，而马腿在哪里呢？为了

① 民国《长清县志》卷一庸敬子《游马山记》引时人说。

弥缝这个缺憾，民间遂有马山被泰山奶奶压趴在地、马腿被压在马肚之下的传说。

另外，马山得名之真义毕竟在民间还有些影响，于是又有车辙峰的传说。民国《长清县志》卷一：

> 马耳峰北有车辙峰，俗传殖绰、郭最至山麓，道塞，车莫能前，回视追兵渐近，正踌躇间，旋见云生足下，高与山齐。既逾山，见山顶上有二车沟，故名车辙峰。

此说可谓是马山得名本义的孑遗了。

图 10－3　马山古柏

图 10－4　马山山门及石阶

以上是马山一名缘起及嬗变之大致过程，概言之：本名格马山，讹为隔马山，省作马山。其间过程甚为复杂，与史实、传说、神话、宗教、迷信以及山的形状皆有关系，本身就是民俗志和地名志研究的一个颇具典型意义的案例，同时也是开展马山旅游的一项重要的历史文化资源，因此不避繁冗，专作一节文字考证如上。

（二）马山宗教文化

马山古代宗教文化颇为发达，其主神为隔马神君。

据上引陈彦元《庙记》，早在唐僖宗中和二年（882），义昌军节度押衙、国子祭酒兼御史大夫李公瞻，就在马山上构筑了隔马神君庙，庙中供奉祭祀齐国大夫殖绰和郭最。北宋以后，马山神被赋予了两种功德和神力，一是前面提到的曾经阴障契丹戎马，二是可以兴云致雨。

图 10－5　马山摩崖刻画

元人于钦《齐乘》卷一：

> （隔马）山东北曰神林，有隔马神君祠，祠南有一潭，清澈见毫发，岁旱，邑人祈圣水祷雨，辄应。唐宋碑刻存焉。

隔马神君祠又名丰施侯庙。“神以丰施名，以其常施雨泽而民和年丰也。”①康熙《长清县志》卷四《祠祀志》云：“丰施侯庙，在隔马山，土人祀春

① 民国二十年《建修马山圣母影堂碑记》。

秋时殖绰、郭最。”至于隔马神君祠何时易名为丰施侯庙，民国《长清县志》卷十五《艺文志》引《丰施侯碑记》云：丰施侯行祠创建于元仁宗延祐六年（1319），原因是元世祖至元七年（1270）“自春徂夏，旱魃为虐，祈雨即雨，秋大熟”。其实，远在北宋，已有“丰施侯”之号，上引宋徽宗大观三年陈彦元《庙记》有文曰：“知县事晁端肃祷雨即应，将以封爵请于朝。”金人元好问登游马山之后所撰《东游略记》中说：“今榜云‘丰施侯庙’者，岂端肃遂得所请耶?”看来，“丰施侯”的爵号为北宋朝廷所封，可成定谳。

马山顶山门东侧现存明正德碑以及万历八年《重修隔马丰施侯庙记》又都坚持说，丰施侯始封于春秋，起因是鲁国石门（马山西北）守将韩迪宝围困齐军于马山，齐军“人馁马渴，惟神救驾于齐，显降圣水，兵马饮之，得救济，齐感护佑，封曰隔马丰施侯，重建神庙”。考春秋鲁国并无韩迪宝其人其事，故碑记所言纯系杜撰，不足凭信。

总之，马山神庙所祀为殖绰、郭最，唐时名隔马神君，宋时封丰施侯。故马山主神庙或称隔马神君祠，或称丰施侯庙，合二为一则称作隔马丰施侯庙。该庙始建于唐僖宗中和二年（882），宋徽宗大观三年（1109）、元世祖至元三年（1266）、元仁宗延祐六年（1319）、明弘治十年（1497）、万历八年（1580）、清乾隆三年（1738），先后多次予以重建和维修。

此外，旧时在马山东北还建有丰施侯歇马亭。道光《长清县志》卷二《地舆志·古迹》云：“歇马亭，在马山东北。清光绪十年，马东街土人在庄西河西掘土得一石碑，上刻：‘重修丰施侯歇马亭，大明正德戊寅重修。’今将其碑移置马东街路东官园子内。”是知丰施侯歇马亭早在正德以前就已存在。

马山之巅的庙宇，还有玉皇殿、碧霞元君祠、后土殿、马山圣母影堂等。

玉皇殿，又名玉帝祠，创建于明朝弘治十年（1497），创建者为道人程守真。清代又屡有修葺。[①]

碧霞元君祠，又名泰山行祠，为明正德十年（1515）长清人程鉴、程良父子创建，据正德十五年《碑记》，该庙大门为底方上圆的石券门，祠中立有碧霞元君的铜铸金身。又据山颠遗留的清康熙十七年（1678）长清知县岳之岭的题刻，马山碧霞元君还曾得到康熙帝的敕封。

图 10－6　图片远处房舍为玉皇殿

后土殿，始建年代不详，乾隆三年《重修隔马丰施侯庙碑记》云："山颠旧有丰施侯、泰山宫、后土殿之制，道人白阳仙葺而新之。"是知该殿于乾隆以前即已存在。

马山圣母影堂，位于马山北侧登山所必经的山梁上，为董元顺等人创建于民国二十年（1931），是祭祀马山奶奶的道场。有关此殿的缘起，《建修马山圣母影堂碑记》云：

> 此山（马山）之北石庙子有圣母遗像，为当时修道成真之所。石屋半间，以白云为藩篱，碧山为屏风焉，一片荆棘，几成废址，后人屡欲建修，有志未逮。善士董元顺等募化四方，善男信女随意捐输，为集腋成裘之举，于是鸠工庀材，竭力整饬，不数月而工告竣。

① 详见戊申年《重修玉帝祠记》。

由此可知，原石庙子的圣母遗像不见得就是马山奶奶像，只是董元顺等人迎合当地日渐兴盛的马山奶奶崇拜的民间信仰，作为马山奶奶来供奉了。

马山奶奶信仰的缘起，比泰山奶奶（碧霞元君）要晚了许多，其产生不会早于清代，职此之故，马山奶奶在现存的清代及清代以前的典籍碑碣中不见记载。马山奶奶的晚起是没有问题的，只是后来者居上，近代以来成为马山尊神而受到民众顶礼膜拜。与此同时，马山奶奶也成为马山一带民间神话传说的一个主题。

以上神祇基本属于民间信仰的范畴和层次，历史上也曾被纳入道教祀典。

马山位处泰山西侧，济南与东平之间，这一带自金元之际以来，一直是全真道教兴盛之地，这种特殊的地缘关系决定了马山也是一座道教名山。

道光《长清县志》卷一《地舆志》云：

> 隔马山……其弯曲处，道众居之，曰马湾。门外有唐槐数株，内侧翠柏云绕，风景不减灵岩、五峰之下。

据文，马湾道院在马山西麓。又云：

> 通明洞北有马泉院，亦名马泉寺，其中松柏凌霄，古槐半枯，凭高远眺，风景绝佳。马弯庙院之北有大石，伛偻如僧之负箱者然，因名此处曰募粮台。

由此可知马山道院又名马泉院，亦名马泉寺，它位于马山西半腰通明洞的北侧。通明洞，今名穿心洞，为马山十洞之一，东西横贯山体，全长近百米。洞之西口有崎岖的羊肠小路通达山顶，古代道众循此往返于道院与山顶庙宇之间。

图 10－7　马湾观音堂遗址

根据大峰山峰云观“四山五处道谱”残碑，马山与五峰山、大峰山都属于全真龙门派（七真之一丘处机尝传道于陕西龙门山，故其门派称作龙门派）。

马山古代宗教之繁盛，与道教徒关系至大。比如，明朝正德年间，道士程守真募缘修建玉皇殿，重修丰施侯庙；万历八年间，道姑白元海重修丰施侯庙；乾隆三年道人白阳仙修葺丰施侯庙、泰山宫、后土殿，都是例证。

马山道教文化遗址还有：

仙人酒场，道光《长清县志》卷一六《杂事志述闻·存疑》：“马山顶之东偏，古柏盘绕，下有大石如方桌，上镌‘仙人酒场’四字。石之东面，下临万丈峭壁，无人敢坐，相传虚位所以敬仙，饮酒于此，饮少醉而

图 10－8 马山碑碣

壶莫倾。”

鬼谷隐处，同上：“马山穿阳洞下偏北有一石洞，相传鬼谷隐处。”穿阳洞似即通明洞（穿心洞），而鬼谷子在后世也是道教诸神之一。

总之，马山的人文景观基本以宗教文化景观为主。有关这些景观，光绪三十二年（1906）长清庸敬子《游马山记》述之甚详，现将有关文字迻录如下：

……遂攀藤附葛，猱升而上，凡十数憩，始至东山门下。

门下有石阶二，下盘十七级，上盘五十五级，宽不盈三尺，一线危蹬，陡峻不可升。

余略息片时，扶栏蚁缘而上，以手推门，而门已扃矣。微叩之，有老翁短衣毡笠，应声得得而来，拔关启门，含笑揖客，若旧相识者。

山门有二，皆在山之西北隅，一东向，一西向，两门对立，相去不过数武，盖西向者为山右登山之路，东向者为山左登山之路，此外别无入山捷径也。

门内有石渠二，小者容水数十斗，大者可十倍，盖山椒无泉，道人凿岩蓄雨水以备饮者，而水深犹及渠半焉。

由渠北折而东约二百步，路南有灵官庙，其小如斗。又东有庙三楹，南向为丰施侯庙，雕梁画栋，精洁可观。前有碑十余通，皆重修工竣记事者。又有古槐一株，大数抱，老干参天，盖数百年物也。对面为天王殿，东有钟楼，楼前火池外壁刻南乡子一阕，云：“一座好高山，鸡鸣犬吠五云间。鬼哭隐形今尚在，依然，水外水流山外山。

星斗满栏杆，羡尔道人竟敢攀。听法龙来驼虎去，非凡，梦入华胥天上天。”旁署“生生子题”。北有后土殿三楹，亦南向，其壮丽与丰施侯庙等。殿后右偏有碧霞元君殿三楹，已圮，神像皆用稿围，以避风雨，断瓦残椽，横斜中外，令人目不忍睹。东南有石平房各三间，昔有道士鹤栖于此，今则移居山右之马湾，而屋皆圮于雨，围墙仅存矣。由南屋东而南折，而左有朝阳石屋一大间，栋梁皆无，檐椽不设，上下皆青石砌成，状如团瓢，而司阍之老人居焉。以稿代门，以蓐代床，以石代枕，以筐代仓，饮则水，食则粥，大有太古浑朴之风。

山上庙宇房屋至此已尽。他有矮屋云连，密若蜂窠，皆里人筑之以避乱者，今则只存遗址矣。

以上古建筑至“文革”期间，除石阶、东西山门以及所谓司阍老人所居住的无梁无椽的大石屋和成排的用来避乱的简陋石屋外，其他仅有遗址可供按寻。20世纪80年代以来，附近民众自发在原址上重建殿宇庙堂，皆十分简陋，粗制滥造，不伦不类。

图10－9　万古流芳碑

遗址附近有碑碣十余块，或立或仆，年代最早者为元世祖至元三年（1266）《丰施侯庙碑记》，其他都是明、清、民国年间碑碣，大多字迹漫漶，难以释读。嘉庆二十五年（1820）立《万古流芳碑》正反两面各有一副行书对联，颇有欣赏价值。一则曰：“瑰怪离奇鲁邦所瞻推泰岱；层峦耸翠清邑作镇仰马山。”一则曰：“突峰名隔马，拔地冲天，谁造古卢巨镇；侯爵号丰施，腾云致雨，共瞻清邑灵山。”两联都将马山作为长清的镇山，亦可证明在古时长清人民心中，马山地位之非同一般。

（三）马山谋略文化

古时齐国兵家谋略文化独步于天下，今长清一带又是古齐兵家谋略文化发达的地区。之所以如此，与长清的地理区位和地缘政治有很大关系。

长清地处泰山与济水之间，济水和济右走廊是齐国沟通中原诸国的最重要的水陆大通道；张夏谷地（地质学称作“张夏地堑”）则是泰山西侧南北陆路交通的主干道，沿着这条干道向南可抵达鲁国和泗河流域的十二个小诸侯国。在这几条水陆干线上，有各国使节、游士、客商、旅行者，不顾舟车劳顿，风尘仆仆，往来奔波；战时，则是车辚辚、马啸啸，大军进出的孔道。面向中原，交通便捷，必然带来大量的信息流，这样的环境有利于因应天下形势变化，及时制定和调整策略；另外，交通干线的近旁，层峦叠嶂，林壑幽深，这样的环境又是乱世退隐、静观时变的好去处。

因为这个缘故，岱（泰山）济（济水，今黄河）之间，谋略文化源远流长，底蕴深厚。比如，今长清与肥城搭界的陶山，在春秋前期是齐鲁两国的界山，据宋初《太平寰宇记》的记载，春秋末年的谋略大师范蠡就隐居并葬身于此，至今仍有坟墓和祠庙供人凭吊。陶山西南的今平阴一带，是秦汉之际谋略大师黄石公的活动地，这在《史记》《汉书》等古代典籍都有明确记载。与长清张夏一山之隔的铜壁山，山上有子房洞、子房庙、子房墓，据此处明清碑文记载，汉初谋略家张良（字子房）晚年曾隐居于此。长清张夏莲台山小娄峪，自古相传因汉初谋士娄敬而得名，据山上的金皇统九年（1149）碑记，早在宋金时期，这里就有祭祀范蠡、张良、娄敬的祠庙。

图 10－10　范蠡墓

图 10－11　范蠡祠

图 10－12　小娄峪娄敬洞

范蠡、黄石公、张良、娄敬四大谋略家的遗踪，在方圆百里的范围内所在皆有，其间当然可能有后世附会之处，然而我们不能不承认长清一带谋略文化底蕴十分丰厚的客观事实。

有了以上的交代做铺垫，我们再来看马山的谋略文化。

康熙《长清县志》卷十一《古迹志》：

> 马西学城，在县治西南（按，应为东南）三十里，隔马峰之林麓，地名为马西，上有空石城在焉，世传为孙膑、庞涓肄业之所，故俗名其地为学城云。

学城村坐落在马山西麓的山峪里，村子东南半里许，有一残存的台地，村民称之“城子顶”。城子顶东西长约200米，南北宽约100米，高有10余米，台地断面裸露着一层一层的陶片，我们带了几片古陶回济南，经著名

图10－13　城子顶遗址

考古学家、山东博物馆研究员王恩田先生鉴定，它们为汉唐间遗物。后来我们又邀请时任济南市考古研究所副所长的李铭先生前来考察，他在现场又发现不少春秋战国时期的陶片。因此，基本可以确定城子顶是一处古城遗址，这座古城肇建于春秋战国时期，延续存在了一千多年，直到唐代才被废弃。

图 10－14　从城子顶遗址断面采集的古代陶片

如此重要的一处古城遗址，不见于长清区《各级文物保护单位一览表》。因此当我们发现这处古城遗址时，心情之激动，简直难以言表。

自古相传的孙膑、庞涓“肄业”的学城，就在学城村的城子顶。

孙膑、庞涓“肄”于马山，斗智于马山，类似传说至迟在明代就相当流行。万历八年（1580）《重修隔马丰施侯庙记》有文云：“下有孙庞之斗智，上有鬼谷之隐形。”另外，马山西南十里有马陵川，马陵川中有崎岖山路，称作“马陵道”，传说这里就是战国时期孙膑、庞涓马陵之战的发生地，明神宗万历四十七年（1619）王珍子撰文的《创修马岭川石盘路记》的戴帽方碑，至今仍然竖立在马陵道旁，碑文中说：“询其马陵之名，道人

图 10－15 马岭村标识碑

称谓孙庞故地。”马陵之战遗址具体所在，学术界尚有争论，但无论如何都不会在马陵川，不过此说流行数百年，作为马山谋略文化资源，自有其价值。

孙膑、庞涓都是战国时期的兵家，其二人出自同门，也是事实，只是他们的老师究竟是谁，于史无考，所谓他们师从鬼谷子，应该仅是一个民间传说。不过，大约同时或稍晚于孙、庞的纵衡家苏秦、张仪，他们曾师从鬼谷子，却是史乘载有明文的。《史记·苏秦列传》记载说：苏秦“东事师于齐，而习之于鬼谷先生”。证明鬼谷先生传道于齐地，那么，作为地名的鬼谷当然也就在齐地了。至于齐地何处，郑杰文先生曾撰《鬼谷今地考》一文[①]，考证在今泰山南麓高里山边的“鬼儿峪”。马山距离鬼儿峪不过数十里之遥，鬼谷子当年从鬼儿峪云游传道于马山，或有可能。然而，我们认为鬼谷子隐居讲学之鬼谷，与其说在高里山的鬼儿峪，不如说更有可能在马山西侧的双泉谷地。上引万历八年《重修隔马丰施侯庙记》“上有鬼谷之隐形”，表明至晚在明代就有鬼谷讲学于马山的说法。民国《长清县志》卷一六《杂事志述闻·存疑》：“鬼谷隐处，马山穿阳洞下偏北有一石洞，相传鬼谷隐处。”故此洞至今仍名鬼谷洞。

① 郑杰文：《鬼谷今地考》，《齐鲁学刊》1992 年第 5 期。

(四) 马山齐长城

马山拥有丰富的齐长城旅游资源，主要体现在以下几个方面：

第一，马山为齐长城所环绕，总里程在一百里以上。

马山长城有主线、复线之分。主线长城自孝里与双泉两乡镇的界山石小子山东南行，经牛头山，然后在双泉乡驻地的段店附近横跨双泉谷地，东南经马山南侧的小马山、锅背顶、瓦楞山、莲花山、于家庄西山、老牛沟北山，然后沿着长清马山乡与肥城县的交界线向东略偏南前行，所经山头计有双山、五道岭、杨家山（又名羊山）、张家花峪北山，至三岔沟，与复线长城会合。

复线长城自石小子山东北经满井峪东山、北傅村北山、陈沟湾东山、杜家庄西山、潘庄，然后折向东偏北行，经崮头至漩庄东山，东南行经牛角沟西山、地楼东山，然后一直向南，先后沿着马山乡与五峰乡、万德镇交界诸山前行，至三岔沟，与南线长城会合。

第二，马山齐长城位于齐长城起始区，其复线长城（即北线长城）、尤其夯土长城修建时间最早，与广里夯土长城一样，皆建成于齐灵公二十三年（前559）至二十七年（前555）之间，理由是：齐灵公二十二年（前560）以前，今天长清中东部还属于邿国的地盘。邿国，妫姓，是附庸于鲁国的小诸侯国，统治中心在今五峰、张夏一带。在这种背景下，齐国不可能在邿国的地盘上修建夯土长城。齐灵公二十二年（前560）夏天，邿国发生内乱，一分为三，鲁国打着救邿的旗号，发兵占领了邿国[①]。然而没过多久，齐国就将鲁国的势力驱逐出去，邿从此成为齐国的一个城邑。为什么这样说呢？因为齐灵公二十七年（前555）冬天，以

---

① 《左传·襄公十三年》。

晋国为首的诸侯联军攻陷平阴之后，在鲁国和卫国的请求下，又兵分数路，进攻齐国在平阴附近的其他几个重镇，其中的一个城邑就是邿[①]。可见，此时的邿国旧地已经纳入了齐国版图。因此，马山地区复线夯土长城的兴建，应是平阴之战爆发前数年间的事。此时，复线长城以外还是鲁国的地盘。

第三，马山一带长城战略地位十分重要。

马山介乎马山谷地与双泉谷地之间，两条谷地分别有南大沙河（《水经注》中的宾溪谷水）的两条支流纵贯其间，河谷地形平衍旷荡，自古就是南北交通的咽喉要道，从交通地理和军事地理的角度看，今漩庄附近复线长城上理应有一座关隘要塞，因为在这里设置一座关隘要塞，就可以同时扼控马山、双泉两条谷地向北的出口；另外，双泉谷地复线长城上的石门，马山谷地复线长城上的地楼口子等关口，也是自鲁国方面进入齐国的要道，军事地位也颇为重要。双泉谷地向南的出口在刘口，但主线长城却从段家店横跨谷地。马山谷地的南口是五道岭，五道岭上有五道南北走向的通道，大石关为其中之一。清初肥城诗人李廷桂有诗描写五道岭曲径重关的形势，曰："连峰开五岭，绵亘绕重关。曲径随流水，长城锁乱山。"[②]

马山左右的两条谷地由两道长城封锁，可见这一带长城战略位置之重要了。大石关、漩庄关、石门关、地楼口子等关隘是马山一带长城山地防御的据点，左右又有城墙向两翼山岭延伸，这样便能扼守附近的制高点，瞰制一定的防御地幅，形成点线结合、互为依托的防御阵地。另外，这些关隘要塞，还连接着长城内侧的卢（今济南长清区西南二十五里）、邿（今长清五峰）、祝阿（今槐荫古城村）以及历下（今济南老城区）等重要

① 《左传·襄公十八年》。

② 嘉庆《肥城新志》卷一八。

城邑，关隘要塞与内地城邑之间的战略依存关系主要表现为前者是后者的屏障，后者是前者的依托。

第四，马山一带长城颇具典型性。

所谓“典型性”，体现在以下几个方面：首先，既有主线长城，又有复线长城。其次，夯土长城遗址保存较好。马山一带夯土长城应有两段，一在段家店所在的双泉谷地，现已无遗迹可寻。一在潘庄经崮头水库至漩庄东山脚的谷地中，该谷地横阔四五里，夯土长城只保存了漩庄东山脚下的一段，长50余米、宽6米、高4~5米，夯筑坚实，墙体牢固，墙体上还布满纵横交错的荆棘。齐国夯土长城是在水利工程的堤防的基础上修建的，或者是按照堤防的形制和技术要求修建的。根据《管子·水地》和《考工记》的记载，齐人建筑堤防时，为了加固堤防，是要在堤防上栽种荆棘树木的。另外，我们也应该知道，棘丛在古代战争中具有特殊意义。《孙膑兵法》说：“五草之胜曰：藩、棘、椐、茅、莎。”看来，在夯土长城上栽植棘棵子，不仅是为了加固墙体，也是为了阻滞敌人攀爬。所以，夯土长城遗址上至今荆棘纵横，也就不足为怪了。总之，马山一带有保存最完整、最具典型意义的夯土长城。再次，有保存较好的几段石砌长城遗址。比如复线长城，孙土南山长城长200多米、宽7米、高2米许。帽山南长50米、宽6米、高2米。张家老庄东山长30米、宽2米、高3.5米。三岔沟北山长100米、宽5米、高2米。主线（南线）石砌长城遗址，在于庄西山以西，一般仅有遗迹可辨。于庄西山以东，却有多处保存较好的长城遗址，如卢家沟东岭长40米、底宽10米、高4米。最后，有大小数处关隘要塞。

第五，后世在马山一带齐长城基础上修建的防御工程宏伟壮观。

马山西面齐长城复线上的杜庄山寨总面积在15000平方米左右，是齐长城沿线规模最宏伟、设计最奇特、防御最严密、保存最完好的一处古城堡。这是晚清咸丰同治年间杜庄等村民为躲避捻军袭扰而在古齐长城遗址上修建的一座石寨。

马山一带齐长城在晚清御捻战争期间曾得到大规模修复。

长清毗邻鲁西南，处于捻军进入山东腹地的要冲。咸丰十一年（1861）二月，赵浩然率捻军黑白旗各部，由东平戴庙渡运河，分头袭扰汶上、泰安等县，前锋直扑肥城、长清交界一带，窥伺省城济南。山东巡抚清盛因此截留本要调赴武定等地的一千名官兵，改赴长清五道岭进行防御，同时征调当地民团前往长清南境，协同官军扼守。[①] 当年九月，捻军张敏行部从东平分批渡过运河，进攻汶上、平阴、肥城、宁阳、泰安、莱芜。捻军雷彦部也由苏北一路打到莱芜，与张敏行会师。然后十万大军向西绕道泰安、长清，由济南郊外东进，直达胶东半岛。此次捻军进长清，也是分为数股齐头并进的，当时长清知县丁兆基曾带领团勇在长城铺等地分道截击。[②] 同治五年（1866）三月和八月，又先后有两股捻军由长清张夏过境。[③]

咸丰同治年间扼守长清县南境的官军和民团，本着曾国藩“以静制动”、李鸿章“扼地兜剿”的方略，对齐长城的一些重要段落，以及关隘要塞如大石关所在的五道岭长城，进行过维修或重建。

大石关关楼的规模和建制，据肥城大石铺村袁书记等人回忆，关门城楼以条石青砖砌成，分上下二层，门洞拱形发碹，高 6 米、阔 5 米、深 10 米，门洞上方镶嵌三块条石，上书“大石铺”三个大字。再上面就是飞檐斗拱的玉皇殿，有女墙环绕于玉皇殿的平台。关城左右与长城相接，关门附近还有钟楼、观音菩萨庙等建筑，以及御封碑等大小碑碣百余块，如今仍有几块残碑断碣仆卧在河边草丛间，碑文漶灭不可辨认。当地老人回忆

---

① 《清文宗实录》卷三四三。

② 民国《长清县志》卷九。

③ 民国《长清县志》卷一六。

说，钟楼上的大铁钟在“大跃进”期间被砸碎炼了钢铁，城门楼则是在“文革”期间被拆毁的。

（五）马山民俗文化

民国《长清县志》卷二《地舆志（下）·古迹》：马东街路东有官园子，“官园子者，逐年三月三日附近十一庄报赛所也”。官园子是马东附近十一个村庄每年举行报赛、祭神娱神的场所，园中有神庙，这神庙便是马山奶奶庙。据当地老人回忆，马山奶奶庙坐东面西，正对着马山。

马山奶奶庙在旧时香火很盛，每年三月三日开始举办庙会，进香的信众不仅来自长清本地，也有来自历城、泰安、肥城、平阴以及河西齐河的，故而素有“千里泰山、百里马山”之说。民众除了进香于山下的马山奶奶庙外，还要上山朝拜祭祀各路神祇。

马山山会的戏曲表演一连进行六天，戏场设在官园子里，由十一庄香会轮流坐庄，出钱雇戏班子演出，所以旧时当地流传一句民谚道：“十一庄会首到一处，商商量量把戏雇。”据传，有一年轮到北李村坐庄，该庄的会首（香会头头）外出几百里去搬请戏班子，为了赶在山会结束前回来，他扬鞭打马，不分昼夜地赶路，结果刚赶到家，马竟累趴在地，一命呜呼了。

马山山会历史悠久，社火兴旺，极大地推动了马山一带民间表演艺术的繁荣，据《马山镇志》（征求意见稿）记载：“（新中国成立）前，各村均有锣鼓队、民间艺术活动团体，关王、庄科等村成立剧社，忙时务农，闲时学戏、扮玩，每逢过年，村村锣鼓响，处处闻曲声。”乃至许多村庄都有自己表演团体，比较有名的有南李庄剧团和民间吹鼓手班、焦庄村的芯子灯、庄科戏班、北站戏班和吹鼓手班、杨土戏班、关王庙戏班、马东戏班、北李庄戏班、崮头戏班等十余个村戏班子。其他的民间表演艺术也很发达，舞狮、舞龙、跑旱船、踩高跷、扭秧歌、打腰鼓、扮神像、二人摔跤等，应有尽有。

新中国成立后，受政治运动的冲击，马山上下的庙宇俱被拆毁，山会停办数十年，马山一带的民间表演艺术渐趋式微。进入改革开放的新时期，马山一带民众自发在山上原庙址的基础上重修殿宇，再塑金身，马山山会渐渐恢复。1994 年、1995 年的农历三月初三前后数天之间，山会两度达到高潮，山顶人满为患，拥挤不堪，乃至有人被困于山上一天一夜，幸亏有县刑警大队和当地派出所民警疏通人流、维护秩序，才避免人员伤亡事故的发生。有鉴于此，从 1996 年起，马山镇政府于每年农历二、三月之交，有组织地举办为期六天的庙会，每届庙会都吸引了几十万人前来进香、观光、游乐及商品交易。

（六）马山红色文化

马山具有光荣的革命传统，1938 年 2 月，我党在马山西麓马湾庙发动武装起义，正式成立抗日游击队，然后开赴大峰山，创建了大峰山抗日根据地。

“史元厚烈士纪念堂”和“植物标语中国之最”也是马山重要的红色文化旅游资源。

史元厚烈士（1929—1953），马山西北麓齐长城脚下潘庄人，生前为上海铁路局公安处战士，1952 年作为中国人民志愿军铁道兵某部警卫连战士赴朝鲜参加抗美援朝战争。1953 年 12 月 1 日，史元厚奉命护送中国人民第三届赴朝慰问团第八总分团的代表去某部。他在完成任务返回部队时，经过安州火车站附近一座小桥，桥下正有几个朝鲜儿童在滑冰，这时突然冰面破裂，有一个儿童（赵元弘，后为朝鲜人民军少将）陷入冰窟中。史元厚立即脱去棉衣，跳入一丈多深的冰水中抢救。因冰薄水冷，他连续三次钻入深水才将儿童托上冰面，而自己则因浸在冰水过久，全身冻僵，未能同时脱险，与他同行的战士张洪津随即入水抢救，但连续三次均未找到。待由附近赶来的其他志愿军战士和慰问团人员用木棍敲破冰面救出史元厚时，因时间过久，史元厚已牺牲。

史元厚牺牲后，中国人民志愿军领导机关追认史元厚烈士为一等功臣；中央军委授予史元厚烈士“国际主义战士”称号。有关史元厚烈士舍己救人的事迹，1953 年 12 月 9 日的《人民日报》，作过专题报道。著名作家杨朔采访烈士家人和战友，撰有长文《中国人民的良心》，刊登于 1953 年 12 月 19 日的《人民日报》上，篇末云：

> 谁又能忘得了呢？朝鲜人民用最隆重的葬礼，把义士的遗体葬到三龙里那座土山上。山下临着那片大水塘，史元厚就是在这儿把他的生命最后献给了朝鲜人民。史元厚是个战士，临下葬，朝天放了几排枪，这是一个战士应得的尊荣。史元厚被埋葬了，但我知道，他那颗伟大的良心却依旧跳动着，跳动在千千万万中国人民的心坎里。好同志，我写的不只是你，我写的正是中国人民的良心。

为纪念和弘扬史元厚烈士的爱国主义和国际主义精神，1954 年由中央人民政府批准，在烈士的家乡潘庄修建史元厚烈士纪念堂。如今，在纪念堂大门东侧高墙上，依然镶嵌着一块石匾，上书：“奉山东省人民政府令，修建国际主义战士史元厚烈士纪念堂，本府遵于十月三日鸠工庀材，历经四十五天，全部工程告竣，故镌制匾石，以资留念。”落款：“长清县建筑工会，长清县人民政府监修，一九五四年十一月十八日立。”

图 10－16　史元厚烈士纪念堂文保碑

图 10－17　史元厚烈士纪念堂大门

纪念堂为三合院式建筑，占地 1067 平方米。大门呈八字形，砖券门，青石墙基，木制直棂双扇大门。院内正房五间，东西配房各三间。正房迎面悬挂着烈士遗像，四周挂有巨幅挽幛，其中有时任铁道部部长滕代远同志敬献的挽联。1999 年 9 月，时任公安部部长贾春旺同志签署的慰问信搁置在烈士遗像下的案台上。当地中小学师生清明节来缅怀烈士时敬献的大大小小的花圈整齐地倚靠在墙壁上。

史元厚烈士纪念堂作为革命传统教育重要基地，已被确定为济南市“革命纪念建筑物”、市级重点文物保护单位。

所谓“植物标语中国之最”，是指马山东麓开阔坡地上由百万株翠柏组成的“毛主席万岁”五个大字。每字长 235. 2 米、宽 142. 6 米，五个大字共占地 276. 9 亩。

这五个由翠柏组成的标语大字，是特定历史年代的产物。1959 年农历三月，马山公社党委副书记张广林、齐秉祥抽调周庙小学张毅等四位美术教师策划，在马山东麓荒坡上勘测丈量，设计字形，用石灰、秸秆做标记，然后用几千张白纸构成笔画，在三公里以外的地方观察，几经调整，最后划线定穴，准备工作完成。

当月月末的一天，晴空朗朗，马山公社两万多名工、农、商、学、兵一齐上山，山上红旗招展，锣鼓喧天，山下埋锅做饭，炊烟袅袅。口号声声，此起彼伏，响彻十数里。侧柏树苗由马山公社苗圃和五峰山林场提供，运送树苗的队伍排成长龙，一眼望不到边。就这样，一日之内，“毛主席万岁”五个大字就镶嵌在马山东麓悬崖峭壁下的山坡上。

“大跃进”是不堪回首的一幕闹剧，当时的神州大地，劳民伤财炮制的巨型标语形形色色，可谓多矣，然而随着时间的流逝和社会的进步，概无例外地成为过眼烟云，留下的只是隐隐作痛的记忆。相比之下，当年马山人民制作柏树标语，绿化荒坡，并给后人留下一处独特的人文景观，却不失为一件有意义的事情。

2001 年 8 月，世界吉尼斯大全上海总部人员经考察、审核后，正式宣布马山“毛主席万岁”五个大字为植物标语“中国之最”。2003 年 3 月，马山镇政府又筹资在马山脚下修建了一座观山亭，亭内立碑以示纪念。

（七）马山特产

马山镇三面环山，中间是山间谷地，大沙河纵贯南北，土壤肥沃，气候宜人，物产丰富，有几种特产其实是可以作为旅游资源予以开发的。

1. 栝楼

马山山清水秀，盛产多种名贵中药材，如灵芝、山参、何首乌、金银花、野菊花、柴胡等，尤以栝楼最为著名。

栝楼，又名瓜蒌，系葫芦科植物，果、皮、仁、根（天花粉）皆可入药，具有清热化痰、宽胸散结、润燥滑肠等功效。上海科学技术出版社出版的《中华本草》记载：

> 栝楼，主产于山东、河南、河北，以山东肥城、长清、淄博所产子瓜蒌质量最佳，销全国各地。

《山东道地药材》也说：

> （栝楼）以长清产量最大，质量最好。

马山栝楼占整个长清栝楼总产量的三分之二，尤其马山南边的庄科、焦庄两村更是远近闻名的栝楼村。

图 10－18　马山栝楼

马山据传有着数百年的栝楼种植历史，种植技术先进。马山栝楼质地优良，以其个大、皮厚柔韧、皱缩有筋、色橙红、糖性足、焦糖气浓等特点而享誉海内外。20 世纪 60 年代至 80 年代初的 20 多年间，栝楼种植是马山的重要经济支柱。进入 80 年代中期以后，由于生产与市场脱节，销售渠道不畅，深加工跟不上等原因，种植面积和产量大幅下降。即便如此，栝楼依然是马山发展观光农业的重要作物。

栝楼也具有较大的观赏价值，宋代《本草图经》云："（栝楼）三、四月内生苗，引藤蔓，叶如甜瓜叶，作叉，有细毛。七月开花，似葫芦花，浅黄色。实在花下，大如拳，生青，至九月熟，赤黄色。"长藤绿叶，果实圆圆，由青绿泛光到熟透时的橘黄如柿，并且还散发着微微的清香，这一切都决定了栝楼是可以作为观赏植物栽培的。

2. 雪桃

肥城盛产"肥桃"，与肥城一山之隔的马山则因盛产"雪桃"而被誉为"雪桃之乡"。

雪桃系蔷薇科属变异晚熟品种，一般秋末冬初成熟。马山雪桃的种植是从20世纪80年代开始的，进入21世纪初，栽植面积已经达到5000亩，亩产1500公斤。每年4月上旬，雪桃开花，花期7~15天。届时，漫山遍野花枝烂漫，云蒸霞蔚，美不胜收。秋寒时节，雪桃满树，压弯枝头。雪桃个头硕大，平均果重400克，最重者800克。雪桃耐储耐运，常温条件下储藏期长达15~20天。

图10－19 马山雪桃

马山雪桃果肉乳白色，肉质清脆香甜，含糖量16%，是远近闻名的绿色“果品贵族”，畅销于上海、北京、济南等地大型超市。十多年前，马山雪桃就成功注册了“马山雪”牌商标。

另外，马山雪桃还能矮化培植，株型美观，植株健壮，具有抗旱、抗病、耐低温等特性，可以作为良好的盆栽观赏品种，具有较高的观赏价值。

因此，无论从哪个角度看，雪桃都是马山发展旅游的重要资源。

3. 烧饼石与木鱼石

因特殊地质构造作用，马山山坡林间遍布一种宛如烧饼的石头，扁圆形，深褐色，面光滑，文脉各式各样，颇有收藏和观赏价值。马山木鱼石矿藏比较丰富，质地上乘，可惜没有得到充分的开发。

4. 豆制品

马山水质极佳，甘洌爽口，用马山井泉之水制成的豆腐、豆腐皮也属豆类制品中的上品，只是“藏在深闺无人知”，不如泰山豆腐名气大而已。

总之，马山值得重视和开发的特产比较丰富，除了以上提到的几类外，其他还有马山粉皮、螃蟹沟的螃蟹等，也都可视为马山旅游开发的重要资源。

（八）马山民间口头文学

马山拥有丰富多彩的民间神话与传说，口头文学发达，是开展马山旅游不可忽视的重要资源。

在马山一带，有关马山的一石一洞一草一木，几乎都有些离奇美丽的神话传说，《长清民间文学集成》就收录有数篇，其中《马山洞》一篇因篇幅太大，在此就不引述了，另外几篇篇幅较短，现逐录并作简短评说如下：

1.《三个奶奶赌高低》[①]

马山奶奶到五峰山奶奶家串门，给五峰山奶奶说："连上泰山奶奶，咱三个谁长得高，谁为姐姐；谁长得低，谁为妹妹吧！"五峰奶奶说："太好啦！"马山奶奶又到泰山奶奶那里约合。泰山奶奶也愿意打个赌玩玩儿。姊妹仨当真较了个儿。

马山奶奶到了罗圈峪山顶一站，落下一个马蹄儿印、一个马山奶奶的小脚印和她的拐杖印。马山奶奶愈长愈高，五峰山奶奶怎么撵也撵不上她。泰山奶奶就说："坏事儿了，咱们撵不上这个毛丫头了，咱们当妹妹呗！"五峰山奶奶心眼儿多，说："你有大车，我有两匹马，咱得给她点厉害瞧瞧！"她俩套上车，打着马，咕咕碌碌照着马山头轧过去了。马山奶奶吓得一激灵再也不长了，气得直骂五峰山奶奶："死贼毛！"五峰山奶奶光顾了笑咧，也忘了长。泰山奶奶抽（瞅）这空

① 长清县民间文学集成办公室编：《长清民间文学集成》，1988 年，第 3 页。

“嗖嗖”蹿了顶天的高。

打那以后，泰山奶奶做了大姐；五峰山顶上老长一种“死贼毛”草；马山头那块儿，还有几个马蹄印儿和老深的车轱辘轧的沟哩！

在《马山得名的由来》一节中，我们谈到在马山诸神中，马山奶奶是比较晚起的，自然有关马山奶奶神话的出现也是比较晚近的事，虽然如此，就如马山奶奶后来居上抢占了马山大半的香火一样，有关她的神话近世在当地也最为流行，简直家喻户晓、妇孺皆知。

之所以如此，或许与唐宋以来我国女神崇拜有关，观音、碧霞元君、妈祖是唐宋以来出现的全国范围的三大女神仙，即以山东地方来说，文姜娘娘、和娘娘、五峰奶奶、马山奶奶等，都是一定地域内人们顶礼膜拜的神祇。女性神祇温柔的特性使她们比较男性神祇更有亲和力，更易被人所接受。

《三个奶奶赌高低》所折射的是马山一带民众的自负心理，他们通过这个故事来解释马山不抵泰山高以及车辙峰形成的原因。另外，在马山民间传说中，马山穿心洞的形成也是“三姐妹争胜”的结果。说的是马山被车轧过之后，又被泰山奶奶顺手拔下头上的银簪，朝马山的腹心便刺，穿透心脏，留下了长约百米的洞穴。正因为泰山奶奶和五峰奶奶合伙欺负马山奶奶，所以不仅五峰山上疯长着一种难看的死贼毛，泰山顶上也只生长一种叫作“刺毛狗”的植物。

2.《马山上的烧饼石》[①]

马山北面的山坡上有一片黑乎乎的扁圆石头，样子真跟烙熟的烧饼差不离儿，当地人就叫它烧饼石。

---

① 长清县民间文学集成办公室编：《长清民间文学集成》，1988 年，第 36 页。

人说在唐朝时候，大将薛仁贵奉皇上的命令东征打仗。这天，正好来到马山下边，被敌人一家伙围住了。薛仁贵虽然武艺高强，但是手下兵将已经累得够呛，加上又渴又饿，连刀枪也举不动了。硬冲了几回，也不管事儿，倒死了不少兵将。末后，薛仁贵看看不行了，抽出宝剑就要拉脖子。偏巧这工夫有个挎篮子的老嬷嬷打山那边过来，老嬷嬷说："薛将军你可不能寻短见啊，你还要为大唐做大事呢。俺个老嬷嬷子今儿没别的心意，给大伙送点干粮来冲冲饥吧!"这伙人看了看她挎的这个竹篮，心里话：这几个烧饼还不够俺这伙塞牙缝儿哩。就见老嬷嬷挨着分开了烧饼，一人一个，一匹马两个。光见她从篮子里一个劲儿往外拿，里边的烧饼就是不见折耗。这烧饼不光充饥，并且还能解渴。吃巴饱了，个个来了精神儿。薛仁贵想谢谢这个老嬷嬷，可是一眨眼儿工夫连影子也没了。就见山坡上到处是烧饼，再拿起来吃吧，霍！都变成了一些扁石头咧。大伙心里话：这一准是神仙来帮救咱哩，这一闹，打仗都来了劲头。敌人满以为薛仁贵被困在里头没吃没喝，不投降就得饿死。没料想唐兵像猛虎一样冲杀出来，吓得敌人四下里逃窜。

仗打完了，薛仁贵想到马山奶奶庙里歇一霎，抬头一看里面那马山奶奶塑像，立时愣了。原来刚才送烧饼的那个老嬷嬷，长得跟这塑像一个模样。大伙儿便一齐跪在地下给马山奶奶磕开了头。

薛仁贵接着把这故事告诉了皇上，皇上立刻封马山奶奶为丰施侯，又修庙又塑神。山顶上的石碑上还记载着这桩事呢。

我们通过上文考证，已经知道马山神君的原型是春秋齐国大夫殖绰、郭最，北宋之时因求雨得雨，经地方官奏请，朝廷封马山神君为"丰施侯"。然而按照山顶明正德和万历年间碑刻，丰施侯始封于春秋，起因是鲁国石门（马山西北）守将韩迪宝围困齐军于马山，齐军"人馁马渴，惟神救驾于齐，显降圣水，兵马饮之，得救济，齐感护佑，封曰隔马丰施侯，重建神庙”。由于碑记所言纯系杜撰，不足采信，所以流传不广。于是到了清代才有了薛仁贵受马山奶奶救助而奏请朝廷封赐“丰施侯”的传说。

这个传说的母题有两个，一个是韩迪宝的传说，一个是水泔泉的传说。后者在道光《长清县志》卷十六《杂事志·存疑》条中有记载，云：“水泔泉，在马山之北，相传唐时东征兵行于兹，渴甚，乱石中忽涌一泉，其味甘，一军饮之，渴解，故名。”由于近世以来，唐将薛仁贵征东的传奇故事流传极广，影响很大，自然就把“唐时东征兵”落实为薛仁贵征东一事了。而事实上，薛仁贵，所征之“东”为“辽东”，非山东也。

3. 瓜蒌的故事[①]

这事出在同治年间，长清城南有个马山，马山旁边有个庄叫庄科，庄里有户姓张的娘儿俩，日子过得穷巴巴的，时常吃了上顿没下顿。

俗话说：年好过，春难歪（应作崴——引者注），这日子可怎么个过法？娘儿俩愁得了不得。这天，她儿做了个蹊跷梦，梦见个白胡子老头跟他说：“咱家是邻舍家，俺就住在你家对过儿，没事儿找我玩去吧！”年轻的醒了，越琢磨觉得这梦越怪，俺家对过儿是块荒地，哪有白胡子老头在那里住哇？早晨，又到那地间儿看了看，除了些荒草，别的么也没有。正在那里愣神儿，猛格丁见乱草里有一缕缕起先没见过的绿秧子长出来。嫩绿嫩绿的怪喜人。年轻的仔巴细儿地薅没了周遭的乱草，隔三歇五的还去看看，光怕叫牛羊给啃了。说着夏天就到了，那瓜秧长得挺旺，还开了一丛的白花，粉粉丹丹地把蜜蜂都引来了。花谢了结出一个个小绿瓜儿来。年轻的不敢碰不敢戳，象宝贝似

① 长清县民间文学集成办公室编：《长清民间文学集成》，1988 年，第 31 页。

的拭弄它。秋风凉了，那些圆瓜变得黄橙橙的跟金瓜一样。这天黑下，他又做了个梦，那个白胡子老头又来了，笑咪咪地对他说："年轻的，你是个勤劳的好心人，对待俺忒好了，赶明儿你把那些瓜摘下来，拿到济南府同济堂把它卖了吧！"年轻人醒了，照着白胡子老头说的办了，真的卖了不少钱。听药铺的人说，这物体儿叫瓜蒌，根儿和仁都是能治病的药材。有了钱，娘儿俩那日子一天好起一天，又把那些瓜蒌移到自家院儿里，就这样越种越多，越种越好，不出几年工夫就过富咧。穷人到底还是给穷人贴心呀，娘儿俩年年挖些瓜蒌根分给穷兄弟爷们儿，又手把手地教大伙怎么个照应法。庄科这一片儿的老百姓都学会了种瓜蒌，坡里、院里、沟头巴窝儿都种上，后来马山一带就成了瓜蒌窝咧。

因为这里的瓜蒌长得个儿大，仁儿多，药铺都抢着要。后来老百姓就编了几句顺口溜儿："要讲瓜蒌数山东，山东瓜蒌数长清，长清要数马山好，庄科瓜蒌最有名。"

按照这个传说，马山庄科种植瓜蒌的历史始于晚清同治年间，而且庄科还是最早培育瓜蒌的地方。

以上，我们从八个方面介绍马山人文旅游资源，其实尚未涉及者如马山水资源也很有开发利用的价值。水资源原本属于自然资源，但与历史人文也有着密不可分的关系。马山东西两侧缓缓流淌的南大沙河，是济南地区的历史文化名川，在汉代名宾溪谷水。东西两条大沙河在马山西北麓的漩庄一带汇合，漩庄以及其北面的苾村得地利地势之便，自古以来就是马山一带的重镇要邑。古老的宾溪谷水孕育了马山一带悠久灿烂的古代文化，大柳行新石器文化遗址、孟庄商周文化遗址、大崖商周文化遗址、沈庄周代文化遗址、季家庄周代文化遗址、苾村汉代文化遗址、漩庄清代墓群、王庄清代墓群等，皆是宾溪谷水流域古代文化发达的明证。

从人文旅游资源的角度讲，马山西北麓的崮头水库也应纳入我们的视野。

崮头水库位于马山镇崮头村南、南大沙河西支流上，1959 年 9 月动工兴建，1966 年 6 月竣工。它控制流域面积 100 平方公里，总库容量 1305 万立方米，兴利库容量 676 万立方米。2003 年至 2005 年，国家、省、市、区各级水利主管部门联合投资 4225 万元，对崮头水库进行了除险加固，加固后的崮头水库，库容量大为提高，一泓碧波，青山倒影，鱼跃鹭飞，美如画卷，成为马山旅游区的一道靓丽的风景线。

参考文献

《水经注疏》，江苏古籍出版社 1989 年版。

康熙《长清县志》，长清区档案馆 2002 年影印本。

民国《长清县志》，民国二十四年铅印本。

光绪《肥城县志》，光绪十七年刻本。

《太谷学派遗书》第一辑，江苏广陵古籍刻印社 1997 年版。

《太谷学派遗书》第二辑，江苏广陵古籍刻印社 1998 年版。

严薇青校注：《老残游记》，济南出版社 2004 年版。

朱季康、刘弘逵：《张积中年谱》，南京大学出版社 2009 年版。

《刘鹗及老残游记资料》，四川人民出版社 1985 年版。

《山东近代史资料》第一分册，山东人民出版社 1957 年版。

中共济南市长清区委党史研究室编著：《长清革命斗争史话》，济南出版社 2006 年版。

《济南区域文史珍存·长清区卷》，济南出版社 2010 年版。

《长清文史资料》第十辑（纪念抗日战争胜利五十周年专辑），长清政协文史委 1989 年。

徐北文：《海岱居文存》，齐鲁书社 2006 年版。

李永祥：《济南名山》，山东人民出版社 1986 年版。

李发林：《山东汉画像石研究》，齐鲁书社 1982 年版。

顾颉刚、钟敬文等：《孟姜女故事论文集》，中国民间文艺出版社 1983

年版。

李良森：《长清县风景名胜》，中国戏剧出版社 2001 年版。

张华松：《齐长城》，山东文艺出版社 2004 年版。

张华松、李良森、王强等：《魅力长清》，山东大学出版社 2009 年版。

后 记

本书以实地考察和文献研究相结合，以单元的形式，对长清西南角悠久、深厚、独特的历史文化予以比较全面深入的梳理和展示。

我们对长清西南角历史文化的关注始于30多年前。1987年暑期，我与王绪和君考察齐长城，就是从长清西南角开始的，当时趁便考察了孝堂山和大峰山。此后30年间，我与史瑞玲教授等同好又多次访问长清西南角。我们的访问和考察，先后承蒙王京吾、卢振阁、赵洪勇、徐君生、王强、马衍长、方宝军、董庆哲、张清利、曹军、李成刚等诸多友人的支持，在此表示由衷谢意。1999年5月，我在长清召开的“济南市容貌工程学术研讨会”上宣读了《长清孝里镇旅游资源的调查、评估及开发设想》，当月28日《济南时报》以《长清孝里：潜在的黄金旅游区》为题，又对我们的调研成果做了重点报道。2009年2月19日，长清旅游发展研讨会在莲台山宾馆召开，我就如何开发长清西南角旅游资源作主旨发言，得到了与会领导和专家的充分肯定。4月24日，又应邀为长清区干部作题为《长清的历史与文化》的学术报告。学术交流和学术讲座，也促使我们对长清西南角的历史文化作更全面深入的考察和研究。

2017年春，长清区政协张昭森主席电话垂询长清历史文化资源保护和利用的问题。不久，在市委党校的市政协委员学习班上，笔者向昭森主席汇报了编纂《长清的西南角》的设想，昭森主席当即表示赞同，并予以鼓励，希望我们能集中时间和精力，早日成书。当年夏天，我又应邀为长清区委党校干部和教师作大峰山历史与文化的学术报告，承王友海校长告知，济南市委及长清区委正在筹备建设大峰山革命传统教育基地。这一消息真是振奋人心，编纂工作从而加快了步伐。2019 年 4 月 25 日，济南大峰山党性教育基地正式举行揭牌仪式，此书编纂也进入尾声，如今终于杀青定稿。值此之际，谨向关心和支持本书编纂出版的济南社科院、长清区政协、齐鲁书社致谢。山东港基集团长期致力于大峰山景区的建设和提升，我们的调研工作也得到了其大力支持，在此特别向其致以由衷的谢意。李霞、胡德定、刘任力、周郢、王强、王守学、王乐洲、傅光中等友好为本书慷慨提供图片，著名书法家萧军先生为本书题签书名，在此我们也对他们表示衷心感谢。

张华松

2019 年 7 月